U0542064

# 舰与琴

造船工程师和他的音乐家族

# 司徒梦岩全家福

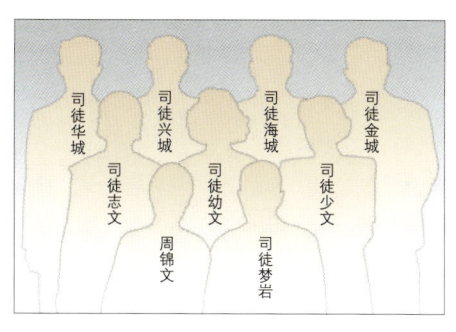

后排从左至右：司徒华城、司徒兴城、司徒海城、司徒金城
中排从左至右：司徒志文、司徒幼文、司徒少文
前排：周锦文、司徒梦岩

1947年，司徒梦岩六十大寿，长子金城（1946年到台湾工作）特别从台湾回到上海为父亲祝寿；全家团聚，留下这张合影。1949年新中国成立，海峡两岸长久分隔，这张照片也成为司徒家庭最后一次全家合照。

# 动荡的时代 手足之情更显珍贵

1932年"一·二八"事变历劫后,司徒梦岩全家于上海合影留念。司徒家六子女依长幼顺序排列入镜。

谁知,兄妹再聚首,并肩于香港合影留念时,已是1983年,两岸分离35年了。

司徒兴城(右)与华城合影。

1932年兄妹合影,由左至右:司徒金城、少文、海城、幼文、兴城、华城(当时司徒志文尚未出生)。

司徒金城(右)与弟弟海城于1932年在上海合影。

与金城大哥见面后，1987年2月9日，农历春节期间，司徒华城、幼文与志文兄妹应广东省开平县县委邀请，以中国音乐家广东归侨的身份，回到开平县举行返乡音乐会。并赠送开平华侨博物馆一张当年外祖父周鹤云（世栋）与孙文的纪念合照。

1983年，兄妹在香港重聚合影。
上图：由左至右为司徒志文、华城、幼文、金城。
下图：由左至右为司徒华城、金城、志文、幼文。

返乡音乐会演出者宣传简介。左页下方为司徒华城；右页下方为志文。

司徒三兄妹造访有61年历史的广东司徒氏图书馆，并和乡亲合影留念。

2007年，司徒达贤学生林震岩教授拜访开平县时，特别捎来他拍的司徒氏图书馆近照。

司徒金城（左）与海城再度合影，这时候兄弟俩都已是含饴弄孙之年了。

# 烽火琴音 飘扬两岸三地

1945 年开始，海城跟着当时住在上海的犹太裔提琴与钢琴演奏家——卫登堡（Alfred Wittenberg）学习小提琴的专业演奏，弟弟们也深受影响。司徒家族中的三把小提琴都受教于他。

司徒海城（右）、华城与卫登堡合影。

司徒兴城与卫登堡合影。

第一次司徒家庭音乐会，演出者由左至右，依序为司徒兴城、海城、华城、志文。

1984年，华城的小提琴、妻子钱沈英的钢琴与志文的大提琴三重奏于北京演出。当时，兴城已病逝台湾，四兄妹同台演出再不复得。

1947年9月，为庆祝父亲六十寿辰，由上海市府交响乐团主办第一次司徒家庭音乐会，由司徒四兄妹联手演出为父亲祝寿。1949年两岸隔绝，无法往来，但是同样精通和爱好提琴演奏的司徒四兄妹，有段时期竟然同时分坐在大陆、台湾主要乐团的小提琴、大提琴首席位置。"两岸四首席"蔚为佳话。

# 音乐，应该可以为社会带来更大的价值

从司徒梦岩到他的几代后人，都积极、认真地透过音乐演奏、
音乐教学传达他们共同的人生理念，对他们而言，
音乐不只是演奏，还可以为社会多做些事，
提供更多元的价值……

学贯中西的梦岩为了能扮演好音乐文化传递的角色，不仅将许多中国古曲从工尺谱改编为五线谱，也将许多世界名曲从五线谱对译为国人看得懂的工尺谱。
此为当时梦岩改编古曲《燕子楼》为五线谱的手抄影本。

从1987年开始，志文就以实际行动与多场讲座，兴起一波古典音乐复兴运动，积极推动"让音乐进入家庭"的概念。

1945年8月，为了集英中小学的募款，中国交响乐团特别于兰心戏院举办慈善演出。海城、兴城与华城三兄弟，分别担纲第一小提琴、中提琴与第二小提琴。

## 兄妹理念 两岸呼应
### 让音乐进入家庭 希望人人接近音乐

在梦岩影响下，司徒子女们都认为透过音乐，可以熏陶个性与人格，所以不约而同地积极推动音乐教育，希望能够有更多人亲炙音乐的美妙，让人生的发展更丰富而多元。例如司徒幼文主持"音乐与生活"讲座，深受大众欢迎；志文提出"让音乐进入家庭"的概念，呼应三哥兴城当时正在台湾所提倡"希望人人接近音乐"的理念。

有时司徒幼文也会邀请大提琴家妹妹志文，姊妹俩一起联袂主讲。

# 乱世中的弦音，紧系传承的力量

司徒家庭的每位成员，都很努力地将音乐技能传承给下一代。使每一代人都能受到音乐陶冶，一代强于一代，是他们的使命，也是交流的介面。

司徒华城到上海时，用心地指导他的侄子达宏。

1979年司徒志文参与卡拉扬大师访华指挥的柏林交响乐团在北京与中央乐团联合演出，回到上海后，与海城的三位子女（左起：达伟、达强、达宏）在家中练习弦乐四重奏。

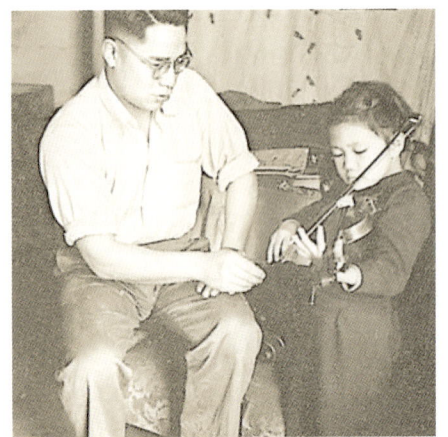

司徒兴城指导侄女达森拉琴。

2004年3月，司徒达强从澳洲到美国时，也不忘抽空指导他的侄子张博树。

司徒达宏留美期间，与费城交响乐团合作在费城演奏，身为大伯的司徒金城特地从台湾赶去参加，会后还以家长的身份为达宏举办招待会。图中由左至右为达森、达宏、金城。
李肇真回忆到这段往事说：大伯伯对达宏可说是爱之深切，呵护有加。代替了我们做父母的，为我们做了我们所做不到的事情。

## 序 司徒志文
# 纪念父亲120岁冥诞

2008年9月8日是父亲司徒梦岩120岁冥寿纪念日。一本简要记述他生平和家史的读物《舰与琴——造船工程师和他的音乐家族》将在台湾出版。我因受嘱写序言而有幸提前读到这本书的初成稿。感到惭愧的是，读完本书后，才对自己的家有了较清晰的认识，对我大哥金城的遗愿"要将这个独特的中国音乐家族的奋斗与成就记录下来，以流传后世"，有所感悟。

20世纪初，曾是热血青年的父亲，心怀科技救国的热忱回到祖国，未满30岁就完成了设计和监造万吨巨轮的重任。曾被当时媒体称之为"此为中国工业史，乃开新纪元"的壮举。在那国破家亡的乱世，身受战祸之害的他，过早退出造船的历史舞台而被人们所遗忘。若不是得到音乐的抚慰，真不知他会如何面对自己的后半生。他不是刻意培育而成长起来的音乐家庭给他带来了欢乐。受他的影响，他的几代后人从小都要学习乐器，以致他的儿女后来在海峡两岸提出"人人接近音乐"和"让音乐进入家庭"的倡议，一脉相传地推动了音乐的普及，发挥了音乐教育在全面提高人文素质中的积极作用。本书"音乐之外的光芒"一节所载的人物及他们的成就是很好的佐证。

作为一名杰出的造船工程师，他的业绩是爱国情怀和刻苦奋斗的结晶，值得后人敬仰和学习；在音乐领域，身为我国第一位优秀的小提琴制作家和融汇中西音乐文化的先行者，功不可没。特别是他重视音乐教育的理念，更是理应大力推广和继承。愿览阅本书的读者会从中得到启迪。

*司徒志文*
2008年4月·北京

# 序 司徒达森
# 中国造船史与音乐史的一页缩影

这本书是司徒家族从 19 世纪末至 21 世纪初的简史。称之为"简史"是因为它仅记载四代人的故事,而并非对来自中国广东,可上溯 22 代的司徒一家家谱所记载祖先们的详细记录。本书在公元 2008 年出版,旨在纪念司徒傅权(梦岩)先生 120 岁冥诞。书中的四代人,都是司徒傅权的家人,包括他的父亲和子孙。选在此时出版主要是希望趁着家族中的长辈还保存着文件并能述说往事时,留下完整的文字记录,使后代子孙可以遥想先人的努力过程与贡献。广义地说,这部司徒家简史可视为中国最近 120 年近代史的注脚。狭义地说,也是中国近代造船业及西洋古典音乐教育发展历史的缩影。

## 祖籍与姓氏

司徒氏的故乡位于中国南方滨海,离香港不远的广东省开平市。市内有一千八百余幢自 16 世纪以来仿照欧美,各式建筑设计流派的多层洋楼,有的楼房还结合了中国本土的特色。这些碉楼多散落在境内的稻田之中,与周边景致颇不相衬。其中最早的建筑可追溯至四百多年前,大多数为 19 世纪至 20 世纪初的作品,由前往海外经商或打工数十年的归乡子弟所兴建。它们就是联合国教育科学文化组织于 2007 年批准成为"世界文化遗产"的"开平碉楼"。

司徒这个复姓,在中国本地反而不若在海外常见。随着方言发音的差别与移民海外年代的先后,"司徒"这个姓氏出现许多不同的罗马拼音方式,包括 Situ, Seto, Szeto, Soho, Soohoo, Seetoo。从世界各地电话簿内的资讯可以看到"司徒"氏后代采用以上各种拼音,这也反映了这一族人移民海外的实况。

本书的主人公——司徒傅权，在其父亲司徒怀德（一位成功的贸易商）的资助下，于1904年由上海出发到美国麻州（Massachusetts）接受美式中学与大学教育时，决定采用"Seetoo"此一拼音作为英文的姓氏。他的后代主要采用两种拼法，有的采用司徒傅权留学美国所用的"Seetoo"，而有的则采用汉语拼音的"Situ"。

## 造船工程师司徒傅权

当傅权的父亲因生意失败宣告破产时，曾寄去回程旅费，并要傅权好好斟酌考虑自己的前途，但傅权并未立即束装返国。后来由于种种机缘巧合，傅权获得了清政府最后一项公费留学奖学金，并毕业于麻省理工学院（MIT）造船工程系。

作为一名造船设计工程师，司徒傅权的经历为中国20世纪初期的科技知识转移史写下了新的一章。当他学成归国，即加入位于上海的江南造船厂（The Kiangnan Dock and Engineering Works）。他曾负责设计由美国联邦政府订购，预备投入第一次世界大战的四艘七千吨级货轮（注）。这四艘堪称中国近代造船史上重大成就的货轮分别于1920年、1921年完工，即官府号（The Mandarin）、西勒所号（The Celestial）、奥连讨号（The Oriental）及客赛号（The Cathay）。此时，大战已经结束，洛杉矶的大来洋行（Dollar Steamship Co.）在1923年向联邦海运局（U.S. Shipping Board）购入司徒傅权设计的这四艘货轮。此后，这四艘首次由中国人设计的大型货轮便来往于美国东西两岸的主要港市之间；至少直到1940年，在来往南北美洲的航线上，还可以见到这四艘货轮的身影。

## 小提琴制作家司徒傅权

设计出能远洋航行且耐用的货轮固然是了不起的成就，但真正令司徒傅权与众不同的，则是他在引介西方音乐时所扮演的角色。身为富商之子，司徒傅权自幼在上海，后在波士顿培养了多种嗜好，包括摄影、木工及演奏小提琴，而后者更对他的家族造成深远的影响。司徒傅权在波士顿时，遇到了一位制作提琴的名家戈斯（Walter Solon Goss），并拜入戈斯门下学习小提琴的制作。根据家族内的说法，一把在戈斯指导下、由司徒傅权制作的小提琴，于1915年参加在旧金山举办、庆祝巴拿马运河开通的世界博览会（The Panama Pacific International Exposition）并荣获优选奖。而司徒傅权于1915年返回上海之后，仍持续以制作小提琴作为主要的休闲活动之一。

此外，他曾用五线谱及工尺谱对译的方法对译了千余首曲目，其中如将粤曲《燕子楼》、《春闺怨》，京剧《天女散花》，器乐曲《汉宫秋月》等译成五线谱，还把许多国外通俗歌曲如德国作曲家舒曼的《梦幻曲》、美国民谣作曲家佛斯特的《老黑奴》、爱尔兰民谣《夏日最后的玫瑰》等译成工尺谱。他也是第一位把小提琴引入广东音乐的演奏家。这些说明了他在沟通中西音乐文化方面的贡献。

中日战争时，司徒家的旧宅在战火中付之一炬，司徒傅权所制作的小提琴据传只有三把幸存至今，都是司徒傅权送给友人的。据说，二子海城的朋友曾在美国博物馆见到过当年在巴拿马世界博览会得奖的那把小提琴。战时为了躲避日军，傅权一家避入了上海的公共租界。而此时也有许多欧籍犹太人与十月革命后离开苏联的一些俄国人自欧洲来到上海避难。其中有的原本即是杰出的音乐家，到上海后，成为中国子弟的音乐教师。这些音乐教师促成了进一步的中西文化交流，强化了近代中国西方音乐教育的基础。司徒傅权的子女也跟随数位欧洲音乐家，如黎夫雪斯（M. Livshitz）、卫登堡（Alfred Wittenberg）、舍辅磋夫（I. Shevtzoff）及意大利籍的富华（Arrigo Foa）等，学习弦乐器。

## 司徒家的教育传统

从19世纪末期开始，中国的富裕世家开始将子弟送往日、德、英、美等国学习工程、教育、法律与社会学等。探究起来，有三个历史因素推动了此一趋势：首先，清朝政府于19世纪末叶，因一连串对外战争的失败，被迫开放对外通商。在这一波中西贸易开放中，产生了一批新的富裕商人阶级；其次，科举制度的重要性于19世纪末起逐年递减，这个延续一千余年的选拔人才制度终在1905年废止。最后，清末的洋务运动，虽以失败告终，但在引入西方现代科学、鼓励青年出国留学等方面起过促进作用。这三个因素鼓励中国的传统知识分子以及新贵商人，将子女送往东、西洋各国寻找其他的教育途径。

司徒傅权、他的哥哥仲权，及司徒家的一些姻亲，就是在这样的背景下，于20世纪初期出国进修。而司徒傅权的美国经验，也对下一代的教育方式留下长远的影响。1949年之前，司徒家的许多子弟与姻亲大多就读于由传教士所创办的中学与大学，而这些学校的教师许多为来自美国的传教士及专业技术人才。从1949年至今，许多司徒家年轻一辈的子弟也踏上出国留学之路，其中专攻音乐的即有四位之多。

司徒傅权的幺女志文于1960年前往莫斯科，拜入大提琴名家罗斯托洛波维奇（Mstislav Rostropovich）门下；三子兴城于20世纪60年代前往美国学习弦乐教育，并于36岁开始学习大提琴及低音大提琴；孙子达宏与孙女达伟则于20世纪80年代留学美国攻读小提琴演奏。其他孙子、孙女与曾孙，留学的足迹涉及美国、英国、澳洲、新西兰、日本等地，攻读的学科包括企业管理、医学、环保、财经、法律、图书资讯，以及表演艺术等。

## 司徒家族与中国近代史

司徒傅权和他的家族史，仿佛是面反映中国近代史的镜子。这个家族历经了19世纪末至20世纪中叶中国境内的一连串动乱、战争与历史大事，随着1949年国民党政府在内战中失败迁移到台湾，司徒家族被台湾海峡分隔了数十年。

司徒家族的成员即使在1949年后的30年间音信不通，成员间的向心力与凝聚力并未随时间而消退。当政治气候改变，他们发现彼此的声息之后，仍然伸出亲情的双手互相拥抱，仿佛时间并未留下痕迹；他们在其他成员有需要时，无条件地伸出援手，并庆祝家人的成就。

例如，司徒傅权最年幼的孙子达宏现在是古典乐大厂DG（Deutsche Grammophon）的名制作人，也是四度荣获葛莱美奖的名录音师。他在赴美留学前，从未见过面的堂姐达森在美为他奔波申请学校；来美后，达森特地飞去纽约接机，帮他在费城安顿，达宏并接受居住于台湾也是从未见过面的大伯司徒金城的财务支援。这段达宏自上海赴美留学的过程，正说明了这种亲密的家庭联系。

另外，司徒金城则是幼辈最忠实的啦啦队长，他曾前往香港参加妹妹志文的音乐表演，又远赴费城参加达宏与费城管弦乐团的公演，并在会后以家长的身份为他举办招待会。同样地，当达森在20世纪80年代为她所任职的公司在中国大陆发展市场时，她的五姑志文也立即努力为初次见面的侄女介绍有关单位。

读者可从这部家族史中看见大时代的轨迹，涉及中国近代教育发展史、科技与知识的移转史，以及东西方之间的文化交流史。司徒家的子弟，在父母亲的鼓励期盼下，凭着个人的努力与东西方教育的陶冶，各自为他们所在的社会作出贡献。

司徒傅权的子女，除了经商的长子金城和从教的长女少文，其余皆为令人敬重的音乐家与音乐教育家；次子海城是小提琴家与教育家，耕耘于小提琴园地长达六十载；三子兴城是小提琴家、中提琴家、大提琴家及低音大提琴家，也是台湾知名的全能弦乐教育家，极力推广"人人接近音乐"的理念；四子华城是小提琴家与教育家，并且致力于小提琴民族化的钻研，编写了大量具有民族特色的小提琴作品；四女幼文教授钢琴，后成为出色的专业翻译家，曾翻译了极多的英文音乐文献；幺女志文是大提琴家、大提琴教授，且是大力推广普及音乐教育的倡导者；孙辈达宏的姐姐达伟曾在美国费城担任小提琴教师。所以在音乐教育方面，司徒氏可称得上桃李满天下！

傅权的其他孙儿女在各自的专业领域里皆有所成，包括在台湾任教的知名管理学教授，在美国活跃于社区公益的资讯管理经理及亚裔健康提倡者，在澳洲的医学研究员，以及在新西兰的电脑技师与在中国的社区更新发展的总经理。

　　时至今日，音乐课仍然是司徒家子弟教育的一部分，但是显然已经不再是核心的课程。唯一不变的是，司徒家的子弟仍然期许自己贡献个人专业、所学于人群社会中。中国俗语说"十年树木，百年树人"，未来司徒家子弟不但应努力接受良好教育，还要像当年建设开平碉楼的先人一样，能善于吸收世界文化的精华，攀登高峰，为人群服务。

*司徒达森*

2008年5月·美国密西根州安娜堡市

编译/司徒嘉恒

---

【注释】

　　据江苏人民出版社出版的《江南造船厂历史》页108记载："驻上海美国领事商请江南造船所代为建造运输船若干艘……当于1918年5月派英工程师摩根（R. B. Mauchan）做全权代表……于同年7月10日，由美国运输部总办韩丽（Edward Nash Hurley）和我国北洋政府驻美公使顾维钧，代表双方签订合同。约定代美国制造载重量一万吨，排水量14750吨的运输舰四艘。每艘船身长429呎，宽55呎，高37呎又11.5吋，吃水27呎又6吋，速率每小时10.5海里，交船日期自美国材料到厂之日起算，第一艘六个月，其余三艘，均依次后五个星期完工……"

　　"……初订合同时，美国政府曾扬言待四艘运舰造好后，当再续订四艘或八艘。后因第一次世界大战已于1918年8月间结束，美国政府即停止续造打算并放宽四艘运输舰的交船日期，……至1920年6月3日，第一艘'官府'号才正式下水……"

　　《东方杂志》第16卷第2号发表了《江南造船厂承造之美国一万吨船四艘记》指出："今江南造船厂所承造之美国一万吨汽船，除日本不计外，乃为远东从来所造之最大船……""以前中国所需军舰及商船，多在美、英、日三国打造，今则情形一变，向之需求于人者，今能供人之需求，中国工艺史，乃开一新纪元。"

# 序 司徒达贤
# 我们司徒家

## 家族的亲情与传承

从小就觉得，父亲最感骄傲的，是他的父亲和弟弟妹妹们的成就。从父亲和三叔的言谈中，我也强烈感受到他们之间深厚的手足亲情，以及对故乡亲人的怀念。

当他们偶然谈到1947年在上海举办的"司徒家庭音乐会"时，一方面兴致勃勃地回忆着当年这件中国音乐界的盛事，一方面又略怀感伤地期盼着不知何时才能再举办的下一场家族音乐会。他们也时常关心着远在上海和北京，多年未通音信的弟妹们琴艺进步的情形。基于家族传统，我小时也跟着三叔学习小提琴，可惜天分不足，几年以后就宣告放弃，我也能感受到他们当时心中的遗憾，遗憾我这"第三代长孙"的琴艺水准完全上不了台面，万一真的要再举办家族音乐会，我们这一房就要缺席了。

我也曾私下梦想着，若真有那一天，我虽不能参与演奏，就来跑腿打杂，担任总务行政吧！然而这一场梦中的家庭音乐会，终究无法再举办。

父亲偶尔会谈到祖父留学生涯中的趣事，让我从小学时代就觉得，似乎"到MIT学造船工程"是一项人生中最值得追求的目标。然而我因为视力的缘故，没有学工程。父亲也告诉我，我的曾祖父三四十岁就创立了跨越上海、香港、营口等地的大型贸易商号，六十多岁还转到东北垦荒，是位了不起的创业家。我读企管系时，也曾想象，如果有一天我要创业，公司或许也可以沿用"司徒源记"这个名称，然而我也没做成创业家。

**父亲未竟的心愿**

父亲对他的家庭,怀着那么深的感情;对家族价值的传承,又如此地重视,因此很早就常说,希望将这些家族的事迹,记录下来,呈现于文字。但几十年下来,除了一些手稿之外,始终没有正式开始这项有意义但显然是十分艰巨的工作。2001年父亲过世,我们并未举办盛大的纪念仪式,因为我们深知父亲的一贯作风是行事低调,凡事不想麻烦别人。当时我就想,纪念先人的方式未必一定要广邀亲友来向他致意,设法投入心力来完成他未竟的心愿,应该更深刻。

然而家族亲人散布各洲,百年以来的资料亦散处于各房,未曾整理,想出版一本家族传记谈何容易。2005年在课堂研讨时,得知政大企业家班校友汤碧云与其友人王正芬等所经营的知新文化事业有限公司正在构思推出为家族撰写传记的业务,于是在2006年开始就委请她们进行这一项具有高度挑战性的工作。在她们团队的努力下,开始了家族亲人间的联系,以及资料的搜集与撰写。

**"我们司徒家"**

由于两岸分隔已久,加上我本人工作十分忙碌,过去其实与家族长辈或堂弟妹之间甚少联系,这一点我比姐姐达森差太多了。在这两年里,透过大量的书面资料,以及直接的通信与通话,让我对我们家族增加了许多了解,也拉近了感情上的距离。我猜想在姑姑、婶婶以及堂弟妹之间,也会因为文稿的交流与校对,加深了对彼此的认识。

从这些文稿、访问记录,以及所搜集到的报章杂志报道中,大致可以归纳出我们家族长辈的一些特色。基本上,他们都是十分敬业的专业人才,对自己的专业投入了高度心力,甚至投入整个生命来追求专业上的精进。他们在专业上做出了许多贡献,也获致了出众的成就。叔叔和姑姑们除了演奏和推广音乐知识之外，大部分时间都扮演着教师的角色，而且他们都是有高度爱心、耐心，在教学方法上不断精益求精，又愿意牺牲奉献的教师。他们为人正直，不善于灵活适应复杂的人事与政治环境，也因而限制了他们在世俗标准中所重视的成功。

我小时候曾亲眼目睹三叔对音乐的执著、对学生的关爱；1982年在他的告别式中，看到他数十年来的数百位学生与家长，以如此哀戚的心情来悼念他们所敬爱的"司徒老师"。我猜想，其他的叔叔和姑姑们（应该都被称为"司徒老师"吧？），对教学的投入与对学生的照顾，以及所得到的学生爱戴，也是一样的。我也是一名教师，我对学生的爱心与照顾，显然远远不及。

在这两年的文稿撰写与文字订正的过程中，我发现五姑和二婶对文字及资料考证的精准度要求极高，认真的程度，令我汗颜。我也从事多年学术研究工作，也常从事写作，但在这些方面，也显然远远不及。

阅读了这些资料，经历过这些接触，让我慢慢体会到，从小听到父亲所讲的"我们司徒家"这一句话背后的意义。小时候，每次父亲在开始一段训示时，不论是针对我们的学业还是行为方面，破题的一句常是"我们司徒家"，似乎作为司徒家的一员，在很多方面就必须如何，或不能如何。何以如此，我从未深入想过。而从这次的访问稿中，竟然发现其他亲人也提到这一句话。极可能的是，祖父当年常以这句话来期勉他的子女，希望他们在各方面要有所为有所不为。

我自己倒从来没有用这句话来期勉自己的子女，这也许是承袭了我母亲那种"自由发展"、"个人负责"的人生态度，一方面也可能是我过去从未如此深刻地体会到长辈们所集体表现出来的可敬风范。

这本书一方面记录长辈们在其一生中自我实现的努力与奋斗，一方面回顾了我们家族在此一充满战争与动乱的大时代中所遭遇的种种颠沛与离散。但更重要的意义在于让我们后辈了解家族生命的延续与传承，不仅应珍惜这几十年光阴，也应对先人努力为我们留下的，心存感激，有所回报；更应作出一些贡献，或使生命发出一些光和热，让我们的后代可以追思与纪念。所谓"慎终追远，民德归厚矣。"大概就是这个意思。

## 书名的缘由

本书书名"舰与琴"有两层意义。首先，我的祖父既是江南造船厂第一位华人造船总工程师，也是中国第一位制作小提琴的专家，他在工程与设计上的学养与天分，同时表现在这两种毫不相关的方面，使他的人生显露出不凡。他的论文主题与"战舰"的维修有关，他所设计的几艘具有代表性的巨轮，当初也是美国为了第一次世界大战而订制的"运输舰"，这是选用"舰"字的缘由。

其次，我的几位叔叔和姑姑们，一生志业都围绕着琴，他们的才华乃至于整个人生的乐章，都透过了提琴的动人旋律而发出了光彩。家族后辈，虽然功力高下有别，但几乎也都学过琴，其中，堂弟达宏的琴艺受过最好的科班训练，现在也以此一琴艺为基础，使他成为国际知名、频频获奖的录音师与制作人。

## 感谢

本书资料的搜集，在北京与美国方面分别是五姑和二婶总其成，达森姐亦提供多项协助。精技电脑公司驻北京的同仁协助扫描长辈们珍藏的照片，在此要特别致谢。在台湾方面，颜廷阶教授、陈秋盛团长，以及三叔兴城从前的学生蔡苍伟先生、饶大鸥先生、徐文雄先生等提供了许多三叔的资料并接受访谈，使报道三叔的部分，内容丰富很多，在此亦对他们表达高度的谢意。尤其蔡苍伟先生，对三叔的师生情谊，半世纪以来始终如一，颇有古人之风，更令我深深感动。

2008年8月·台北

# I 千古未有之变局

> 洎乎海禁大开，中外互市，创千古未有之局，集万国来同之盛。
> 郑观应《盛世危言》[1]

19世纪中期，对中国历史来说，好似突然出现了一道时空的裂缝，全体中国人一下子跌进了一个全然陌生的环境，有太多陌生的事物，突然间涌现在他们的周围，这对以往习惯遵守老祖宗流传的规矩、安土重迁的华夏民族而言，变化实在来得太急促，也太猛烈。

胆敢冒犯天威的蛮夷戎狄之邦，不再从北方塞外骑马南下叩关，却改从南方海上驾船而来。中国清政府的军队，还没看清楚敌人，就已经被猛烈的火炮轰击，自1842年《中英南京条约》开始，列强予取予求，胁迫清政府签订各式各样丧权辱国的不平等条约，中国从万邦来朝的宇宙中心，一变而为"人为刀俎，我为鱼肉"的次殖民地。

## 中西学战　造反革命

身处数千年来未有之变局，面对数千年来未遇之强敌，中国文人亟欲寻求医国良方，因而展开大规模的学术论战。

洋务派见到洋人"大炮之精纯，子药之精巧，器械之鲜明，队伍之雄整，非中国所能及"，因而主张"中学为体；西学为用"，认为在物质上，中国应"舍陆登舟，变夏为夷"，[2]借"师夷之长以制夷"以求富强！

但保守派则认为中国之所以"积贫积弱"，正是因为当代人忘了老祖宗所传下的成法，所谓"立国之道，尚礼义不尚权谋，根本之图，在人心不在技艺"，[3]恢复固有中华文化上的纯粹尚且不及，身为中国朝臣，竟然对外来蛮族存心向往，实在是大逆不道，数典忘祖！

保守派与洋务派争辩不休，来来往往，却无法为当时的中国，找到光明的出路。

相对地，在文人学术论战外，面对大时代的变局，也有人选择行动，以体制外的激烈手段，代替文字上的空谈，于是抡起了刀枪，诉诸力量。

1851年，洪秀全等人在广西桂平县金田村起事，建号"太平天国"，势力曾遍及中国最精华的东南十省，满清八旗、绿营军皆无法抵御，迫使清廷不得不乞求地方私人武力的协助，间接也使长久为满洲人所垄断的政治权力，旁落到汉人手中。1869年，最后一支打着"太平天国"旗号的部队，在扬州被剿灭，一场历时18年，横跨清朝三个皇帝统治的内乱终告结束。

"太平天国"覆灭，但是其部分的积极理念，却引发下一代的革命火种。广东香山县的一名孩童，自幼听太平天国的老兵讲古，长大后，在香港创立兴中会，以"驱逐鞑虏、恢复中华、创立合众政府"为目标，鼓吹"革帝王专制的命"，他便是在"四大寇"中以"洪秀"之名为当世所熟知的孙文，日后真的与一班志士起义，创立"中华民国"。

## 大时代小人物，开始西进

大人物在大时代的舞台上迸发光芒，但大多数人仅是在舞台下载沉载浮的观众，力求生存，只希冀不被时代的洪流所吞噬，他们是无法载入史册的小人物，但他们才是真正的历史。在他们的眼中，大清虽然还是大清，广州城也还是广州城，但有一些事物已经开始转变，而且不可逆了。

以往金发碧眼的"洋鬼子"，只能在中国城市外的一隅，眼巴巴地盼等富裕中国可以卖给他们生丝、茶叶……虽然在广州，与洋人通商已有百年历史，但真正亲身跟洋人接触过的中国人，毕竟还是少数，可是在1843年，中英签订《五口通商章程》以后，一切都改观了，青天白日之下，"洋鬼子"就能大摇大摆地在广州城内逛大街，连高高在上的官老爷也得对他们鞠躬哈腰，试想这样的景象对一般平民百姓的冲击会有多大？连广东都难免如此，更遑论中国其他省份。

日子还是得过下去，有些人开始跟这些"洋鬼子"沟通，大家才发现，原来在外面有个"世界"比"天下"还大，那些高鼻子、蓝眼睛的人相信世界上只有一个神，还听他们说，从中国往东渡经数月的航行，有片挖掘不尽的"金山"……

当一群文人高官，仍在朝中争论是否该开办夷务的时候，中西文化却早就在民间以各种形式展开交流，有的人在中国经由教堂或商务往来接触西方文化，甚至还有人借由工作或留学直接踏上西方的土地。

## 一位造船工程师和他的音乐家族

有一位造船工程师，他与他的家族就从这样一个时代孕育出来，我们可以看到中西文化在这个家族身上，借由音乐完美地融合在一起。正是因为音乐陶冶了他们高尚的品格，使他们即使身处不安与蜕变中的社会，也能从容以对，借由始终如一的处世态度，谱出一篇篇动人的乐章。

他们的故事，同现代中国的起始点一样，要从18世纪中国南方的广东说起……

---

【注释】
1. 郑观应，盛世危言，台北：学术出版社，1965。
2. 王明伟，中西学战与晚清士人边缘化略论，白城师范学院学报，19卷2期，2005，17。
3. 王明伟，中西学战与晚清士人边缘化略论，18。

# 司徒怀德

1851～1933

怀德是一位具有开拓精神的实业家,一生经过不少磨难,在商场上纵横六十余年,事业版图在中国境内由南到北,无论关内关外都有他的足迹,若不是凭着过人的胆识与坚忍的意志,是不可能挥洒出这样的经营格局,即便遭遇重大挫败,也从未放弃。他在事业上积极开创,愈挫愈勇;他果敢坚忍,为家族打下坚固的盘石;他眼光远大,为家族开创新局。怀德一生不仅影响了整个家族,也为后代子孙作了最好的示范。

# 司徒怀德（1851~1933）

清乾隆二十二年（1757），清廷关闭闽、浙、江三个海关，正式宣告中国广州"独口通商"时代的到来，至道光二十二年（1842）《中英南京条约》签订之前，广州作为清代对外贸易的唯一纽带，共历时85年。

粤海关的独特地位，使得广州对外贸易达到了顶峰，尤其是19世纪中期，世界各地的商人齐聚在这"海上丝路"的终点站，营造出"帆樯鳞集，千舡往回，贸易日繁，赋税日多"的盛况，仅新加坡一地，每年就有九十余艘中国船只往来贸易，[1]当时甚至有份资料显示，在1850年，广州在世界城市经济十强中，排名第四位！[2]

但在同时，除了广州，广东的其他地方，又是怎样的景况？

清道光末年（1850），洪秀全在广西桂平县金田村举事，隔年进逼湖南，成立"太平天国"。

由于洪秀全依据基督教教义创拜上帝会，初期与洋人保持友好的关系，他称洋人为"洋兄弟"，并与洋人通商、合作，所以对洋人聚集的广州城周边，洪秀全刻意暂避其锋，使珠江三角洲有如处在暴风中的台风眼，平静无波。

但当太平天国的大军，一路势如破竹，占领金陵（南京）后，原来潜伏在珠江三角洲暗处的反清组织不再沉静，也开始化暗为明。咸丰四年（1854），广东的三合会发动大规模起义，史称"红巾军"，这次起义，让珠江三角洲陷入如同其他地区一般的战火之中。

司徒怀德生于清咸丰元年（1851）广东开平，[3]时值太平天国成立之年，其名取自《论语·里仁第四》："君子怀德，小人怀土；君子怀刑，小人怀惠。"

在怀德四岁的时候，红巾军攻入开平县城，当时领导这批红巾军的首领正是其同族长辈——司徒正吉。我们无法确定，时的开平父老，或在年仅四岁的怀德心中，是如何看待这批"义军"？他们是家乡的民族英雄，还是一批无良匪盗？

今日唯一可以确定的是，从红巾军攻入开平县城的那一刻起，整整12年，开平陷入动乱再无宁日……

### 深具广东精神的办庄学徒

广东向来是我国海外移民的重镇，全省共有24个拥有"侨乡"之名的地区，[4] 其人民性格也勇于向新天地冒险犯难，广东著名文人，维新派领袖——梁启超，就曾经分析过广东人这种因地理位置所养成的民族精神：

> 广东于地理上受此天然优胜之感化，其剽悍、活泼、进取、冒险之性质，于中国民族中，稍现一特色焉。……故其人对内竞争力甚薄，而对外竞争力差强。……自明以来，冒万险，犯万难，与地气战，与土蛮战，卒以匹夫而作蛮夷大长于南天者，尚不乏人。……今我同胞在海外者，无虑五百万，而粤人三之二也。[5]

司徒怀德（文沾公），风光一时的粤帮买办商人。他是司徒源记的创办人，也是司徒音乐家族的奠基者。此像是著名画家司徒乔所作，约于1931年拍摄成照片而得以留存。原件在1932年淞沪战争期间被侵华日军飞机投弹炸毁。

由以上文字，即可显示广东人自明朝以来，即勇于冒险犯难，不仅是面对艰苦的地理条件，就算面对顽强的竞争者，也积极进取，决不轻易放弃，其中甚至有无数只身到海外奋斗，最后发迹的人。

司徒怀德出生贫家，父亲虽为……在"红巾军起义"、

司徒文沾公夫人

"土客械斗"的连年战乱中,生活极其艰辛。怀德未满十岁就从农乡到县城"办庄"里当学徒。

当时所谓的"办庄",是位于中西文化之间,一种代办处、代理商的角色,其性质包罗万象,举凡在外华工与原乡的联系与汇兑、居中协调中西进出口贸易等业务,全都有各式的办庄在经营,它在当时等于发挥了跨国办事处及银行的功能。依据一份由司徒沛提供,司徒志文整理的资料中可知:

> 开平土地贫瘠,乡亲大量到北美等地当劳工,在交通、通信、金融极其落后的情况下,为解决外出乡亲的来往通信、汇寄银两等事宜,办庄应运而生,从海外到最偏僻的乡下,办庄起到了桥梁作用,发挥办事处兼钱庄的功能。

根据"口供纸"的遗留资料,[6] 我们可以发现,当年前往美国的华人,其原乡大部分集中在怀德的故乡开平及台山两地,正所谓有需求就有供给,怀德当年前往广东县城担任学徒时,当中一定有不少这类专营对在美华工汇兑事务的办庄。

因此可推测,当年怀德所投入的办庄,应该就是一家专营对美事务的"金山庄"。[7]

当年这些华工以"苦力贸易"、"猪仔(女的称猪花)贩运"、"赊单苦力"漂洋过海,到美国西部去开矿、垦荒和筑铁路,虽过着艰难贫苦的生活,但他们尽可能地省下每一分钱,利用办庄汇回开平老家买田置产,著名的世界文化遗产开平碉楼,就是在这样的情形下所产生的特殊风景。

从同是出身开平的美国华侨领袖——司徒美堂的回忆中,我们可以对当年开平人漂洋过海的艰辛有大概的了解:

> 那时加州有的矿区,白人发现华人采矿区采金较多,就提出要华人搬走,否则就鞭打他们,冲进矿区烧毁一切东西。白人常常抢劫华人和谋杀他们,那时传说白人如果没有钱用就坐在路边,等华人来了就上前把钱抢来用。……有许多沼泽需要

填起来，这个工作很繁重，白人都不愿意去，又只有找华工，华工把它变为了良田。筑路工程是很辛苦并且危险的，要过荒山，需要开隧道，炸石，死亡数字很高。[8]

聪颖好学、勤劳踏实的怀德，在县城里因他珠标（打算盘）既快又准，而小有名声。清同治五年（1866），十五六岁的怀德，就有出师自立门户的打算，只是在家乡难以与老办庄竞争，因此怀德将眼光转向当年即将成为"东方之珠"的香港。

## 发迹香港　19岁创立"司徒源记"

1840年，中英鸦片战争爆发，中国战败，英国人终于得偿所愿，在《中英南京条约》中取得香港；1860年英法联军，英国又在《中英北京条约》中取得九龙，扩大了香港的腹地，自此英国锐意经营，使香港从一个破败的渔村小岛，迅速发展成中国附近最国际化的都市。

怀德因地缘之便来到香港，一方面刻苦学习英文，一方面也在香港司徒氏乡亲的协助之下，很快地成立了自己的办庄，为"司徒源记"，由于经营得法，赢得信誉，发展十分顺利。

当年中国洋行办理洋货进口有几种模式，一是直接面对外洋，即欧美南洋等外国企业；二是通过港粤的外国洋行；三则是委托办庄订购。由于中国大部分的进口商对于外国情形并不熟悉，所以需要大量习于与外国人交易的办庄从旁协助。怀德具备语言的优势，以及旅居香港所培养的国际观与对外交涉的手腕，使司徒源记在与同行的竞争之中异军突起，生意越做越大。

我们可以从当年司徒源记的发展中，看出怀德目光的准确。司徒源记是广东商帮之中，最早瞄准南北粮食贸易的办商之一，由上海进口杂粮到香港，对南洋出口；再由香港进口洋米，北运至中国各地，这后来证明是中国办庄进出口最赚钱的模式。[9]

1880年，29岁的怀德，在香港司徒源记之外，已分别在广州、上海两城市，办起了司徒源记的分号，还建造大型仓库，承接堆放南北往来在沪转口的大宗货物，往后几年，随着业务开展，司徒怀德还在东北辽宁的营口（清朝时北方的重要港口之一）开设了铺面，经营层面扩及转口贸易及物流仓储业务，经营的区域范围，从广东、上海到营口等几个重要通商口岸，连点成线成面，形成一个规模不小的贸易网路，一直到1905年前，可说是怀德最风光的年岁。

## 经商失败　突如其来

司徒怀德在商业上的失败，是突如其来的……

> 本月（指光绪三十一年农历八月）初三、初四两日，风潮猛涌，川沙、宝山、南汇、崇明等属沙洲居多，被灾淹毙人口至数千之多，情形甚惨。——两江总督周馥、江苏巡抚陆元鼎上奏。[10] 江苏沿海大风潮，川沙、宝山、南汇、崇明等处，淹毙人命以万计，上海商埠被水，货物损失值上余万。[11]

光绪三十一年（1905），江苏沿海地区发生了特大风潮之灾，淹死上万人。[12] 黄浦江、苏州河的水上涨外溢，司徒源记的仓库全被水淹，堆放十几万两的白糖，完全无法抢救，这巨大的损失，使司徒源记遭受重创，加上委托族弟管理的香港联号，也经营不善。在这双重打击下，司徒源记竟然就此结束营业，这时怀德已经54岁。

收起司徒源记后，司徒怀德不得不接受好友周鹤云（为怀德之子梦岩日后岳父）的帮助，到其买卖店庄"义和盛"当账房先生，业务范围主要集中在营口。

在义和盛过了几年，生活稍缓，但时年59岁的怀德，并未在

周鹤云，是位成功的买办商人。与司徒怀德私交甚笃，在司徒源记结束营业后，曾延聘怀德担任账房。后来亦将女儿嫁给怀德的四子——司徒梦岩。（摄于1892年，日本）

好友的保护下消磨了志气，在 1910 年一次前往中国东北的实地考察之后，司徒怀德向即将终结的清廷于长白山麓批办一片土地，准备在关外展开他事业的第二春。

## 耳顺之年　东山再起

中国东北在晚清一直是日、俄帝国主义角力的主战场，1905 年日俄战争后，双方签订《朴茨茅斯和约》，互相约定在东北的势力范围，自此东北进入了一段 23 年畸形，却相对和平的年代。

怀德长年因商务来往东北，1905 年日俄战争结束后，又在"义和盛"营口分号出任账房先生，到 1910 年这五年之间，以怀德眼光之独具，肯定看出在这片土地上，各方势力皆处在"敌不动，我不动"的危险平衡之中。这时候的东北就像一座堆满金银的宝山，守山的巨兽却因为忌惮彼此，不敢寸动，这时候入宝山绝不会空手而回，重点就是要够胆识！

在商场上，历经无数风浪的怀德，绝非一般年近耳顺的老人，冒险犯难的"广东精神"依旧在他血液中沸腾！怀德决定在东北经营"人参买卖"，要靠"百补之王"把他在司徒源记失去的，重新取回来。

清朝皇室的奢侈生活，原是由内务府的多项专卖事业来供给，但在晚清，大多划归户部以负担庞大的赔款，清朝皇室唯一不肯放手的就是"人参买卖"，其高贵的身价可想而知。

原本内务府对人参的经营，是招募一定数量的"皇商"，由这些特许商人开采、买卖，但由于这些皇商经常短缺上贡的人参数额，还进行走私、盗采人参的行为，所以在乾隆九年（1744），内务府决定将人参的开采由原本的"招商刨采"改为"官雇刨夫"。[13] 但依据司徒沛提供，司徒志文整理的资料中描述：

> （怀德）开办参场，条件是挖出的人参，上品必须入贡售与皇宫，而参场与招募的工人订的条件，则是工人挖出的人参需由场主首先选购，这一出一入差价很大，营利颇丰。

从文中可以发现，怀德不但开办参场，还招募工人刨参，简直有如乾隆九年以前"招商刨采"模式下的皇商了，这可能是由于司徒怀德在事业仍辉煌的时代，曾花钱捐买功名，为"五品翎顶，诰授中宪大夫"，以及1910年，革命党人已经使清廷官方焦头烂额，无暇他顾所致。

当时东北有野心、有胆识，如怀德一般，想在乱世中闯出一番事业的人绝不在少数，这也连带使东北成为当时"匪乱甲于天下"的是非之地，[14] 所以经营参场盈利虽丰，却也是极具风险的买卖，但怀德并未因此退却，他既选择走这条惊险路，就有在刀口上讨生活的觉悟！他要求挖参的工人都要习武带枪，修造几排房子让眷属住在参场，既安定人心，也让工人在保护眷属的同时，也保卫参场财产。

但除了本身的武装实力之外，要在多方角力的东北站稳脚步，真正需要的是高超的交际手腕与公关能力，方能安抚住环绕东北这座宝山的诸方巨兽。自幼即与洋人交流，并具有外语天分的怀德，在东北不过几年，就能以娴熟的俄语、朝鲜语和俄国人、韩国人往来做生意，但据说真正让怀德在长白山麓稳如泰山的原因，是他跟"打个喷嚏，东三省都要地震"的奉天督军——张作霖，义结金兰。

我们无法确定司徒怀德与张大帅的交情究竟起于何时？但若传说属实，那当是怀德以大办庄商人之姿，在营口办起"司徒源记"分号的风光时候，因为同一时间，张作霖也在营口高坎一带谋生。

否则1894年"甲午战争"爆发，怀德当不会自置险地，而"甲午战争"之后，张作霖则投身绿林，有着好一段颠沛流离的生活，两人不可能有所交集。在司徒源记倒盘后，怀德重回营口欲东山再起，这时一位是东北年轻一辈中最具实力的军阀，一位只是帮人打工的账房先生，两人的地位直如天与地，若之前没有交情，张作霖不可能与怀德相交，甚至结为异性兄弟。

"东北王"张作霖，向来以胳膊向内弯著称，这也是他虽为军阀，却常受东北父老怀念的原因，若历史真有如我们所推测，怀德应是在1894年以前"下交"张作霖这位尚未成气候的把弟，那张作霖必定对这位长袖善舞、意气风发的大哥感恩戴义，在怀德落魄长白山之时，拉老哥哥一把，也在情理之中。

1921年，怀德已经年近古稀，但却仍身体健壮，加上自幼拳脚功夫的底子，使他在东北期间，锻炼出一身不用马鞍就能上马的高超骑术，还能使得一手好双枪，当时参场拥有400支枪，加上有"东北王"在后撑腰，各方土匪自不敢来捋虎须，连洋人也要敬他三分，至此怀德可说是迈入他人生的第二春。

## "九·一八"事变　退出长白山麓

1917年3月12日，俄国发生了著名的"二月革命"，在第一次世界大战中耗尽国力的帝俄，不出数日即被革命党人推翻，紧接着"十月革命"与俄国内战接连发生，苏维埃共和国初立，国内百废待兴，遂退出在中国东北竞逐的行列，自此日本在中国东北再无抗手。

1927年6月，日本召开"东方会议"，并制定了《对华政策纲要》，即大家所熟知的《田中奏折》，其中提到：

> 惟欲征服支那，必先征服满蒙，惟欲征服世界，必先征服支那。倘支那完全可被我国征服，其他如中小亚细亚及印度、南洋等异服之族，必畏我敬我而降于我。

自此确立了日本军国主义者由东北征服全中国的总战略。

既然确定了全面占领东北的战略，原为日本所扶持的张作霖，便从盟友，一转而成为日本占领东北的障碍。1928年6月4日凌晨5点30分，张作霖搭乘的火车在经过沈阳西北皇姑屯车站时，轰然一声巨响，车站上方的吊桥忽然发生爆炸，掉落的钢板下坠，瞬间把搭载张作霖的第三节车厢压得粉碎，身受重伤的张作霖在四小时之后，宣告不治。

虽然少帅张学良紧急返回东北，稳定了整个局势，但日军侵略行动已经箭在弦上,这使怀德感觉到东北已非久恋之家。

1931年"九·一八"事变爆发,关东军全面入侵东北,由于蒋介石所主导的南京国民政府当时对日本内阁约束关东军侵略行动仍存有希望,[15]甚至蒋介石还在"九·一八"事变发生后一天,在日记中写道:"天灾频仍,匪祸纠缠,国家元气衰敝已极,虽欲强起御侮,其如力不足何!"[16]可见蒋介石对抗日殊无信心,所以决议"不抵抗政策"。

当时在北京养病的张学良亦遵从中央政策,发电训令东北将领:"尊重国联和平宗旨,避免冲突,即使勒令缴械,暂入营房,均可听其自便。"不过数月,全东北都落入日军的掌握。

虽然怀德对情势的恶化早有准备,贵重的财产大多已经脱手转为易于携带的物品或现金,但或许也没料到局势的恶化会如此迅速,匆匆解散参场南迁之际,恐怕也是难掩仓皇。

## 旅沪晚年　遭逢"一·二八"事变

由于当时怀德的二子仲权、四子傅权[17](另名梦岩)都在上海任职,怀德于是携眷由东北逃到上海安身,跟四子梦岩一样都安居落户在当时旅沪广东人聚居的闸北虹口北四川路一带。

虽说怀德离开东北之际难免抑郁,但到了上海虹口,见到自己的儿孙与一些同乡的熟面孔,可能也有了颐养天年的打算,毕竟自己也已经是年过八十的老人。经营长白山参场二十年,也算薄有积蓄,若此后能过着跟三五同乡老友,一早到茶楼"一盅两件"地消磨时光,傍晚回家含饴弄孙的生活,也可说是人生一大乐事。但想不到的是怀德往南避祸千里之外,在上海,他仍旧躲不过日军的炮火……

1932年1月28日晚间11点30分,当司徒一家人都还在睡梦之中,忽然外面传来巨大的嘈杂声,老年人睡眠浅,怀德立刻起身,向外头一瞧,不得了!满街的日本兵协同坦克,正从家旁边的北四川路,沿着靶子路、虬江路、横滨路……往西杀去!

"日本鬼子打过来啦!"怀德赶忙把一大家子叫醒,登时家里乱成一团，这次再也没有时间给怀德作准备，一家人只能收拾最简单的细软，急忙奔向城市的南边，连跟梦岩一家人会合的时间都没有，只希望在残暴的日本部队回头前，越过苏州河逃进公共租界。这就是抗日战史上的"第一次淞沪战争"，也有人称"一·二八"事变！

当一家二三十口人，刚越过苏州河，还茫茫然不知何去何从之际，忽然轰鸣声大作，侧身一看，远方黄浦江面上升起点点黑影，原来是停泊于黄浦江的日军航空母舰"能登吕号"，上面搭载的轰炸机依序升入夜空的景象，没多久，伫立江边的怀德，就看到自己熟悉的闸北区，一处处冒起熊熊的火光……

自己的家成了战场，怀德只好领着家人，来到当时居住在法租界的二子仲权家，刚好遇到了同样前来租界避祸的梦岩一家，人丁无伤，也算不幸中的大幸，但仲权家同样食指浩繁，无力收容父亲与弟弟两家人，于是有家归不得的司徒家，直到天空泛起了鱼肚白，才找到落脚处，跟其他难民一同挤在当时东方饭店的大堂打地铺，度过一段时日后，才租赁到房子安置下来。

本以为在集国际视听于一身的上海，日军再蛮横，也会因国际列强的压力，而早早退兵，没想到战事却一直持续到这年的5月5日，在美、英、法、意四国调停之下，中日双方才签署了《淞沪停战协定》，协议中日双方恢复"一·二八"事变之前的状态，战事方才暂时平息下来。

停战后，怀德跟着家人一同返回华界，一路上只见断垣残壁，多年来怀德虽常处动荡之中，但几次战争，他总是能在事发之前离开险地，这一次恐怕才是他第一次真正近距离感受到现代战争的可怕！等回到了虹口故居，大家都不禁掩面而泣，原本充满一家人欢笑与回忆的住房被炸弹击中，已然面目全非！

怀德快步走入废墟的一角，那里是存放着他养老之资的地方，仔细翻找，却发现只剩下焦黑一片，当年从东北带回相当数量的上等人参，全都毁于战火。[18]

伏枥的老骥不怕年事已高，只怕其千里之志被击垮。一生碌碌，到头来却成一场空，这对怀德来说，恐怕是最致命的打击，加上战争的折腾，这位见证时代交替的豪杰，也抵受不住而倒下了，翌年（1933）黯然去世，享年82岁。

**开创精神与国际视野　影响家族深远**

怀德横跨两个世纪，见证了当时中国风起云涌的时代。他在时局混乱、人人自危的氛围底下，仍能沉稳不惊、慎谋断事，看出机会所在；不论是在"司徒源记"时期，还是东北垦荒时期，要经营庞大的贸易事业，在跨越地域及种族之间进行人事及商务的调度，就算以今日眼光看来，也是一件极为艰巨的任务。

怀德是一位具有开拓精神的实业家，一生经过不少磨难，在商场上纵横六十余年，事业版图在中国境内由南到北，无论关内关外都有他的足迹，若不是凭着过人的胆识与坚忍的意志，是不可能挥洒出这样的经营格局，即便遭遇重大挫败，也从未放弃。他在事业上积极开创，愈挫愈勇；他果敢坚忍，为家族打下坚固的盘石；他眼光远大，为家族开创新局。怀德一生不仅影响了整个家族，也为后代子孙作了最好的示范。

怀德虽然以商治家，但他的国际视野、不向逆境屈服的性格，以及勇于向新天地开拓的精神，都深深影响着司徒家的子孙。

长子伯权、三子佩权都是怀德分别花了八千和一万二千两银子，为他们在陕西和山西分别捐官，当上小县城的知县。

二子仲权在京师大学堂（北京大学前身）毕业后，考取公费（庚子赔款公费留学生第二期）入美国哥伦比亚大学读冶金及兵工，回国后在度支部（民国后改称财政部）任职，从清末一直到1949年，成为财政部最资深的高级职员，当过钱币司、会计司、关务署等部门的主管，及财政部秘书等职。

四子傅权，即为梦岩，其波澜壮阔的一生，将在接下来的章节详述。

五子夭折，六子仕权大夏大学毕业后，曾在资源委员会及中央银行任职，1948年在美国哥伦比亚大学取得硕士学位后，进入美国移民局工作直至退休。

七子佑权东吴大学毕业后，在海关任职，曾任广州关、武汉关主任，后移居加拿大，任律师，经营华侨工作。

八子位权毕业于税务司学校后入海关工作直至辞世。

这些子女的成就，在在都显现出怀德的远见与智识，对子女后代的教养与栽培之中，所起的作用。

---

【注释】

1. 徐德志等，广东对外经济贸易史，广州：广东人民出版社，1994，103。
2. 广州历史名城研究会、广州市荔弯区地方志编纂委员会，广州十三行沧桑，广州：广东省地图出版社，2001，52。
3. 司徒怀德生于清咸丰元年辛亥年（1851），祖居广东开平赤坎溇，家居开平松柏司属羊路洞回龙里（即今开平市赤水镇羊路洞回龙里），字香泉，谥号文沾公，兄弟五人，公居三。
4. 1949年前，广东省华侨较多的侨乡包括：南海（现分佛山、南海）、番禺、顺德、花县、三水、四会、清远、中山（前香山，现分中山、珠海、斗门）、增城、博罗、东莞、贵安（前新安，现分深圳、贵安）、新会、台山、开平、恩平、高要、高明、鹤山、阳春、阳江、赤溪（现与台山合并）、梅县（前嘉应州，现称梅州）、惠阳（前归善，现分惠州、惠阳、惠东）。——资料引自麦礼谦，美国的一个华人同乡社群：祖籍广东省花县华人的发展史，中国海洋发展史论文集 第五辑，张彬村、刘石吉主编，台北南港：中央研究院中山人文社会科学研究所，1993，562。
5. 梁启超，饮冰室文集·第二册·文集·卷十九，北京：中华书局，1989，91~92。
6. 口供纸是源于美国排华时期的一种移民资料，其使用一直沿用到20世纪中期，专门为移民官员检查移民资料之用。——张国雄，近代五邑侨乡"口供纸"探究，五邑大学学报（社会科学版），7卷·4期，2005，36~39。
7. 由于当年人称美国为"金山"，所以专营对美业务的"办庄"也被称为"金山庄"。
8. 刘华，"开平华侨史话"，开平市外事侨务局，http://wqj.kaiping.gov.cn/news/view.asp?id=254。
9. 1928年，中国豆类、豆饼的出口达到两亿关两；而1937年，进口商人委托"办庄"代购货物的年值约二千五百余万元，而其中洋米代购，就高达二千余万元，占总值的82%。
10. 勒德洪，清德宗实录·卷548，台北：华文书局，1964。
11. 东方杂志，9卷7号，1905。

12. 经盛鸿，"1821 年~1919 年间江苏灾荒概述"，天下农网，http://www.txnw.cn/readnews.asp?newsid=4079。

13. 萧国亮，"清代封建国家经营的官营商业"，中华文史网，http://www.historychina.net/tws/QSYJ/ZTYJ/JJS/01/04/2006/14282.html。

14. 清代末期，东北地区马贼、土匪盛行，反映了东北不稳定性的移民社会土著化过程尚未完全终结。美国学者欧文·拉铁摩尔在《满洲：冲突的摇篮》中即指出：东北地处边疆，那些在新地区擅自占有土地又与当地官员或居民不合的人，那些因图谋侵占地方利益而被赶走的人，常常成为逃犯，流而为匪。满蒙地区自发的拓荒史是与土匪活动史紧密交织在一起的。

15. "九·一八"事变次日，若槻内阁即宣布"不扩大"政策。至 9 月 24 日又宣布关东军仅采取"自卫行动"，且即将撤回南满铁路，但是其内阁之中意见分歧，若槻礼次郎遂于年底辞职。继任内阁首相为犬养毅，此人与蒋介石的交情匪浅，曾派私人代表向蒋及南京首要传达希望和平解决的愿望，但实际和平行动仍无进展，至 1932 年 5 月 10 日，犬养毅被激进派暗杀身亡，南京国民政府希望日本政府约束军方的想法已然无望。

16. 黄仁宇，从大历史的角度读蒋介石日记，台北：时报文化，1994，128。

17. 司徒傅权，本名傅权，字俊明，别字梦岩。他在学成归国之后，多用司徒梦岩为名，故史料上多以司徒梦岩称之。

18. 关于怀德当年的损失，因年代久远，加上人参因产地、参龄的不同，价格差异颇大，我们今天无法准确地估算，但以嘉庆二年五月十二日，《军机处录副奏折》中的内容来看：

> 嘉庆二年，发往两淮的五等人参为十九斤八钱三分四厘，值银二万一千三百三十八两三钱八分；参渣末一斤八两六钱六分七厘，值银六百七十八两三钱四分三厘；泡丁四斤八两九钱，值银一千八百两二钱二分五厘；芦须二钱，值银一两五钱。共计为白银二万三千八百一十八两四钱四分八厘。此外，还有大枝参十八枝，四等参六斤二两，共值银二万一千四百五十两。

发往两淮地区贩卖的 18 支大人参跟六斤二两的四等参，就总值 21450 两！这还只是报与官方缴库的价格，市面上的交易价当不只此数，所以怀德当年蒙受的损失，想必非常巨大。——相关资料参考自萧国亮，《清代封建国家经营的官营商业》。

司徒梦岩

1888~1954

梦岩亲自主持包括船体、船机等设计，扩挖船坞、增造大批机械……也深入参与，这使梦岩在美所学专长得到充分的发挥和体验，他做事向来仔细认真，事必躬亲，这阶段几乎是废寝忘食……

梦岩也创制音色明亮的高音二胡，通过吕文成用于粤剧和粤乐的演奏，令人耳目一新，并成为粤剧、粤乐中的主奏乐器，因而被称为"粤胡"，1949年前后，大家才把梦岩和吕文成创造的高出四度甚至五度的高音二胡，正式定名为"高胡"。

# 司徒梦岩（1888~1954）

广州作为清代对外贸易的唯一纽带，共历85年，直到英人借着船坚炮利迫使中国开放五口通商大门，粤商原本所独占的地利，才被打破。为了能持续占有经济上的优势，精于贸易的广东人，也随着各埠开放，开始扩展他们的范围……

粤商首先看中的是上海发展的前景。

粤商们发现上海是五口中最靠近丝绸和茶叶产地的港口，因而大量的广东买办随着怡和、宝顺、和记等英国洋行入驻上海。

1885年，《申报》写到上海迅速发展的景况：

> 以一弹丸黑子地，萃外洋五大洲、中国十八省之菁华，举凡显宦富绅豪商巨贾以及亚欧墨阿四洲之人，莫不拥资千百万金，远涉重洋来斯贸易。[1]

上海的迅速崛起，对擅于把握时机的粤商而言有着巨大的吸引力，他们因血缘与地缘的关系，互相提携，"沪渎通商甲于天下，我粤广肇两郡或仕宦、或商贾，以及执艺来游、挟资侨寓者，较他省为尤众"。[2] 上海开埠后的近半个世纪里，"广帮"已成为上海第一大客帮，留居沪地的粤人大都保留原有的生活习惯，"听其语言，人皆指而目之说是粤人也；观其习俗举动，人莫不称之说是粤人也"。[3]

出身广东开平县赤水镇沙洲回龙里，在香港创业发迹，"司徒源记"的老板——司徒怀德，正是此次（1880年前后）粤人迁沪风潮里的一分子。怀德在上海设立"司徒源记"的分号，不出几年，已是立足于上海一隅的富商，在中国上海档案信息网之《上海掌故——杂粮业》的一篇文字中，我们可以看到：

> 19世纪末，上海杂粮出口业务渐有发展，主要销往香港及

南洋各地……广帮对香港的杂粮贸易，占有一定的地位，如广和兴、广德泰、司徒源记等几家开设较早，大都在1890年左右。[4]

## 出生富裕之家　聪颖好学兴趣广泛

1888年（清光绪十四年）农历八月初九，[5]怀德四子司徒梦岩[6]出生于上海，天生清秀端庄，双目有神，一家大小无不欢喜，父母甚是疼爱。

时年37岁的怀德正值事业发展的巅峰，为了商务，常年往来广州、香港、上海，甚至辽宁的营口各处，然家居上海，梦岩就在当时中国最繁华的城市里成长。

在各方杂处、言语各异的上海市，广帮语言的特长、对外交涉能力，让他们在中外贸易中独占鳌头，积聚了大批财富。怀德在具有前瞻性的国际视野下，让儿子梦岩进入当时轮船电线事务大臣盛宣怀[7]所创办的新式学堂"南洋公学"[8]就读。

根据家族里的资料，我们得知司徒梦岩从小好学，除在南洋公学读书，同时也在当时清政府以培养翻译人才为主而设立的同文馆学习外文，梦岩不只遗传父亲怀德的语言天分，而且更加青出于蓝；当年的上海是个国际大都会，聚集全国各地来讨生活的人，梦岩不但在学校学习外文，连平日接触到的各地不同方言他也学，而且常常是无人指点一听就会，足见其在语言上的天赋。

梦岩兴趣广泛，少年时期即充分展现精力充沛、多才多艺的一面。在家族的全力支持与栽培下，他参与各种课外活动。年少时酷爱广东音乐，对吹、拉、弹、唱都有所涉猎，很早就学会拉二胡，弹三弦，敲扬琴，吹箫、笛等民族乐器，哼吟粤曲唱段，亦谙京剧，十几岁时，还跟上海徐家汇教堂传教士学过小提琴，成为中国最早一批接触小提琴和西乐的人。

梦岩稍长又钻研当时最新鲜的摄影，从掌镜、拍照和冲修底片都亲自动手，闲来还喜欢动刀斧、做木工，且正式拜师学艺，像个学徒一样，帮师傅打杂当下手完成过不少工作。

14岁时，梦岩生母去世，加上父亲经常在外面往返奔波，因此他不特别依眷家庭。16岁的梦岩自南洋公学毕业后，便通过考试，被华童公学录取任用为英文教员，但梦岩已经决定只身渡洋赴美留学，而未应聘此项工作。

当初同被录用的还包括梦岩的同学，日后商务印书馆的负责人——王云五，据梦岩长子司徒金城的说法：

> 这是父亲自己多次提起过的，幼时他与年龄相若的王云五[9]是邻居，也是同文馆的同班好友，他们两人毕业前曾一同投考争取上海租界高薪职的英文教员工作，而且两人都通过了录用，但后来两人却都未应聘。父亲说那时因为决定要赴美留学，所以未应聘，至于王云五为何未去，就不得而知。

## 只身自费赴美　成为顶尖预科留学生

"晚清出国留学风潮始于岭南。"[10] 这句话可说一点也不夸张，开我国近代留学国外风气之先的容闳、黄胜和黄宽三人，都是广东省香山县人，尤其三人中的容闳更是所谓的"中国近代留学生之父"，正是由于他的百折不挠，持续向李鸿章提出"政府宜选派颖秀青年，送之出洋留学，以为国家储备人才"[11]的创意，才有日后120名小留学生公费出洋的政策出现。

而这120位小留学生中，出身广东的就有84人，占总数的70%，可见"得风气之先"的广东人，对于新天地、新知识的接受度，的确高于中国其他地区的人民，而70%这个数字，尚不足以显示出晚清当时广东学子对海外新知的渴望程度，因为这当中还没能反映出当年大量的"自费"留学生潮。

容闳、黄胜和黄宽三人当年出洋留学，是属于所谓的"教会留学生"，是出自来华传教士培养信徒的需要，由香港教会资助出国，而真正开"自费"留学之先的则是1871年的何启与1874年的伍廷芳，[12] 而这两人也同样都是出身广东。

广东的学子之所以如此踊跃地投入海外取经，甚至自行负担所费不赀的留学费用，所凭借着除对西学新知的向往之外，无非就是一股希望为积弱祖国求出路的爱国心,而这些留学生也的确在中国现代化的进程中,扮演起启蒙者与先启者的角色。

1904年16岁的梦岩,也正是在同样一股风潮下,以自费的方式赴美留学,[13]初到美国波士顿,在安度瓦(Andover)一所私立的菲力斯学院(Philips Academy)就读大学预科。

菲力斯学院位处波士顿北郊21英里处,创校于1778年美国独立革命时期,是历史悠久的顶尖贵族中学,有麻省理工学院(Massachusett Institute of Technology, MIT)预备中学的美誉,在其历届培养的毕业生中,包括来自世界26国的留学生。[14]

留学生时代的司徒梦岩（约摄于1908年）

由于菲力斯学院常被人称赞是个青春洋溢、活力十足(youth from every quarter)的中学,梦岩进入学校,自然也体验到这样的校风与氛围。原本身材消瘦、行动敏捷的他,进校不久就被选为田径队,担任短跑选手,并跑出全校轻量级百米冠军的成绩。但是由于梦岩当时的体重刚好在轻量级线下,稍增加就属次轻量级,学校教练们评估梦岩若轻易转换量级,将失去在原有量级的优势,因此学校严格控制他的食量,每星期还要量体重。

本来中国人就不习惯吃西餐,现在连吃顿饱饭都不成,梦岩当然不依,于是他每到星期天就到"中国城"(China Town)吃广东烧腊,后来在熟悉了各方面情况后,甚至买来烧鸭和叉烧等,到实验室用抽掉空气的铁罐密封起来,制成土罐头。如此神不知鬼不觉,随时可以开荤,才不管什么"限量饮食"还是"短跑选手"的要求!终于,体重实在控制不住了,校方只好让梦岩转踢足球,并在饮食上解禁。

梦岩的女儿志文曾引述梦岩和家人聊天的逸事:

父亲并不特别爱好体育，但他是那种做起什么事来都全力投入的人。他曾自述住在校舍，一次夜晚做梦踢足球，一脚踢进了大门，心里高兴极了。不一会儿，他却被冻醒，原来他将被子踢过了床栏，落到了脚下远处的壁炉内，幸亏当时还没有生火，不然就要酿成大祸了。

## 遭逢骤变　300美元自立于美国

原本梦岩计划读完两年预科后，再决定要如何选科入大学，但不幸第一年还没有念完，司徒梦岩就收到父亲怀德汇来的300美元和一封家书，说明司徒源记经营不善，家中事业遭逢骤变，所有财产、店铺、存货均已出售，除此之外，家中已一无所有，汇来300美元是给他作为归国旅费的。不过怀德并未命令梦岩即刻回国，只是告诉他，若不愿回来，以后就得自谋生计了。

对一个自幼出身富商之家又毫无谋生能力的年轻人，乍时沦落到流落海外、举目无亲的境地，无疑是晴天霹雳。经过几天思考，梦岩眼见美国一切都比中国进步，他认为再困难都应该要待上几年，学好本领才回家；显然，梦岩遗传了父亲沉着、冒险的性格，在这个命运交叉点，他选择迎向挑战，很笃定地相信自己一定有法子渡过这个难关。

首先他选择节流，转读一所专为穷困学生所办的免费学校，和许多贫困的美国孩子在一起念书，这所学校学生多为有色人种。除了读书，他们必须完成学校指定的许多特定工作，学校则负责他们的全部食宿。

而所谓特别指定的工作，包括割草、采果、清洁卫生等杂务，甚至帮警察侦察追踪一些"特殊人物"，因此梦岩还帮忙破了一些刑案！

1995年9月梦岩的女儿幼文在期刊上发表《记我国第一个华人造船总工程师司徒梦岩》一文，其中就把梦岩对她叙述的许多美国生活点滴，生动地描写出来，当中就有提到梦岩在美国协助警察破案的故事：

一个大热天，警察局来人说要一些同学去做侦缉的工作，校方就分配了十多个同学随往。到了警察局，桌上已放好了一杯杯的冰水（美国有长年喝冰水的习惯），探长给大家介绍侦缉工作的注意事项，并说明如何跟踪别人，而不被人家发觉等，然后，分派每人一定的任务。最后，探长站起来点名，然后说："你们今天都各记大过一次！"顿时大家面面相觑，不知如何是好。探长说："你们走进这个门，可就是探员了，随便喝别人提供来路不清的饮水，就不是记过的问题，而是会有生命的危险。"梦岩当时没有喝水，并不是他警惕性高，而是正好不渴，还有也许就是有着中国人的矜持，不管怎么说，大家听了探长的话，也就提高了警戒心。

梦岩第一个任务就是去跟踪一位五十多岁的老太太，那时这老太太在路上走得急促，而且左顾右盼，看来就是心中不踏实的样子。最后，这位老太太走入一所房子，一位警探出现，引领梦岩到房子的后头，从梯子登爬上房顶，再通过一挂绳梯，穿过壁炉的烟囱，并让梦岩钻入，停在壁炉口上部，并借此窃听房内的动静与对话，如果有紧急的状况，也可以迅速攀爬到屋顶上。就这样，司徒在烟囱内蹲了两个多小时，但无法探寻到任何动静，可能是老太太根本没有进入这个房间，或是只是警探的考验，也未可知。总之，梦岩通过了测试，并且正式协助警方进行跟踪的工作。

美国警察让中国人协助跟踪，也许是一般中国人不容易引人注意，梦岩很快被分派第二个工作，要跟踪一位人高马大，面目狰狞的大叔。

要跟踪此人，十分困难，他走一步，梦岩就必须快步跨两步，不多时就被发现。这位大叔走入酒吧，梦岩随行，即发现这大叔躲在门后手中已经攒着一只酒瓶，要突袭梦岩，还好梦岩反应快，立刻蹲躲闪开。说时也快，真的警探出现，制伏了一场暴力，并将此大叔铐抓到警局审讯，并由梦岩作证。就这样，梦岩领到擒获罪犯的奖金，一个月的零花钱解决了。

节流后，梦岩也通过暑假工读开源。他协助记者冲洗底片，充分发挥了过去身为富裕少年时所学到的本事，或到教堂里为对中国文化好奇的美国人，宣讲中国孔孟的学说，这些打工的工作，都为他赚得微薄的生活费。

幼文在文章中也提到过梦岩到教堂布道的故事：

> 梦岩本人并不信宗教，但是为了赚取生活费，他常坐在前往教堂的火车上，快速阅读圣经备课，然后宣讲时掺杂孔孟之道一起解说，因此极受欢迎。后来，梦岩找到更好的工作，就不再去教堂，但是当时教堂内的传教士，还是多次热情邀请他，可见梦岩的中国布道法颇受欢迎。

另外，梦岩也奋力苦读，以优异的成绩争取奖学金，并再回菲力斯学院修习完预科的学分。

孤身在美半工半读的艰困，不仅没有打败梦岩，反而是培养出他无比的勇气及挑战困境的能力。志文谈到父亲梦岩留学时的惊险故事：

> 父亲曾和我们说，他在美国工读时，一天夜晚在报社冲洗底片，弄到深夜才回家，时值隆冬，虽然雪停了，但地上还有积雪，在返家近转弯处，突然蹿出一个壮汉，还来不及确认壮汉手中是否持枪，只能听其命令举起双手，正当壮汉伸手探寻父亲那又大又深足以装书的外衣口袋时，他毫不犹豫地举拳重击壮汉下巴，并让壮汉摔跤倒地，然后再拿出他跑百米冠军的神力，飞奔回宿舍。进了房门，定神下来，才感到自己的手有些疼痛，仔细一看，原来手指上有道深深的齿痕，父亲说那家伙的门牙可能被他打掉了。他说那时自己的个头小，如果面对面和那壮汉对打，肯定不是对手，但是他深信那壮汉跑不过他，因此趁其不备狠狠给壮汉一拳，然后拔腿就跑，逃过一劫。

## 旅美求学课余　仍持续学习小提琴

在美求学期间，梦岩喜爱音乐的心从未停歇，他先是利用课余时间与当时波士顿交响乐团（Boston Symphony Orchestra）小提琴手贝利学习提琴，贝利对梦岩的乐感、吸收能力十分欣赏，当他要离开波士顿到另一乐团出任首席时，就把爱徒转介给自己的老师——尤根·格鲁恩贝格（Eugene Gruenberg）教授。

格鲁恩贝格是一位奥地利小提琴家兼作曲家，1854年出生于奥国，在维也纳先后随Heissler和Hellmsberger学琴，之后在德国莱比锡盖文豪斯交响乐团（Leipzig Gewandhaus）及美国波士顿交响乐团任职，从1899年起在波士顿新英格兰音乐学院（New England Conservatory）任小提琴及室内乐教授。由于他当时已是一位名师，很少收私人学生，但听过梦岩的演奏后，被他那超常的乐感所吸引，很快地答应收梦岩为徒。

只是不到一年，梦岩已身无分文，他很愧疚地告诉格鲁恩贝格，自己已没有能力支付学费，但教授鼓励这名好学的中国学生继续学琴之路，甚至愿意不收学费，只要梦岩在上课前打扫整理教室即可。梦岩在格鲁恩贝格课堂上学习的第一首乐曲是马斯涅的《冥想曲》（Jules Massenet Meditation from "Thais"），女儿志文提到梦岩到晚年已很少拉琴，但在帮人修琴后，总要试试音，顺手拿起琴来仍爱拉这首《冥想曲》。

## 数学比赛得第一　成为中国公费留学生

梦岩拮据地念完了两年大学的预科，并顺利通过了美国当时最严格的大学入学考试，进入著名的麻省理工学院就读，主修机械工程。

清宣统元年（1909），21岁的梦岩在MIT已读了两年，暑假期间，原本他与一位李姓中国同学要前往波士顿近郊争取一个工作的机会，怎知事与愿违，工作已被他人捷足先登，但却因此发现就近的镇公所正举办一个数学比赛，既不收报名费，外国人也可以参与，梦岩便和同学一起报名。一星期后，成绩公布，梦岩得到第一名，并收到一套绘图的仪器。在长子司徒金城回忆文字中即写到：

> 我幼时亲眼看过父亲数学比赛的奖品，只是"一·二八"淞沪战争日本鬼侵入上海，我们的住家被焚毁，这些旧物也付之一炬。

中国人获得这场优胜的消息，引起不小的轰动，而且传到当时清廷驻美公使伍廷芳的耳里。伍廷芳非常高兴，虽然那仅是寻常乡镇的学术活动，但当时美国人普遍认为中国人只是留长辫裹小脚的民族，在这种气氛下，伍廷芳因而认为中国人打败美国人赢得比赛优胜，是极为光荣的事。梦岩长子金城在回忆父亲文中转述梦岩的这段经验：

> 父亲说，那时伍廷芳知道消息十分兴奋，立刻派人详查他的背景，知道他是一位半工半读的穷学生时，相当同情他。不久伍廷芳当面接见他，特别关心他学习生活的苦境，立刻决定颁给他奖学金。伍廷芳翻阅公费学生名额，确知当时仅剩有海军部造船工程的空额，便问他是否愿意转科学习。
>
> 父亲那时在MIT已经修了两年机械工程，而机械工程又是一切工程的基础，要他转修Naval Architect根本就是轻而易举的事。虽然，为了符合海军部奖学金这个公费生的项目，父亲必须转为主修造船工程，并需在麻省理工学院再待四年，但公费留学，每个月可领好几十块的生活费，这与他之前工读的苦境简直是天壤之别。

伍廷芳如此惜才爱才，并不是没有原因的。我们探寻伍氏的生命历程时发现：伍廷芳（1842~1922），广东新会人，先世家贫，其父曾于南洋经商，积攒一些财富，才再回乡定居。伍廷芳在中国长大，14岁时，太平天国起义，只好转往香港求学，32岁靠自己担任译员的薪金积蓄，留学英国攻读法律，成为中国留学

Stability of battleship under damaged conditions.

Thesis by
Fucheng Seetoo.

司徒梦岩的 MIT 毕业论文之封面

生"自费"留欧的滥觞。

时年 67 岁的伍氏见到 21 岁的梦岩，除了高兴在美遇到广东同乡外，想来他看到梦岩的同时，心中一定想过，自己年少时也是如此辛苦的一路走来……在担任清驻美公使的最后一年，伍廷芳善意地帮助了这位留美青年，让这位青年成为清末庚子赔款的公费留学生。

聪颖好学的梦岩，并未辜负老人家的期待，他在 MIT 努力学习造船、船机，兼修有关海军工程的学科如轮机工程学（Marine Engineering）、军舰建造（Naval Construction）等技术，并以优异的成绩毕业，后来回到中国成了一位真材实料的造船全才。

## 成为世界小提琴制造大师唯一弟子

因为有公费资助留学，梦岩在经济上有了余裕，又可以额外发展自己的兴趣了。

在格鲁恩贝格的教导下，他提琴演奏技巧渐入佳境的同时，开始感受到自己手中的小提琴质量太差，进而萌发了要自己做提琴的想法。

梦岩有一个同学的父亲开设了一间制作小提琴的作坊（据司徒志文的回忆，该小提琴作坊可能名为 Musicians Supply Co.）。在 1910 年的暑假，梦岩征得同学父亲的同意，就到该作坊去学习制琴。刚开始时，他只能用废旧的肥皂木箱板刨抠，但由于他有木工的基本功，做起来有模有样，手工很精细，引起一位老人的注意。

长子金城在父亲回忆文中，讲述起父亲梦岩与那位陌生长者相遇的情形：

> 在他于作坊练习期间，每天下午四五点钟，常有一位 50 岁左右的人从工厂走过，站在他的背后，饶有兴味地看他制作。这天，那位长者走到司徒梦岩面前说："年轻人，你对小提琴的制造感兴趣吗？老实告诉你，在这工场制造的琴都是粗货。

如果你感兴趣的话，不妨请到三楼我私人的制作室，你将可以看到精美细致高级的小提琴。"这一席话，使司徒梦岩感到十分惊奇，一时不知如何回答……

原来这位老人就是当时鼎鼎有名的美籍波兰裔小提琴制造家华特沙朗·戈斯（Walter Salon Goss），曾在 12 年中连续三次获得小提琴制造比赛头奖（每四年一次选拔），如果戈斯能再度蝉联，连续得到第四次首奖，就可以成为公认的小提琴制造大师，无须再参加任何小提琴制造比赛了。

起先，戈斯以为梦岩是提琴作坊雇用的日本工人，经询问后才知道梦岩是麻省理工学院机械工程系的中国籍学生，而且完全出于个人的兴趣前来学习小提琴制作，戈斯为此对梦岩产生好感，梦岩亦十分倾慕戈斯。

在双方熟识后，戈斯决定收梦岩为唯一的徒弟。在司徒金城的回忆父亲文中谈到：

为慎重起见，戈斯要父亲陪他先到教堂郑重宣誓："为师者戈斯对学生梦岩悉心传授，绝不隐私藏秘；为徒者梦岩学成后，绝不在美国开业造琴。"后来，师徒两人，真心信守诺言一辈子。

## 师徒联手　世界博览会上大放异彩

在戈斯指导三年后，27 岁的梦岩制作出一把出自中国人之手的优等小提琴，并以师父戈斯的名义参与 1915 年美国旧金山巴拿马太平洋世界博览会（World's Fair）[15] 荣获金奖，让戈斯荣膺美国当代最优秀小提琴制造家的称号。这一事件说明了戈斯确实把一身好功夫都教给了司徒梦岩，因为戈斯当时年事已高，眼力和手力的功夫都大不如前，所以戈斯第四次比赛中送往巴拿马世界博览会的小提琴，可说全靠司徒梦岩的精湛手艺完成，这把琴目前保存在华盛顿 D.C. 的博物馆的艺术馆内。

梦岩的女儿志文谈到父亲制作过的小提琴：

司徒梦岩

父亲一生究竟做过多少提琴，我们从未听他说过。只知道他在学习制琴时，曾仿制不同的名古琴，以研究测试不同名琴的特性，而这些制作的小提琴大部分都在美国送人了。而家中看过的是父亲带回中国自认为最满意的三把提琴，还有一把是戈斯亲手作的，师徒两人分别时，互换留作纪念的；以及他私底下自制两把小提琴换来的法国制弓大师托尔特（Fransois Tourte, 1747~1835）制作的一支名弓，这些珍藏，全都在1932年"一·二八"淞沪战争时，因住所被日寇蓄意纵火而全部烧成灰烬，这使父亲非常痛心。

戈斯造琴经验丰富、技艺高超，经手许多名琴的鉴定、修复，这让在他身边学习的梦岩大大增长了见识。像是克莱斯勒（Fritz Kreisler）、埃尔曼（Misha Elman）等名家的琴，戈斯私底下都让梦岩协助修理和调音，这使梦岩获益匪浅。

只是梦岩一辈子从未卖过自己制作的小提琴，充分地恪守徒弟对师父的誓言。目前我们所仅能见的是他在世时，曾借给朋友一把仿制Switzer的琴，因幸免于战火而保存下来，现由居住在美国的孙子司徒达宏所收藏。

身为中国第一个小提琴制作家，梦岩虽制琴数十把，但琴散各地，直到梦岩去世多年以后，子女通过各种渠道，才寻觅到父亲生前制作的小提琴，并因此发生许多逸事：

其一，在上海，小提琴演奏家司徒海城，在一家委托店里发现了他父亲梦岩生前制造的一把小提琴。待他带钱返回委托店买琴时，这把琴已不在货架上了……

其二，小提琴演奏家司徒华城，从天津乐器厂提琴厂修琴师傅那里，得到了他父亲写在一把小提琴琴身内的一段文字。这段文字是1914年11月用英文写成的。译为中文是："为了鼓励我的朋友关颂声[16]学习小提琴，我怀着特殊

此为梦岩手制的小提琴。其内除记载了制作本琴的缘由之外，亦书写了一段拜伦的诗以及马丁·路德的名言："能精于调律的技艺，他就能顺应万物！"

的兴趣，为他制作了这把小提琴——司徒梦岩。"后来根据相关史料分析，可推论1914年梦岩和关颂声在MIT相遇，成为知交，虽然关颂声学的是建筑，但想必是爱好音乐的热情，将两人紧扣在一起。

其三，曾有两把提琴因揭盖大修，而被修琴师傅发现。梦岩制琴有一习惯，即在琴板合成前，会在琴板内写字签名。用钢笔写英文的推测是在美国做的，用毛笔写汉字的，则可能是在回中国后做的。其中有一把还被修琴师傅拍了照，送给了梦岩之子华城留作纪念。

其四，1982年，梦岩三子全能弦乐器（小提琴、中提琴、大提琴、低音提琴）演奏家司徒兴城逝世，台湾各大报刊载纪念文章，其中一家晚报在刊载《怀念司徒兴城教授》一文中提及：

> 他的父亲是留美造船工程师，也是民初颇负盛名的业余小提琴演奏家和制造家，兴城生前所使用的小提琴，是他父亲生前的美国好友小提琴制造家亲手制作，送给他父亲作为交换小提琴纪念的……因这把琴是中华民国元年制造的，所以兴城命名之为"民国琴"而且经常在其高足前，炫耀这支名琴。[17]

## 修琴的讲究和态度　子女深受其惠

志文提到印象中父亲为她修理大提琴的景况：

> 父亲从未帮我制琴，但是父亲亲手修理过四哥华城的小提琴和我的大提琴。
> 我记得父亲修琴程序极为复杂，他告诉我，他自己没有做大提琴的经验，但看我的琴，就知道琴的面板已经刮薄了、没救了，所以他修理的时候，很仔细地对着木纹帮我补贴增厚面板。他是那样地慢慢琢磨，他告诉我别看这是小变大、大变小的，其实还是有很多不一样的地方。（指制作小提琴与制作大

提琴不同）

父亲对提琴的油漆也非常有研究，他修补过的地方都看不出来。修理我的大提琴，一直等到装好闔上面板，父亲还要让我试音，他要听听看，这样反复把面板揭开过四次，直到认为满意为止……

但梦岩的子女是否也在耳濡目染之下，习得父亲修理提琴的好手艺呢？

他修琴时候，把工具都摊开来，整整齐齐排好，从小排到大，不管用不用得上，刀具都会仔细磨好，排成一列，平常不用时，也会仔细收好，他不准我们碰他的东西。

工具摆好后，自己穿好工作服（大围裙），套上袖子，一次工作两小时后就要歇，有时候下午再工作两小时，就不做了，他说做多了就精力分散，手上功夫就不行了，所以他就是把修琴当做是艺术，一种兴趣，不是为了赚钱，他就是非常慢、非常仔细。我哥（海城）就是边看着，边拿工具弄，他曾教训我哥（海城）说："干活要先利其器，知道要拿怎样的工具，要削多深、多大的范围，才决定应该用多大的工具，随手拿来就用，不讲究这些细节，一旦削大了，一切就无可挽回的！"

他就是做什么事情都会很讲究的人，可是一般年轻人哪会这么仔细。

虽然海城的制琴技术无法跟父亲相比，但凭着自己会拉琴，音感佳，倒也有父亲五成火候，虽然日后海城没有自己制作过小提琴，但常用学自父亲的手艺帮朋友修琴，换 Bass Bar（低音梁）调整面板、琴颈等，在"文化大革命"期间，一个同事家里的一把家传名贵提琴被红卫兵抄家时砸得稀烂，面板已成一条条的碎木，多亏海城为他修补，把三十余条面板一一拼凑起来，木条之间用来胶合的小木片，共七十多片，最后终于把提琴恢复了原来面目，让同事大为叹服，海城的技巧如此，梦岩的制琴技术水平自不在话下了。

梦岩的小提琴演奏和制作都是利用业余时间进行的，但想达到如此高的水准，除了本人聪颖勤学外，也得益于两位高水准的老师。

格鲁恩贝格在美国教授的学生有多位都是各交响乐团的首席、独奏家等。司徒梦岩可说是在专业要求下，按部就班地学习小提琴；至于和戈斯学习小提琴制作，梦岩也是中国第一人，而且在小提琴制作方面，当时波士顿业内人士就有人称赞他说："戈斯的徒弟手艺超过老先生，可有斯特拉迪瓦里（Antonio Stradivari, 1644~1737）第二的美誉。"[18]

## 留美时期　知交满天下

长子金城与二女幼文的回忆父亲文字中，我们得知梦岩本身的个性独立自主，并不喜欢参与一般的社交活动，但梦岩为人诚恳，所以留美时期，还是能结识到许多特别的好友。志文写到父亲的回忆：

> 爱迪生的儿子与父亲是同校、同班、同桌读书，两人感情很好，甚至常去爱迪生家做客。

根据史料，我们得知发明大王爱迪生（Thomas Alva Edison, 1847~1931）一生共计有五名儿女，其中他与第二任妻子米娜所生的两个儿子查理和狄奥多十分优秀，也都就读著名的 MIT。但究竟梦岩的好友是哪一位，我们就不得而知了。

1910 年，22 岁的梦岩既享受了公费生的待遇，就有义务为公家做一些具体的工作，他接受指派在留美学生会担任文书抄写及记录工作。女儿幼文在《记我国第一个华人造船总工程师司徒梦岩》中写到：

梦岩平素不喜交际，认识的人很少，参与公务工作，让他有机会认识当时所有的中国留美学生，而他待人踏实诚恳，因此结识许多终生好友。

梦岩好友包括当时正在美国哈佛大学学习的宋子文。那时，通过宋子文的请托，梦岩还私底下教过1907年前往美国念中学的宋美龄学习小提琴，只是宋美龄没多久就放弃了。

梦岩不懂政治，但面对时局动荡，比对身在异国的境况，民族意识油然而生，总希望祖国能有富强的一天。在MIT求学期间，他与同学陈硕英（后任上海交通大学教授、副校长），经常在一起讨论如何学好本领，回国报效国家。

幼文谈到父亲梦岩与陈硕英一起求学的故事：

两个年轻人，在麻省相遇，又一起参观过波士顿许多现代化的船厂，他们常想究竟要如何才能将中国的造船工业往前推进一大步？

那时，他们一起研究，一起学习，并觉察到中国无法炼造出美国优质的钢板，自然无法建造现代轮船。他们认为要解决这个问题，一定要弄清楚这种钢板的成分比例，不然就无法突破。但那时，造船厂内军舰建造都会有士兵在出入口把关，无法深入碰触到这一部分的技术，梦岩和陈硕英通过波士顿所有同学与老校友的联络，终于通过关系前往造船中心，并冒险拾捡几块碎钢片，带回实验室对碎钢片进行细部的定性和定量分析，确认了钢板的成分比例。因而欢欣雀跃，两个年轻人爱国热情的心更紧密地相连！

## 成为波士顿船厂的造船工程师

梦岩在麻省理工学院求学期间成绩优异，后来被分派到波士顿船厂实习的表现也极为突出，因此船厂破例让他能长时间参与船厂各部门的作业，其中包括参与三艘万吨轮的部门设计、参加总设计的研究和定案会，这过程奠定梦岩日后成为理论与实务都能精确掌握的优秀工程人才。

1914年，26岁的梦岩一毕业，就被分派到波士顿一个大造船厂工作，并被聘任为工程师。在此工作期间，梦岩再次面对一个惊险的状况：

> 在波士顿船厂工作时，有一次梦岩和他一位意大利籍的同事，按惯例下船舱作船下水前最后一次机械检查，当检查出问题时，必须要拉信号绳通知船板上的人，否则到了规定的时间，船就要放水。这一天他们检查到最后，发现船有问题，因而马上跑去拉信号绳，但不知是用力过猛还是另有原因，信号绳掉下，一下子把两人急坏了，因为按原规定，放水的时间就快到了，如果不设法通知船板上的人，船一放水，肯定船毁人亡，这时意大利友人早已吓得腿软，紧紧抱着梦岩，惊问该如何是好。勇敢的梦岩毫不慌忙，他对友人说，你放开我，我跑得快，可以用最快的速度从逃口[19]跑上甲板通知上方的人，你镇定一下，跟随我从逃口跑上来，一定不会有事的。果然友人松手，稳定了下来，梦岩身手矫健迅速地抵达甲板，并解除了事故的发生。事后这位意大利朋友感激梦岩是他的救命恩人，因此专程请梦岩到家中吃他母亲煮的通心粉，梦岩体验这份深厚的情谊，但却不习惯吃通心粉，他说吃通心粉，这辈子可就是这一回，第一次也是最后的一次。[20]

## 学成归国　完成终身大事

1914年，第一次世界大战爆发，原本长期动乱不堪的中国，处境更加艰难，梦岩离开

1915年，司徒梦岩由美国麻省理工学院毕业后，返抵国门，与订婚12年的周锦文女士结婚。这张相片摄于新婚后，初到上海定居时。

家乡 11 年，习得专业的造船技术，依照公费留学的规定，准备回中国一展长才。1915 年，27 岁的梦岩自美归国，乘船在天津上岸，只是他万万没想到，辽宁营口的家人正准备逼使他完成终身大事。

梦岩的女儿志文昔日从在世的叔伯姨处，得知自己母亲的父亲（为志文的外祖父）周鹤云是位中日混血的旅日富商，经营的买卖遍布日本到韩国再到中国东北营口。祖父怀德则是从上海到东北发展的"办商"，两人原籍都在广东开平，却也都在东北辽宁营口有自己的店铺，相识成为知交。1903 年，司徒梦岩 15 岁，周锦文 14 岁，依两家父母之命订婚。1904 年，16 岁的梦岩出国留学，次年家中淹大水，司徒源记倒盘，怀德全仰赖仗义的周鹤云方能东山再起。

志文转述长辈们的回忆说到：

> 父亲在美国接受 11 年的西式教育后，对传统由长辈安排婚姻一事当然十分排斥，只是当时大伯、二伯对其晓以大义，认为亲家周鹤云是司徒家的恩人，这场婚事无论如何是无法退却的。而且为了等父亲，周鹤云任女儿等待 12 年，到了 26 岁都还没结婚，在当时，这可说是少有的晚婚了……
>
> 原本父亲仍想坚持己见拒绝结婚，但他的两个哥哥却将他捆绑送进北上火车的包厢，在父亲抗拒拜堂的情况下，长辈们甚至想用封建时代的方式，让母亲周锦文先与公鸡拜堂，让这场婚姻成为事实。
>
> 父亲到最后还是答应了这场婚姻，但他选择了新式的做法，穿着西装礼服，让母亲穿着现代的婚纱结婚，

年轻的周锦文女士（左）与姐姐一起在相馆留影。

我看过这张照片，当时不是坐轿，而是坐着马车迎娶结婚，这在当时确实是十分时尚的。

据族亲提供的资料显示，我们得知梦岩与周锦文于1915年农历6月6日吉时，以新式婚礼的方式结婚，并登记为营口市文明结婚第一号。对于这位司徒音乐家族的女主人，相关描述的资料极少。从仅存的家族照片里，并未搜寻到志文所提的结婚照片。但从家庭生活照中，我们看到女主人总是穿着简单朴实的中国旗袍，盘挽着头发，洁净端庄地坐在相机前，含蓄的个性，让她轻抿着嘴，而从不见轻率开怀大笑的画面。

志文回忆母亲时说道：

司徒梦岩夫妇每逢纪念性的日子，喜欢到相馆摄影留念。图为夫妇俩于1931年某节庆合影，摄于上海真如照相馆。

母亲在韩国仁川出生，后来在营口上过小学，在日本学过刺绣、插花、编织之类的家政，手艺特别的灵巧。在上海时，她进过教会办的女校（亦即我后来上的崇德女中），她是崇德女校第一期学生，但没有念完。

母亲以往在家是千金小姐，外祖父个性开放，从未让母亲缠过小脚，结婚后去上海时，家里还给她陪嫁了丫鬟。她是大家闺秀，属于见过世面有文化的贤妻良母！

虽然梦岩刚开始无法接受奉父母之命的婚姻，但后来两人还是"先结婚，后恋爱"，志文想起父母的感情时说道：

父母两人的感情十分的美满与和睦，虽然两人在文化上有点差异，喜好也不尽相同，父亲喜欢机械还有音乐，母亲喜欢看古典小说，但终究母亲也是读过书的人。

而且母亲是一个特别封建传统的女性，一直伺候我父亲，伺候得非常好。她一生温顺，围着父亲转，一切都以我父亲为中心，在她心目中，父亲永远是第一，很多的时候都是父亲说了就算，没有人会反对。

我觉得父亲与母亲他们可说是典型的先结婚后恋爱的一对，在我记忆中每年父母的生日及六月初六（父母结婚纪念日），全家都要到酒楼吃一顿大餐以作庆祝。

## 杰出的造船工程师

完婚后的梦岩，即带着新婚的妻子前往上海出任江南造船厂工程师，两人在虹口一带安家。江南造船厂的前身，正是"中国留学生之父"——容闳，本着"实业救国"的理念，应曾国藩之邀所筹办的江南制造局中的船坞，进入留学生前辈本着于己相同理念所筹办的机关，对梦岩来说，真是没有比这更好的出路了。

1915 年，中国江南造船厂的制造技术，仍完全掌控在洋人手里，其中为首的是总工程师——英国人摩根先生（Mr. R. B. Mauchan）。

摩根不是一位真正的工程技术人员，因此从不亲自参与设计，但他却是英国在华权益中，造船领域的代表，握有江南造船厂业务实权。

当时船厂业务除了修理海军船只外，主要靠英美洋行或轮船公司订造在中国沿海，或长江行驶的轮船，摩根主要负责招揽订购船只的业务，确保造船材料向英国订货；而且各项工程技术方面图纸、技术指标，都要摩根做最后的确认，所以摩根握有江南造船厂的生产实权。那个年代，凡是江南厂设计的造船图纸，不论是什么人设计的，都必须由摩根签名送英国船舶保险专业公司劳合社（Lloyd's of London，现译名为劳依兹保险社）审核评级，[21]最后订出应交的保险费，返回江南厂后才能生产。经鉴定后，如级别越高，则说明船的性能越好、安全性越高，就可少交保险费，反之则保费较高。劳依兹保险社至今存在，仍是评定世界船舶级别的国际权威机构。

司徒梦岩前往江南造船厂报到上班，因是官方推介来的归国留学生，所以由所长刘冠南接风，并被派至设计处工作。当时设计处处长姓王，北方人，也是英国留学生，他了解梦岩学习背景，特别礼遇梦岩，并为其安排一间专属办公室，因此一时之间，梦岩未与其他同僚密切接触。

过了几天，一位衣着随便的英国中年人，经常前往梦岩工作室问东问西，而且态度轻慢毫无礼貌，原本梦岩不以为意，但后来不胜其扰，只能下逐客令："Mind your business, get out！"把这英国人赶出了门。

原来这位英国人正是当时江南造船厂的总工程师摩根。摩根认为这位刚从MIT毕业的毛头小子，恃才傲物，竟敢不把他看在眼里，甚至开口叫他滚蛋。于是摩根心中就打算伺机挫挫这个年轻工程师的锐气。当造船厂接到一个订单（可能是在华英商祥泰木行向江南厂订购，专门装载木材的货船，排水量三千吨左右，共订三艘），摩根就把这项设计任务交给了梦岩，据说江南厂过去少有一个人独当一面设计的做法，摩根的做法显然是有"考验"这个年轻人的意图。

梦岩不知摩根的用心，还认为这是很普通的一项工作，他独自认真地完成这项设计后，就按他在美国波士顿船厂工作的习惯，在图纸上右下角用英文签上自己的名字 F. C. Seetoo，[22] 这一回再次惹恼了摩根，因这违反了江南厂外送专业文件必须由摩根签字审核的惯例。如果摩根采取友好的做法，补签自己名字，当然不会有什么问题，但他却连看都不看，就叫人把它发走，他的心态是"你既签了名，就自己负责，出了洋相是你自找的。"

没想到这个设计图纸批复返回江南厂时，出乎所有人的意料，这张图纸获得的评级是最高级——A级，这是江南造船厂有史以来从未得到过的荣誉，因过去送审的图纸能通过的几乎都是C级。这次获得最高的评分，摩根非常高兴，一改过去对梦岩的看法，而且亲自到梦岩的工作室向他道贺，并向全厂公开宣布这一喜讯。

摩根与梦岩的友谊从不打不相识开始，经过一连串的考验，摩根和梦岩结成莫逆之交。日后，摩根对梦岩十分倚重，在专业技术上遇到问题一定要先听取梦岩的意见。1926年，当摩根退休离任时，正式向厂方推荐38岁的司徒梦岩担任总工程师，当时也是江南造船厂第一位华人造船总工程师。

## 中国造船史上第一艘万吨轮

1917年，梦岩29岁，并已在江南造船厂工作了两年。

时值第一次世界大战期间，国际局势诡谲，当时不独中国受到内忧外患的威胁，全世界任何一个国家都有被卷进战争的危险。以美国为例，因有在远东运送军用物资之需，拟订购四艘万吨以上的运输舰。当时在远东，造船能力首推日本，日本虽是当时协约国成员，但与德国的关系暧昧，美国迟疑不决，未向日本下订单，而寻找其他途径。

摩根获悉此消息，便再找上梦岩，要梦岩认真考虑江南造船厂是否有能力承接这个订单？

梦岩根据当时厂内的生产条件，仔细测算，认为要从扩大船坞、增修一大批机械入手，难度虽大，但辟建大型船坞，可以接应随之而来的造船业务，再者亦可借此扩充更完善的船厂设施，为日后的发展打下基础，因此梦岩相信只要去做，还是可以完成这项任务。

于是摩根通过美国驻沪领事馆、美国海军部驻远东办事处等机构活动，经过一番交涉，原则上已获美国海军部的同意，但美军对江南造船厂的设计及造船能力还是不太放心，提出了对负责设计或主持人的资历限制，要求最低限度要有参与制造过一万吨以上船舰的经验，摩根对此一要求颇感气馁，据他推想，举厂上下都找不出具有此资格的人才。

当摩根把此困难告知梦岩时，梦岩反问："所谓参与是指到什么程度？"并告诉摩根他在美国MIT毕业前后三年（1913~1915），曾在波士顿最大的船厂参与过设计，建造过一万吨以上的船舰多艘，虽然不是船厂的主持或部门负责主管，但梦岩自身还是有相当经验的。摩根立刻请司徒梦岩详细地把造船经历写成文字资料，送交美国海军部驻沪办事处查验，打算碰碰运气。没想到不久后，美国方面即回电认可，据其长子司徒金城在回忆录中写道：

> 我个人认为，父亲的资料之所以能够迅速得到美国海军的核准，有以下几个原因：第一，美国海军部一定向波士顿造船厂查证过，因为父亲回国不久，原船厂厂长都认识他，自然会大力地推荐他；第二，MIT 为美国当时最好的技术学校，父亲自 MIT 毕业，虽然技术尚浅，但也有一定的实力；第三，美国海军当时亟需建造这几艘运输船，在中国生产，是当时唯一最好的选择。

江南造船厂取得此订单，是有史以来首次设计承造万吨巨轮，可谓名利双收，其中的艰辛只有亲自参与的人才能体会到。

梦岩亲自主持包括船体、船机等设计，扩挖船坞、增造大批机械……也深入参与，这使梦岩在美所学专长得到充分的发挥和体验，他做事向来仔细认真，事必躬亲，这阶段几乎是废寝忘食，据他妻子周锦文的回忆，那段期间，司徒梦岩大部分时间吃住都在厂里，很少回家。

但这四艘船尚未到交货日期，1918 年 11 月第一次世界大战就结束了。后来，这四艘运输舰并没有交付美国海军部，反而由美国大来洋行收购，作为运输船。

这四艘运输船的下水典礼极其隆重，轰动一时，《东方杂志》第 16 卷第 2 号《江南造船厂承造美国一万吨船四艘记》即曾经写道：

> 江南造船厂承造美国政府所订载重一万吨之汽船四艘，此乃前所未有者，美国此举，乃承认中国船业建筑力大有进步之证……今江南造船厂所承造之美国一万吨汽船，除日本不计外，乃为远东从来所造最大之船四艘中第一艘，其名称将于明年行下水礼定之，今姑排列之曰船厂所造第 317 号船。此船船

身长 425 呎，阔 55 呎，吃水 27 呎 6 吋，装有三联式之发动机，所有建筑工程与发动机及汽锅，均在中国制造，惟钢料由美国供给之……该厂所有工场及大货栈间，将铺设新式狭轨铁道，以资运输上之便利，所有扩充计划，一经完成，全厂将彻底更新……此后江南造船厂，将成为远东最大最新之船厂，殆无疑也。"故该文还特别写明："此为中国工业史，乃开一新纪元。"

因此司徒志文对江南造船厂究竟是在何时有造万吨轮船，有自己的定见，她说：

有些记载指出，1956 年中国才自行设计和生产制造一艘万吨轮，其实是把真正的史实记录往后推迟了 38 年。近来又出现江南造船厂早期生产的万吨轮是"外国人设计，中国人造船"的说法，经过严加考证就会知道当时为总工程师的摩根在承揽万吨轮订单方面确实出过力，但实际上摩根从不碰触设计，因此最准确的说法是 1918 年，中国江南造船厂已能自行设计和承造生产万吨轮，而主要设计师正是时年 30 岁的我的父亲——司徒梦岩。

只是可惜中国随后进入军阀割据、内战频仍的时期，政府当局无暇自顾，亦无增建大型船舰的眼光，江南造船厂在完成这项任务以后，便无大船可造了。

**设计浅水轮　长江航道第一艘直达商船**

清末民初中国衰弱，累遭列强侵略，被迫签订诸多不平等条约，不只沿海，连内地河岸各省交通较方便的城市，也都成为通商口岸，而被称为天府之国的四川，却因为位处长江上游交通不便，使列强不能尽情深入。

长江自宜昌以西，要经三峡，险滩急流多，很多地方水浅而急，只能走小帆船及靠纤夫牵拉的木船通行，一些英、法商人都曾打过主意，想解决宜昌至重庆的轮船通航问题。他们请来英国工程师，经考察与研究后，虽然开发出吃水浅马力强的商船，可以溯流而上，但却无法解决载重量的问题，在无法符合商业成本的前提下，只好放弃。

在梦岩尚未前往江南造船厂工作时，船厂内就已经开始研发浅水轮，摩根认为若能顺利开通这条横贯东西、从上海上溯四川重庆的经济动脉，必能发挥最高的作用及价值。为了能突破技术困境，当摩根和梦岩成为知交后，就和梦岩沟通，希望他能承接这项任务，恰好梦岩在美国学习时钻研过这个课题，还写过关于建造浅水军舰的论著，因而毫不犹豫地承担下来。

梦岩很快地决定组成探测小组，亲自出马，由黄浦江沿长江上溯，逐一测量河床宽窄深浅，及暗礁的大小位置，并安排爆破计划，以便通畅长江航道，同时亲自监督浅水商船的建造，在第一次试航前，梦岩日夜不休，仔细查验，并备妥一批航行器械，准备在下水试航时，引领一批有经验的机工、木工与电工，随船航行，并应付可能会有的突发危机。

这样的任务，自然有极大风险，等到要开船时，厂长为了保护梦岩，将他强扣下来，为此梦岩一星期寝食不安，天天等电报。

幼文写到母亲的回忆：

> 那几天，梦岩待在家中，坐立难安，心中很不踏实，我的一位老同学，姓崔的女医师来家中找我，一进门看到梦岩心神不定，魂不守舍，还以为他生病了，后来梦岩才说："这些技工都是和我朝夕相处的同事与朋友，我虽对自己的设计很有信心，但万一出了一点差错，就有可能危及这些和我一起奋斗的朋友，要我不上船，我怎会安心呢？"

幸好，这次航行工程十分顺利成功，当电报传回家中，梦岩才放心地休息。这一次，司徒梦岩设计的川江浅水轮不仅获得很高的声誉，也为江南造船厂入账了一份优渥的报酬。从此以后，在上海至重庆的航线上，出现了第一艘中途不需添加燃料的直达轮船，它就是由司徒梦岩设计、监造的。

## 珍爱同袍　奉公守法

梦岩是当时中国难得的造船专业人才，他深知中国人要学习现代造船技术并不容易，因此无论谁向他请教英语或是造船技术，他一定热诚相助，真诚对待，当时造船厂内同事，无不曾得过他的帮助。其中即有位张姓工友，一生感激梦岩。

原来这位张姓工友家中清贫，妻子必须到外面工作，年幼的孩子只能天天随他到厂内工友休息室呆坐，中午则在工友室共用简便午餐。工友的孩子乖巧听话，和爸爸一起上班，也不在厂内乱跑。

梦岩有天得知这样的情况，他觉得如此放任孩子，会耽误这孩子的发展。梦岩决定利用午休的时间，教这孩子一些东西，从数学到英文，从音乐到造船，而这孩子也懂事努力，把梦岩所教的都学习下来，不出几年，这孩子居然成了梦岩在造船厂里得力的助手。

司徒幼文在回忆父亲的文字中，提到这段过去：

> 这位小张先生，1949年受聘前往新加坡任造船厂工程师。梦岩去世后，小张先生特别要他在北京世界学生疗养院中做医师的儿子，专程赶赴上海，到梦岩的墓前祭拜，以寄哀思！

梦岩是江南造船厂同事们信赖的伙伴，在厂内管理上更是奉公守法的楷模。

由于当时中国造船生产材料许多仍仰赖进口，究竟要下多少材料？向谁订购？多由工程师做决定，再呈请总工程师审查同意，最后才向外订购。依商业习惯之做法，收到订单的厂商，多会按一定金额比例，再支付订货人一定的回扣，由于造船厂内订购数量、金额都较为庞大，所得回扣亦颇丰厚，往往从总工程师往下按职务高低分配回扣比例。

梦岩接任总工程师，发现这样不合理的收入，他就将所有额外的收入回缴造船厂，但回缴公家的金钱，到底是什么人中饱私囊，他从不过问，而下面的人因他的作为，无法拿到回扣的，难免抱怨，但梦岩也不理会。

幼文写到父亲是奉公守法的楷模：

> 在造船厂内有人笑梦岩迂腐，有人说他傻，但他完全不在乎，他常和我们说"不该拿的，就不拿！"就连后来他要离开造船厂，厂内的同事为他办欢送会，那晚厂内租车送他回家，只是两块大洋的车资，他还坚持自己已经不是船厂的人了，所以要自己给付。他和我们说："只有这样，我才心安理得，才对得起公家，对得起自己！"

## 因战乱与环境所迫　离开江南造船厂

梦岩离开江南造船厂，造成他未能为我国造船事业作出更多的贡献，是很遗憾的事情，究其原因，乃源于"国破家亡"四个字，也就是日本侵华战争所造成的。

1931年，梦岩43岁，"九·一八"事变后东北沦陷，日本揭开大举侵华的序幕，在东北长白山麓经营参场的怀德不得不关闭了参场，挑选了一些优质人参，携眷入关，一家十几口人逃到上海，投靠当时收入较稳定的二儿子仲权和四儿子梦岩。

梦岩对公务尽心尽力，对家族亦充满责任感。由于司徒家族人口众多，除了父亲、继母外，还有大哥留下的两位寡嫂，以及三哥留下的寡嫂和一对学龄儿女，还有继母所生子女四人。这11个人的生活费用均由在财政部工作的二哥司徒仲权及司徒梦岩负担，此外司徒梦岩本身也有六名（长子金城15岁、最小的华城4岁，志文尚未出生）正在就学中的学龄子女，尽管他当时每月有一百多大洋的收入，仍感不堪重负。

梦岩在美国留学时的一位同学朱庭祺，[23] 时任盐务稽核所的

司徒家族全家于 1932 年"一·二八"事变历劫后摄于上海。(前排由左至右,为周锦文、司徒华城、司徒梦岩、司徒兴城;后排由左至右,依序为司徒幼文、司徒少文、司徒金城、司徒海城。当时司徒志文尚未出生)

帮办,多次请梦岩到盐务去管理盐务的缉私盐船,待遇比在江南造船厂高得多,然而司徒始终没有动心,因为他知道当时在盐务稽核所工作只是购船、验船、修船……根本不可能造船实现自己科技救国的宏愿。

他总想再为中国造船事业多努力一下……

梦岩知道他一生的精彩,全在留美求学与江南造船厂里,离开造船,他就不可能再为任何理想奋斗,更不能开创任何新局,倘若他接受了高薪的新职,就成了只会为讨生活而活的人了。

直至 1931 年年底,迫于经济压力,梦岩担心未来无法负担弟妹、儿女、侄儿们接受完整教育的开支,忍痛决定辞去 16 年江南造船厂的工作,前往盐务稽核所出任工务股股长兼验船处处长,薪水一下提升到月入五百大洋。[24]

盐务稽核所是北洋政府"善后大借款"下的产物。1913 年,袁世凯以全中国盐税为担保,向英、法、德、日、俄五国银行团借款 2500 万英镑,当时英、法、德、日、俄、美六国向财政总长周学熙提出:"供本借款担保之全部盐税或其他税收应由海关管理,或由另一与海关相同而受外人指导之机关管理。"遂有盐务稽核所的产生,稽核所下设各分所于中国各地征收盐税;稽核所中有一名华籍稽核总办，和一名由洋人担任的稽核所会办；分所中，则有一名华籍的经理与由洋人担任的协理。

虽说华籍稽核总办还兼任盐务署长，会办只是顾问，但当总、会办之间意见不同时，必须交由财政总长核夺，这就从根本上决定了盐务稽核所为外人所把持的本质。首先，华籍总办没有最终决定权，就等于承认洋人会办为盐务稽核所最高长官之一；其次，当华洋两方意见相左僵持不下时，试问当年的中国政府如何敢违逆列强的意见，毕竟为了应付内忧外患都需要列强的支持不可。

所以盐务稽核所不但是个外人把持的机关，更甚者，盐务稽核所本身就是丧权辱国的象征，进入这种地方工作，要当年归国欲以所学报效祖国的梦岩情何以堪？抗日战争前后，盐务稽核所历经多次改组，1937年原机构更名为盐务总局，直隶财政部，综理全国盐务。[25] 透过家族的资料，我们完全看不到此时期的梦岩工作情况的说明，只知抗日战争开始，国民政府迁都，梦岩也随着财政部盐务总局前往四川重庆，志文谈到：

上海家中的小花园是司徒家族经常休憩游玩的地方，每到葡萄成熟时，兄弟姐妹总是高兴地一起采葡萄。

> 抗战时期，父亲在重庆由于一点也用不上造船技术而十分苦闷。其时在重庆国府任职的不少是他留美时的老同学，但一向自诩清高不问政治的他不屑与他们交往，认为他们已沦为只会讲大话、空话、不干实事的政客，所以他虽洁身自好，也倍感孤寂。关键是他错误地认为日本是不敢直接进攻欧美列强的，因而觉得上海的租界是还可以做点实事的偏安之地，何况全家人都在那里，于是在1940年提前离职经香港返回上海。

司徒梦岩先生怀抱着幼女志文于上海家中留影。（1934年）

1941年发生珍珠港事件后，日军进驻上海租界，着实给他上了一课。

梦岩私底下常常和子女谈起在美留学与在江南造船厂工作的故事，自然是非常怀念那段丰富的人生经验，到了盐务总局，梦岩仅是迫于现实，既无法得知他的内心感受，更无法知悉他是如何看待当时时局的动乱。志文谈到梦岩的离职后的处境：

父亲离职，再也没有工作，就逐渐没落了！他生活主要靠的是退休发的那笔钱，还有那时大哥大姐都开始有了工作，也会每个月给家里生活费，为了读书求学，小哥只能半工半读，日子虽然过得较为艰苦，但全家人总算还在一起。偶尔去看电影，他总要迟到十来分钟入场，以避免看那些宣扬日军战绩和讲那些所谓东亚共荣圈等令他恶心的、在正片放映前播放的新闻纪录片。

从1941年到1945年抗战胜利是梦岩一生中最消沉、气馁的几年，几乎步不出户，把自己封闭在家里。

## 参与上海中华音乐会积极推广粤乐

梦岩一生的起落转折，与中国颠簸的命运紧密相连，然而不论是他流离颠沛的青年、意气风发的壮年、甚至是后来提早退休的中年，梦岩对音乐的爱好与追求却始终如一。

虽然梦岩赴美留学时期，对音乐的兴趣大多投注在小提琴演奏与制作上，但对于少年时期浸淫的广东音乐，始终未能忘情，就算梦岩归国后任职于江南造船厂，在繁忙的公务之中，仍致力于中西音乐的交流与推广。

　　1915年，27岁的梦岩回国，任职上海江南造船厂，公余之暇，他依旧投入自己喜爱的音乐活动。为了能让外国人知道中国人也能拉好小提琴，他在上海市政厅的一场由外国人主办的小提琴音乐独奏会中表演，并引起轰动。

　　1919年，31岁的梦岩，于江南造船厂建造万吨轮后一年，参加了以广东籍人士为主的上海中华音乐会[26]和精武体育会的音乐部，兼任欧弦部部长，开设小提琴班，教授小提琴演奏。

司徒梦岩在20世纪20年代曾开过独奏会。本张相片则用于节目单上。

　　20世纪20年代初，上海音乐组织多系业余性质，1919年5月新创的中华音乐会亦不例外。诸发起人多为"工商界人士、社会名流、在上海的老广东、交际家、新闻界人员"等，他们多热爱广东音乐，除负责一定组织工作外，以特别会员身份多交会费，[27]实有经济支持之意。一般会员以职员、教员等知识界为主，但来自四面八方，文化程度、社会地位、经济情况不一，年岁亦参差不齐，但在"玩音乐"中却能平等相处，共同磋商、共同研究、多作尝试、精益求精。

　　梦岩的女儿音乐理论与研究家司徒幼文，曾以"又闻"为笔名，发表了一篇精湛的《半个多世纪以来上海广东音乐活动》，在这篇文字中，我们看到一位女儿对父亲的思念外，也看见幼文通过第一手的记录，将梦岩为中国广东音乐的付出留下见证。

　　上海中华音乐会，无论演出、担

司徒梦岩是中国第一位华人造船总工程师同时也是小提琴制造家兼演奏家、改革粤乐的先行者。（1940年左右，梦岩从四川返回上海留影）

任刊物编务或其他工作全系义务性质，并无报酬，"历届干事亦一片热忱，各尽其职"。据了解，当时比较活跃的演奏（唱）者有：司徒梦岩、甘时雨、吕文成、尹自重、何泽民（大傻）、钱广仁（大叔）、黄永台、杨汝成、孙舜农、胡元恺、黄李蜀云（亦名淑云）等。

## 将小提琴导入粤乐的第一人

小提琴是西洋音乐的弓弦乐器，音色优美，音域宽广，表现力丰富，即使只是独奏也能表现出华丽迷人的和弦，在交响乐中常被作为主要的旋律乐器，故有人形容其为乐器中的皇后。

熟悉小提琴特长的梦岩，很早就体认到音色优美，音域较广的小提琴是最适合用来表现广东音乐优美轻快的乐器，司徒幼文在汇整广东音乐[28]的史料时，曾清楚地说明梦岩如何将小提琴演奏，推展到广东音乐的应用：

> 最早把小提琴试用于广东音乐的是司徒梦岩，他认为使用小提琴演奏广东音乐，一定要注意有广东味。例如一般演奏西洋音乐忌用滑音，但要表现广东音乐的妩媚，则必须大量使用滑音。这一看法，当时为大家所接受，并促发吕文成[29]及尹自重二人学习小提琴。

熟悉东西音乐之长的梦岩，在参与广东音乐合奏、伴奏的过程中，首先将小提琴融入广东音乐，并且参与录制中国最早出版的唱片，开创民族音乐发展史上中西合璧之先河。虽然梦岩喜爱小提琴，并将小提琴导入了粤乐的演奏，但是他也非一味地推展西学中用：

> 1935年左右，京剧名琴师杨宝忠[30]曾与梦岩研究过把小提琴用于京剧一事，梦岩认为小提琴要奏出京剧高亢的风味不太容易，不宜直接引用，认为把某些小提琴技术用于京胡更为

合适。可见当初把小提琴引入广东音乐确曾经过认真思考和探索试验。

一般人多以为用小提琴演奏广东音乐始于尹自重,如果就专业音乐而言,确实如此。但事实上,尹自重是梦岩的学生,在他随梦岩学小提琴时,梦岩早已经开始有这方面的尝试。

在"玩音乐"过程中,他们并无门户之见,能贯彻"能者为师"精神。例如吕文成、黄永台经常教李淑云及崔宝祯唱曲;司徒梦岩教吕文成、尹自重学西洋记谱法、乐理及小提琴。司徒梦岩则向他们请教广东音乐板式结构等。此等活动因费时较多,往往不占小组活动时间,另外抽空系统进行。如司徒梦岩每周一次专为尹自重上小提琴课,除练基本练习、音阶等外,亦用广东音乐当教材。后来尹自重用小提琴演奏广东音乐,自成一家,实肇因于此。[31]

## 改造二胡　创制适合粤乐演奏的高胡

梦岩通过和广东音乐爱好者的交流,逐渐地找出表现东西方音乐的最佳形态,原本擅长领奏乐器二胡演奏的吕文成,在接触小提琴演奏后,强烈地感受到因二胡的音域窄,而限制了乐曲的表现力的缺点。吕文成被小提琴宽广的音域所陶醉,因而和司徒梦岩一起催发了一次大胆的改革——将小提琴演奏高音的技巧,转移到二胡上面。

中华音乐会会员曾进行过一些乐器改革,如祝湘石改革过扬琴,甘时雨研制成新式锣鼓架,但成绩最突出的是司徒梦岩及吕文成研制的高胡,后来成为广东音乐的主奏乐器。司徒梦岩木工极精,归国时曾携回小提琴制作工具大小三四百件。笔者曾亲见司徒家有形制各异、大小不一、尚未最后完工的胡琴多把,想见当初研制时反复试验,备极艰辛。[32]

在音乐史上，我们看过很多文字资料，皆认为吕文成是创制高胡的人，但这只是片面的说法，因为乐器的改造，其实是需要懂得乐器制造与技术的人才有可能，因此高胡的发明，正确的说法应是原本就有制作小提琴技术与工程基础的梦岩，配合吕文成的演奏技巧，几经试制，而发展出来的乐器。

首先，梦岩通过制琴技术，改变二胡琴杆的长度，伸长了脖子的二胡，一拉出声就高出以往一大截。尔后，吕文成发现改造的二胡筒放在大腿根部演奏时换把不方便，于是改为夹在两膝之间，此时原是中音的二胡，一下子变得音质高且柔和，这则是意外惊喜！然后，梦岩将原本是丝造的二胡弦线改为小提琴的E弦钢丝弦，钢丝弦声音明快而且有韧度，高音响亮且带金属的铿锵，十分清晰地展示高音区的明亮高亢，让大家喜出望外。最后，梦岩从力学和音律方面作了反复计算和比较，为改造的高音二胡做最后的定型，并提供了精确的科学依据。

之后吕文成带着他的高音二胡参加"五架头"粤乐队，试奏一曲易剑泉的《鸟投林》，并在高把位处模仿鸟叫时，栩栩如生、妙不可言。大获成功后，听众把吕文成称为"二胡王"。

自此梦岩创制音色明亮的高音二胡，通过吕文成用于粤剧和粤乐的演奏，令人耳目一新，别具一格，迅即为人所接受，并成为粤剧、粤乐中的主奏乐器，因而被称为粤胡，填补了国乐队拉弦乐缺少高音声部的不足。1949年前后，大家才把梦岩和吕文成创造的高出四度甚至五度的"高音二胡"，正式定名为"高胡"。

广东炎黄文化研究会主办的"粤韵游踪——吕文成与广东音乐"研讨会，鲁陆及杨柳曾写《粤乐大家吕文成》一文，并说明创制高胡对粤乐发展的影响：

> 与二胡柔和饱满、浑厚的旋律不同，高胡清澈明亮、恬美华丽的音色楚楚动人……高胡的创制，使广东音乐的乐曲发生革命性的变化。旧曲一般在一个八度或多一两个音节内作曲，但用了高胡后，旋律可伸展到两个八度而一气呵成。像吕文成

所写的《步步高》、《平湖秋月》、《蝶恋花》等粤乐,作品风格流利畅快,沁人心脾,广东风格及地方色彩更鲜明突出。

**为中西音乐交流　对译中西乐谱达千首**

现在我们学习音乐多从五线谱开始,但在当时的中国社会,多数人根本不认识五线谱,多以工尺谱学习音乐,也因此难以欣赏西洋音乐之美;同样地,中国优美的乐曲也无法流传到西方。所以,梦岩的"洋为中用"不仅用在改造粤乐的乐器上,他还花不少精力把外国一些名曲译成当时国内通用的工尺谱供国人选用,把中国音乐译成五线谱向外介绍。

司徒梦岩经常与友人一起演奏广东音乐,《燕子楼》、《到春来》、《昭君怨》、《小桃红》、《潇湘琴怨》等都是他们的保留曲目。当时印刷曲谱不多,一般系互相传抄或口传心授,各人掌握曲目亦不尽相同,遇发现新曲而谱曲,则多由司徒梦岩

梦岩将许多中国古曲从工尺谱改编为五线谱。此即为当时梦岩改编古曲《燕子楼》为五线谱的手抄影本。

记谱保存。

"一·二八"淞沪事变中，司徒梦岩家尽毁于炮火，只字不存，十分可惜。据说黄永台原有《到春雷》一曲，秘而不传，只两度为大家演奏，引起小组极大兴趣。第三次黄又想"吊胃口"，司徒梦岩接过琴就说："我来试试"，竟凭两次听闻记忆，一音不错奏完全曲，众皆叹服，一时传为美谈。此后，各人交流互相传授，曲目遂日渐扩大。[33]

学贯中西的司徒梦岩，有强烈的中华文化意识，不囿于当下，不断追求精进。他认为西乐有不少好东西要介绍，亦认为"中国音乐有许多好东西，易学难精"。为了能扮演好音乐文化传递的角色，他在中华音乐会的会刊《音乐季刊》上，将舒曼的《梦幻曲》、黑人民歌《老黑奴》、爱尔兰民歌《夏日的最后玫瑰》等许多西乐的作品译成工尺谱介绍给中国人，同时，也将中国的传统乐曲《汉宫秋月》、粤曲《燕子楼》、《春闺怨》和京剧《天女散花》等译成五线谱，向国外介绍，这样的对译竟达千首之多，为音乐的中外交流作出了重大贡献。

梦岩对广东音乐的贡献，我们从各方片段的文字汇整出一个完整的图像，但实际上中国音乐史上对粤乐的发展，并不特别看重，对于粤乐发展过程中重要相关人物，更是甚少提及。1966年吴赣伯所著之《国乐随笔》，道出："……像司徒梦岩这样非专业的音乐家，很难出现在许多史学家的笔下，何况他最专的是粤乐，在音乐史书中就更难找到他的踪迹了。"[34]

1946年，司徒梦岩摄于上海。

### 将音乐带入家庭　培育司徒音乐家族

梦岩一生从喜好音乐，到研究音乐，甚至通过东西汇流，影响了中国粤乐的发展,但梦岩对家中子女的音乐教育,却是采取开放自由的形式发展。一如志文在回忆文中所写,梦岩从不强迫子女学习音乐,但从小兄弟姐妹们却是在音乐中长大的:

1952年,周锦文女士在上海家中弹琴自娱。

父亲从不逼我们学习音乐,他对我们的教育可以说是放任的。父亲年轻的时候在上海,家里每个礼拜天都有个小沙龙,但是抗日战争时,我们搬到租界以后,就没有这个气氛了,也没有再办过小沙龙了!

我自己从未经历参与小沙龙的演出,但是我的哥哥姐姐都经常说起这些。

所以说,梦岩并没有把自己的兴趣,强加在子女的身上,但当子女对音乐展现出浓厚的兴趣时,他也绝不吝于支持。1947年、1950年两年,司徒家族的子女,两次在兰心戏院举办家庭音乐会,当时坐在贵宾席的梦岩,纵使当初对子女欲走上音乐专业的道路感到担心,但看着台上自己培养的音乐幼苗开花结果,心中应该也满是欣慰吧。

至于身为司徒音乐家族的女主人,是否也扮演过促使儿女走往音乐之路的角色呢?志文回忆道:

虽然司徒梦岩一开始对于上一辈所安排的婚姻感到反感，但与周锦文近40年的婚姻，可说是夫唱妇随。（周锦文手术后，于上海家中合影，1952年。）

在我的印象里，母亲一直是十分顺从的女人，我想这可能和她受日本教育有关。母亲生儿育女，但不会管家，对儿女的教育也没操过心……以往有音乐沙龙的时候，她则会特别准备很多好吃的招待大家。

母亲自己并不特别喜欢音乐，她喜欢看书，三国、水浒、红楼、西厢等故事熟极了，晚年还喜欢看武侠小说，三侠五义，那时家里很多这类的书，可惜在"文化大革命"时全都烧毁了。她在娘家时经常打麻将，可是进入司徒家后，父亲是严禁打麻将的，直到父亲过世，她随我到北京后，偶尔有伴就会玩玩。

一如当年大多数的中国妇女，即便接受过新式的教育，仍旧深受传统文化影响，性情温婉，不轻易表现自我，但却是家族中重要的稳定支撑力量。

梦岩的七个子女中，有五个从事音乐事业。二子海城、四子

1947年，司徒梦岩六十大寿，与周锦文夫妻俩留影纪念。

华城都是著名的小提琴演奏家；三子兴城在台湾，是全能弦乐演奏家、教育家；二女幼文是音乐理论编译家；三女志文是著名的大提琴家。即使司徒梦岩的第三代、第四代人中也有不少人，从小都让他们学习乐器，但也继承了从不强迫、自由发展的传统，让他们选择自己的人生道路。

1954年，66岁的司徒梦岩病逝家中，家人将他安葬在上海广肇山庄。（由左至右，司徒海城、司徒志文、周锦文、司徒华城。）

在第三代中，司徒海城的女儿司徒达伟曾任上海交响乐团的小提琴演奏员，她的弟弟司徒达宏，更是经过顶尖专业训练的小提琴家，并获得美国四届六项葛莱美奖最佳古典音乐录音技术奖的殊荣。

志文曾于访谈中提到：

> 父亲晚年曾表示没能全力把儿女送出国留学，是他终身遗憾的事，可见他心系子女教育、重视中西文化交流之热切，也期待他们能像自己一样受到完整的教育及专业的栽培。

1954年2月，司徒梦岩因病于上海逝世，享年66岁。

梦岩在为中国音乐做出贡献的同时，也无心插柳地开创了"司徒音乐家族"，他们不仅在两岸中国的音乐舞台上发光发热，而且他们还

1958年，周锦文女士欢度七十大寿时，于北京留影。

积极从事音乐教育,"司徒老师们"的学生们包括了中国各大音乐学院的教授、交响乐团首席及许多有影响力的演奏家,可说是桃李满天下,遍及海内外。

---

【注释】

1. 论上海糊口之难,申报,1885 年 11 月 12 日。
2. 彭泽益编,中国工商行会史料集(下),北京:中华书局,1995。
3. 维桑,拥护广东同乡会为旅沪粤人的天职,广东旅沪同乡会月刊,1934。
4. 唐艺萍,"杂粮业",上海档案馆,http://www.archives.sh.cn/shhzhg/mzhhg/200509300011.htm。
5. 关于司徒梦岩的确实出生年份,有不同的说法:司徒志文在整理资料时发现根据麻省理工学院年刊所载是 1889 年出生于上海,应是梦岩本人换算出来的公历,可是明显有误。因为他生肖属鼠,家谱内也明确记载梦岩出生于光绪十四年岁次戊子八月初九日午时,应为 1888 年。
6. 请参见《司徒怀德》篇,注释 17。
7. 盛宣怀(1844~1916)字杏荪、幼勖,出生于江苏省常州府武进县龙溪,逝世于上海,为清末政治家和洋务运动的代表人物。交通大学创始人,同时也是一位实业家和福利事业家。拥有很多号如次沂、补楼等。
8. 南洋公学创校于 1896 年上海,即今日上海交通大学。当时中国教育风气渐开,提倡新政的办理轮船电线事务大臣盛宣怀便决定于上海创设南洋公学。公学首任督办为盛宣怀本人,总理则为何嗣焜。1912 年南洋公学改称上海工业专门学校。

中华民国创立以后,交通部长叶恭绰认为辖下的上海工业专门学校、唐山工业专门学校、北平铁路管理学校及北平邮电学校四校散居各地,管理困难,便在 1921 年合并成为交通大学,分别称各校为交通大学上海学校、唐山学校及北京学校。

1949 年后,美国交通大学同学会的赵曾珏有鉴于核子科学已由清华大学成立的原子能研究所开始发展,但是与核子研究及其相关之电子研究则尚付阙如,力倡在台成立国立交通大学电子研究所。1958 年 6 月 1 日国立交通大学电子研究所正式成立,由台湾当时的教育部科学教育委员会主任委员李熙谋兼任研究所第一任所长。1964 年恢复招收大学部,增设电子物理学系及电子工程学系。1967 年正名为国立交通大学工学院。1979 年 7 月,恢复为国立交通大学,分设理、工、管理三学院。2006 年,国立交通大学共有八个学院,学生一万两千余人。

9. 王云五(1888~1979)出生广东商人之家,自小与堂伯父等赶集而学会数学计算，在其自述中提到童年和家人从商"一生养成计算的习惯；无论做任何事，须要计算其利害得失，究竟利与害孰多，借为判断的标准"，王云五以出版成名后，就其经验现身说法："我一生得之于算学很大"，"中国人不注重算学，这是很坏的现象"。他认为要得到正确的思想一定要靠幻想，这个幻想的意思是指勇于创新和联想，但是光有幻想还不能得到正确的思想，还要借助于数学，"要使思想正确，一加一一定是二，二加二一定是四，那么，不独学理工的人要学高等算学，就是学文学的人也要学高等算学"。

10. 王晓莺，《晚清时期岭南出国留学生对中西文化交流的贡献》，《中西文化交流与岭南社会变迁》，赵春晨、何大进、冷冬主编，北京：中国社会科学出版社，2004，251。

11. 容闳，西学东渐记，长沙：岳麓书院，1985，122。

12. 伍廷芳（1842~1923），本名叙，字文爵，又名伍才，号秩庸，祖籍广东新会。清末民初杰出外交家、书法家。香港首名华人大律师、首名以民间人士出任华人立法局之"非官守议员"。之后往中国从政，是中国近代首名外交家。

13. 关于司徒梦岩赴美留学的确实时间，司徒金城在回忆父亲司徒梦岩的文字中，写到父亲应是于 1904 年出国留学的（时年 16 岁），这部分如果对照伍廷芳生平，1909 年伍廷芳任清驻美大使的最后一年，梦岩刚好于麻省理工学院学习两年，并因遇到伍廷芳而转为留美公费生的身份来说，这样的时间推算是正确的。

14. Phillips Academy. "About Andover-Overview and History." http://www.andover.edu/about_andover/overview.htm.

15. 1915 年，美国为庆祝巴拿马运河开通，于旧金山举办"旧金山巴拿马太平洋博览会"，历时 288 天，共计 1883 万人入场参观。

16. 关颂声（1892~1960），字校声，广东番禺人。曾就读于上海圣约翰大学和清华学校，1913 年清华毕业后，于 1914 年入美国麻省理工学院读建筑学专业，1917 年获学士学位后又入美国哈佛大学攻读市政管理一年，1919 年回国后，先后任天津警察厅工程顾问、津浦路考工科技正、内务部土木司技正、北宁路常年建筑工程师，曾协助监理北平协和医院建筑工程，1920 年在天津创办基泰工程司，业务曾遍及北京、上海、南京、重庆、广州、沈阳、香港等地，它在近代中国建筑师开办的建筑师事务所中是最负盛名的。1949 年关颂声前往台湾，曾任台湾建筑师公会理事长，1960 年 11 月 27 日病逝于台北。

17. 中国《音乐小杂志》1986 年第二期，陈奎及，《司徒梦岩与音乐》一文。

18. 本段文字出自司徒志文提供之"司徒梦岩有关资料（二）"。

19. 逃口，船内轴隧后段或其他下层船舱中直通露天甲板的竖向井形梯道。以供船舶遇险时船员由此通达露天甲板。

20. 司徒志文，"百米冠军自救救人的轶事"。
21. 劳依兹保险社对船舶的鉴定，可能是交由劳依兹船级社（Lloyd's Register of Shipping）负责处理；或将设计图纸直接寄给劳依兹船级社，这只能查江南厂的旧档案才能清楚了。
22. 司徒梦岩的英文签名 F. C. Seetoo 是按他在美国读书时用司徒傅权名字 Fucheng Seetoo。作为公费留学生，归来分配到江南厂造船厂名字应不会改变，但从他对外一直用他的别字梦岩，是否在江南厂造船厂时已改用梦岩，只能查江南厂的老档案了，但一般所见他用英文签名时都是用 F. C. Seetoo。
23. 1937 年 4 月 5 日，盐务稽核所改为盐务总局，直隶财政部，综理全国盐务。朱庭祺时为代理盐务总局总办。——丁长青，盐务稽核所始末，近代史研究，2 期，1994。
24. 盐务稽核所人员由于工作内容牵涉大笔金钱，所以为"养廉"，人员薪金待遇可说非常优厚。（1）经总所批准的职员薪金分为六等 24 级，由 40 元至 800 元不等。稽核所人员凡等级相同皆支取相同薪金。（2）6 级至 22 级职员中成绩突出品行端正者，可领取奖金。（3）因各地生活水平、工作难易程度不同，总所给予各种津贴，如职员津贴、代理津贴、当地津贴、调差津贴、旅费津贴、奖恤金等。——丁长青，盐务稽核所始末。
25. 参见林建宇，盐务稽核与中国盐务现代化，中国井矿盐，35 卷 1 期，2004，46~48。
26. 上海中华音乐会成立于 1919 年 5 月，前身是上海粤侨工界协进会音乐部。顾名思义，该部成员当以广东人为主，研究广东音乐自属当然。由于历史渊源，中华音乐会成员仍"以粤籍居多"。成立之初即有粤剧组（后改为粤剧团）京剧组及沪剧组之设。由于京剧组及沪剧组人数不多，活动较少，连沪乐组干事竟然也是研究广东音乐的广东中山人吕文成。粤剧组最为活跃，也最有成绩，"夙负时誉"。（见 1923 年 10 月 13 日《中华新报》载《粤商医院开幕志盛》一文）
27. 当时一般会员每年缴会费 12 元，赞助会员 30 元，维持会员 100 元。——中华音乐会章程，音乐季刊，3 期。
28. "广东音乐"一词目前专指广东清音（器乐）。事实上，原来广东城市茶楼酒肆、街头卖唱及乡间"八音"等演出活动中，既有"唱曲"亦有"奏乐"，乐手多兼事唱、奏，必要时还特邀歌手参加。直至目前为止，广东乡间及上海一些业余广东音乐小组活动中仍兼有粤曲演唱及清音演奏。
29. 吕文成、尹自重、何大傻、程岳威有"广东音乐四大天王"之称。
30. 杨宝忠曾先后为孟小冬、马连良、言菊朋、奚啸伯、杨宝森等名演员操琴。杨宝忠学过小提琴，并善将小提琴技法运用在京胡上，形成弓法快捷、音色刚劲清脆、表现力丰富的"杨派风格"。——中国音乐词典，北京：人民音乐出版社，1984，词"杨宝森"，中国艺术研究院音乐研究所。
31. 又闻，"半个多世纪以来上海的广东音乐活动"，音乐研究与创作，8期，25~31。
32. 又闻，"半个多世纪以来上海的广东音乐活动"，音乐研究与创作，8期，25~31。
33. 又闻，"半个多世纪以来上海的广东音乐活动"，音乐研究与创作，8期，25~31。
34. 吴赣伯著，国乐随笔，香港：文化教育出版社，1996。

# II
# 司徒家庭音乐会

**外侨不能不看戏，看戏就要去兰心**

清道光二十二年（1842），中英签订《南京条约》，上海成为五个通商口岸之一，在1843年11月17日正式开埠。从这年开始，黄浦江两岸逐渐出现了大批外商兴建的轮船码头、仓库、船坞、油栈和修造船厂等，街上洋行愈来愈多，熙来攘往的人群里，金发碧眼的各国外侨也越来越多。他们进入中国做生意，也将西式的现代化生活带入了上海。其中位于蒲石路、迈而西爱路（今上海长乐路、茂名南路）的兰心大戏院，就是外侨带入欧风文化的起源地之一。

原来爱好戏剧的外侨，他们最早在一个洋行的旧货栈搭设一个简陋的舞台，并在舞台上演出《势均力敌》和《梁上君子》两出戏，是中国最早演出话剧的代表，观众有限，因此与其说是演出，不如说是外侨们的自娱。

当愈来愈多的外侨戏剧爱好者会聚之后，1866年外侨业余演出团体正式成立上海西人爱美剧社（Amateur Dramatic Club of Shanghai），简称 A.D.C. 剧团，又因为该剧团成员和当时上海滩以英国人居多，所以又被称为"大英剧社"。这些戏剧的爱好者和剧团团员，后来集资搭设一座木结构的简陋剧场，以提供该剧团使用，这就是最早的"兰心"。

**园式顶圆如球，上列煤气灯如菊花式，火光四射，朗澈如昼**

1874年，在兰心木剧场火灾毁坏后，外侨再次集资，在博物院路（今虎丘路），临近英国领事馆附近，花了两年的时间，搭设一座砖木结构的兰心戏院，在当时，外观可称得上豪华。光绪十三年（1887）晚清旅沪文人葛元煦的《沪游杂记》上除了写到兰心戏院的外观，也谈到兰心的景况："在兰心演出，最值得一提的是声音效果，在上海滩真是无出其右。演员在舞台上微叹一声，楼上的后座也能听到，特别适合演出西方写实话剧。每逢有戏开演，外侨们如同过节一般，携女眷纷至沓来。男着西装，女穿礼服，在领座小姐的导引下，对号入座。"[1]

当时兰心戏院里，每晚演出的是有别于中国传统写意式的戏曲，大大震撼了中国的戏剧爱好者："原来世界上还有这样一些灯光变幻离奇、布景浪漫瑰丽的现代戏剧！"中国话剧运动创始人之一欧阳予倩曾发出过这样的惊叹，"我当时所受的刺激最深……我很惊奇，原来戏剧也可有这样的演法！"。[2]

1931年，博物院路上的老兰心也因为年久失修而破旧不堪，外侨英国哈沙德洋行便在法租界蒲石路、迈而西爱路口，委托大卫思和勃罗克设计，重建新兰心。

兰心是"Lyceum"的译名，意指学院或文艺团体，每晚鲜亮的霓虹灯，将"Lyceum"灿烂地展亮在这栋意大利文艺复兴府邸式建筑的顶上。新兰心内部富丽广阔，设三层观众厅共有六百多个座位，白色水泥粉刷在镶嵌的砖石上，走在穿堂间，就能深切地体验上海欧风文化的精华。

在新兰心里，上海人开始接触西洋音乐，当时享有国际声誉的意大利指挥梅百器（Mario Paci, 1878~1946），带领着来自德国的犹太音乐家和来自哈尔滨的俄籍音乐家们，组成上海工部局交响乐团，开始长期在新兰心戏院里演出。1935年，在上海工部局乐团中做过临时工作的张贞黻在《上海工部局管弦乐队琐记》中写道："这个乐队不但东方少有，就是欧美的大乐队在质的方面说也是不相上下的。因为他们那些乐师出身大部分是俄国皇家音乐院、俄国圣彼德堡音乐院、意大利国立音乐院、德国皇家音乐院等。"[3]

上海工部局交响乐团是中国最早的管弦乐团，持续到1945年第二次世界大战及梅百器病逝后，才易名为上海市府交响乐团。

司徒梦岩，当时正是上海工部局交响乐团的忠实听众。[4]

市政府交響樂團主辦

# 家庭音樂演奏會
## Seetoo's Family Concert

at the piano

Miss Ursula Chow 周廣仁小姐

Friday, September 12, 1947 at 5:15 p.m.

Lyceum Theatre

---

市府交響樂團主辦

**家庭音樂演奏會**
**Seetoo's Family Concert**

| 司徒海城 | Seetoo Hai Cheng |
| 司徒興城 | Seetoo Shing Cheng |
| 司徒華城 | Seetoo Hwa Cheng |
| 司徒志文 | Seetoo Ge Wen |

Compositions by
Beethoven, Bruch, Goltermann
Haydn, Mozart, Sarasate

| 日期：九月十二日 | Date: Sept. 12, 1947 |
| 地點：蘭心大戲院 | Place: Lyceum Theatre |
| 時間：五時一刻 | Time: 5:15 p.m. |

Booking at: Lyceum Theatre,
Hofmann Piano Co.,
Yung Shing Piano Co.

---

1947年9月12日司徒家庭音乐会节目单。为了庆祝父亲梦岩六十寿辰，司徒家兄妹第一次在上海兰心戏院同台演出，举办司徒家庭音乐会。封面照由左至右依序为兴城、海城、华城、志文，后来成为"两岸四首席"。

1931年，梦岩为了家计，放弃江南造船厂的工作，转任待遇丰厚的盐务稽核所验船处的处长，在工作与生活的压力下，喜爱音乐的他只能以前往兰心享受音乐活动，来稍解自己的音乐瘾。志文曾提到和父亲前去欣赏音乐会的情况：

小时候听音乐会，如果只有两张票，爸爸就带着我一起去，有三张票，就会带妈妈。爸爸听完音乐会，经常会想那个曲子为什么要这样处理（为什么要这样演奏）。

1947年，节气白露刚过，秋天翩然降至，上海市府交响乐团夏季音乐会结束后，冬季音乐会开始前，9月12日下午五点，司徒梦岩再次进入兰心，并坐在贵宾席座上，当天台上演出的节目包括：20岁的司徒华城小提琴、22岁的司徒兴城中提琴合奏《Mozart-Symphony Concertante for violin and viola》；14岁的司徒志文大提琴演奏《Golterman-Concerto No. 3》；26岁的司徒海城小提琴演奏《Beethoven-Romance in G》；司徒兴城中提琴演奏《Bruch-Romance op. 85》；司徒华城小提琴独奏《Sarasate-a.

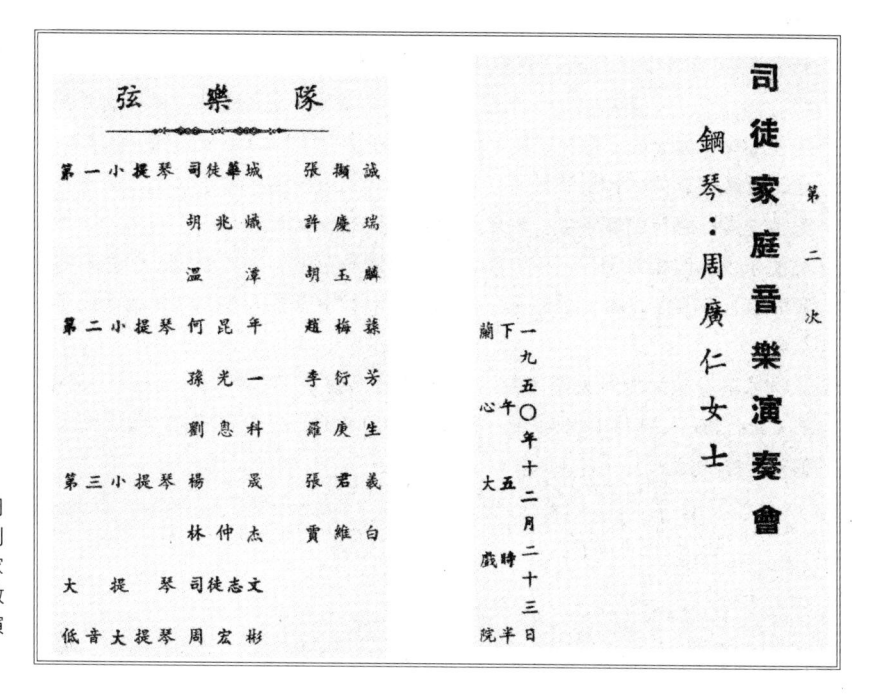

1950年12月23日，司徒家兄妹虽然再次回到兰心戏院举办第二次家庭音乐会，但兄妹离散两岸，已无法一起演出。

Zigeunerweisen b. Zapateado》与四兄妹四重奏《Haydn-String Quartet op. 3, No. 5》,时年19岁,当时已是颇为知名的钢琴家周广仁,[5]则担任这场家庭音乐会的伴奏。[6]

这场由上海市府交响乐团主办的司徒家庭音乐会结束后两年,兴城到福建音专任职,并到台北访问长兄金城,根据家庭收集的文字资料,我们看到1950年,司徒家庭音乐会再次举办,但是四兄妹已无法同台演出了。

---

【注释】

1. 葛元煦(清),沪游杂记,上海市:上海书店,1994。
2. Agathak,"纸上的行走(二十四)",北大未名站,telnet://bbs.pku.edu.cn。
3. 转引自司徒志文,"新中国成立前后的中国交响乐",中华文化信息网,http://www.ccnt.com.cn/music/jiaoxiangyue/jiao.htm?catog=.&file=05&page=3。
4. 司徒志文,"新中国成立前后的中国交响乐",中华文化信息网,http://www.ccnt.com.cn/music/jiaoxiangyue/jiao.htm?file=05。
5. 周广仁女士为中国著名钢琴演奏家、教育家,中央音乐学院钢琴系终生教授。1928年12月18日出生于德国汉诺威,青年时代在上海学习钢琴,师从钱琪、梅百器等中外名师。1940年代与上海工部局交响乐团成功地演奏舒曼的钢琴协奏曲,先后担任中央歌舞团和中央乐团独奏演员,并分别于1951年和1956年在第三届世界青年学生联欢节和第一届舒曼国际钢琴比赛中获奖。1965年,她到中央音乐学院跟随来自莫斯科的塔图良教授进修,并开始担任钢琴教学工作,后任该院钢琴系副主任、主任。1980年以来,周广仁女士远赴欧美及中国香港等地讲学和演出,介绍中国钢琴音乐作品,并多次应邀担任国际钢琴比赛评委。多年来致力于钢琴普及和教学工作,将一些优秀的民乐作品改编为钢琴音乐作品;担任《钢琴艺术》杂志主编;创办儿童钢琴学校,培养了许多优秀的钢琴艺术人才,其中有多人在国内外钢琴比赛中获奖。
6. 这场家庭音乐会的有关新闻先后于1947年8月7日上海《大公报》、8月8日China Press、8月10日上海《东南日报》、9月11日与9月17日上海《正言报》中刊出。

# 司徒海城

1921~1997

他深深地感到无论学什么，基础是多么的重要，尤其小提琴是非常难掌握的乐器，首先要学得早，要学得正规严格，无师自通是不成的，所以海城后来就将自己深刻的体认在弟妹身上实践，一个个从头教，给他们上课，先是兴城、华城，然后志文，尤其是对小妹志文更是呵护备至。

　　海城说："他们都陆续考入音专，他们都比我早接受正规音乐训练，没有走弯路，虽然都是我教的，但都比我拉得好。"弟妹音乐上的成就，是身兼老师与兄长的海城最大成就与安慰。

# 司徒海城（1921~1997）

司徒梦岩深厚的中西音乐学养，无疑为司徒家的子女创造了一个良好的音乐环境，但是让弟妹走上音乐专业之路的推手，则是梦岩的次子司徒海城，所以谈到司徒家族的音乐发展，一切要从海城说起……

## 音乐路上的热血青年

海城在司徒家排行老三，1921年出生于上海，比大哥金城小五岁，大姐少文小三岁，从小便展露出极高的音乐天分。学贯中西音乐的司徒梦岩，家中总是聚集了一群音乐爱好者排练演奏，而刚满三岁的海城，每当家中传出悠扬的音乐声，他总要钻进客厅里听大家演奏，于是大人就把他抱到客厅一角的方桌上；高高地坐在那儿的海城，既不吵也不闹，只是全神贯注地从头到尾听完大人们的演奏。第二天，竟能把一首《到春雷》的旋律完整地哼出来，使大家惊讶万分。

1927年到1937年间，海城先后在上海广肇公学、粤东中学、大夏附中就读，在这期间所有的音乐老师都特别喜欢这个有才华的学生。在中学里，海城经常登台表演吹口琴，他吹口琴与一般人不同，是从反方向吹的，正可说明他无师自通的天才。

1932年日本攻入上海，在"一·二八"淞沪战争中，司徒全家逃入租界避难，逃难慌乱之时，顾不得带着太多的东西，因此梦岩从美国带回的好琴，全都留在家里，被烧成灰烬。

三岁的海城已经展露出对音乐的浓厚兴趣。

海城 14 岁那年，父亲梦岩从琴行买了两把定价 25 美元的德国制小提琴，一把给大姊少文，一把给他，这场邂逅开始了海城与小提琴 62 年亲密无间的伙伴关系。当时梦岩对少文与海城的小提琴教育，是采取教幼儿牙牙学语的方式，也就是梦岩拉一句，少文与海城跟着拉一句，少文没练多久就放弃了，而海城却一直坚持下去。

18 岁那年，海城中学毕业，打算报考上海音乐专科学校，在小提琴之路上继续精进，此时梦岩因为职务关系，离家远在重庆工作，海城将他的决定写了封信给父亲，父亲当时不置可否，海城心想父亲没有表态，大概也不反对吧？但在上海暂代父职的二伯父司徒仲权听到消息很不以为然，心想这孩子怎么这么不长进、没出息；不戴方帽子（学士帽），偏戴圆帽子（拉琴常戴的贝雷帽），当洋琴鬼？

在当年中国人的传统印象中，琴师就是"文场"，是专门给戏子陪衬的角色，地位比唱戏的还不如，这也难怪二伯当时会以讥诮的语气对海城说：

中学时的海城才开始接触小提琴，但却自此与小提琴结下一生的缘。

> 嗤！拉琴是吹打手的行当，没出息！

当时司徒家本来是打算让海城学牙医，但海城自己并不喜欢，正在犹豫之中，被二伯父这么一激，反倒让海城下定了决心，这位小妹志文口中"稳稳当当，很老实、很规矩"的二哥，为了理想竟然鼓起勇气跟长辈们唱反调，他对自己说："要么不学，学就一定要学出个样来。"

1935 年，海城在上海自家小花园中练琴。

当年作为父亲的梦岩，到底对海城报考音专抱持怎样的态度？司徒志文以为父亲虽然培养了子女对音乐的爱好，但主要是作为陶冶性情之用，其实并不希望子女以音乐当专业，志文说：

> 当时二哥想要考上海音乐专科学校，爸爸就不支持，主要是觉得没有什么发展前途，不过那也确实是真的。当时，学音乐最好的出路就是进上海工部局乐团，那是被称为远东最好的乐队，不过上海工部局乐团里几乎都是外国人，只有一两个中国人，很难进去的，中国学音乐的人进去，也就算顶头了。还有那时在上海，搞洋乐或是拿着琴在路上，会被人笑说是洋琴鬼，多数小提琴演奏，只能在跳舞场那些娱乐的场所，是社会上看不起的。爸爸觉得当音乐家没有前途、守穷、社会地位低，虽然他也喜欢音乐，但就是不希望二哥把它作为专业，这是他的观点。

作为一位父亲，梦岩的顾忌并不是没有道理，中国交响乐团知名指挥李德伦（1917~2001）在《小提琴艺术如何在中国传播和发展》一文中就提到，当时的音乐会演出都是业余的，曲目多是综合性的（包括声乐和其他），并没有以拉小提琴为生的提琴家。专业乐队除全部是外国人的上海工部局乐队外，从清宫、北洋政府到国民党政府的南京市府乐队，都是只以军乐为主的仪仗乐队，配有极少数弦乐。这些音乐工作者待遇极低，即使组织过一些业余乐队，都只能维持很短时间，还要自己出钱，小提琴家们也只能靠收私人学生或谋其他职业维持生活。[1]

司徒梦岩原本只想培养子女成为懂得欣赏或喜爱音乐的人，但从未想过自己的孩子日后大部分却都成了音乐家。

## 音乐家族的领航员

1938年，海城考入上海音专，在当时，中国上海音专教授小提琴的老师，大多都是上海工部局交响乐团过来兼课的外籍音乐家，其中包括当时意大利籍乐团小提琴首席富华（Arrigo Foa, 1900~1981），[2]和担任第二小提琴首席的俄籍音乐家黎夫雪斯（M. Livshitz），终于有机会接受正规小提琴训练的海城，却在一开始便遭遇挫折。

他的第一位老师黎夫雪斯一开始就全盘否定了海城之前非正规所学来的琴艺，要海城从头学起。海城在音专的头几年，为了改方法，着实吃了不少的苦，但由于努力，改得很快，教他的老师很喜欢他，不久就成了老师班上的顶尖学生，也是同学中的佼佼者。回忆起当年这位风云人物，同为音专学生，后来成为海城妻子的李肇真女士说：

我进了音专后，在学校里常常遇见他，我和他在一起上过合唱课，他见到我偶尔会对我点点头，他在同学中是老大哥，还是学校乐团的首席，而我是学校中最小的，专业程度又浅，当时在他的眼里，大概就是只丑小鸭。他从学校毕业后，就进了市府交响乐队，有时听音乐会时看见他在台上演奏，在我当时看来，他好高大，又高傲，又年长，简直高不可攀，我怎会想到将来的丈夫会是他呢？（他年长我许多，他进音专的头几年，我还未学琴呢，后来我也进了音专时，他都快毕业了。）

虽然学琴已有所成，但海城总是感叹："我一是学得太晚，二是一开始没有好老师和正规的训练。"他深深地感到无论学什么，基础是多么的重要，尤其小提琴是非常难掌握的乐器，首先要学得早，要学得正规严格，无师自通是不成的。所以海城后来就将自己深刻的体认在弟妹身上实践，一个个从头教，给他们上课，先是兴城、华城，然后志文，尤其是对小妹志文更是呵护备至，先是自己教她小提琴（拉到Kreutzer水平），后来志文改学大提琴，海城更是购置乐器、买乐谱、请老师、陪上课、当翻译……一手包办。

他把自己从学校学到的都传授给他们，让他们有一个正规良好的基础，不要走他以前的路，志文说：

司徒海城

海城是司徒家子女当中专业学习西乐的先行者，弟妹们都受到他的启发。

二哥成了我们的带头羊。爸爸培养我们兴趣，教会我们如何拉小提琴，但之后就都不管了，也没有专门请人来家里教我们，直到二哥上了上海音专，才知道要提高水准，必须向专业的人学习。所以二哥在学校学好，再回家教我们，然后又让我们接着跟专业的人学习，并且所有的人都进了上海国立音专学习……

"他们都陆续考入了音专，他们都比我早接受正规音乐训练，没有走弯路，虽然都是我教的，但都比我拉得好。"弟妹音乐上的成就，是身兼老师与兄长的海城最大的成就与安慰。但在这时候，海城才隐隐感觉到，父亲明知他是块可造之材，但从未刻意在音乐上栽培他，大概并不希望他成为音乐的专业人才吧？或许是父亲向来开通民主，所以才没有在自己报考音专时表达反对意见吧？

作为子女，总希望自己的表现能让父亲感到骄傲，海城自上海国立音专本科管弦系学习小提琴毕业后，不久便进入上海市府交响乐团担任小提琴演奏员，1947年9月12日，由上海市府交响乐团主办，司徒家于兰心戏院演出第一场家庭音乐会，11日上海《正言报》，透过以下文字预报次日司徒家庭音乐会的举行：

> 有一位造船工程师叫司徒梦岩，对音乐非常爱好，曾在老师格鲁恩贝格（E. Gruenberg）那里学习小提琴，并尽心研究提琴制造法，他还是提琴制造家戈斯（W. S. Goss）的高足。司徒梦岩的几位子女，亦全部都爱好音乐——学习提琴，他们将要在兰心戏院举行他们第一次家庭音乐会……

对于子女以家族之名举办的音乐会，梦岩以行动表示对子女决定的尊重与支持，志文说：

二哥要进音专,爸爸不同意,但是他管不着呀!后来我们一起都学得很好,所以每次举办音乐会,他每次都去听,我想爸爸一定也觉得我们挺争气的。

## 上海音专毕业　继续追随名师

在上海音乐专科学校里,海城大量地吸收音乐的专业知识,即使毕业后成为一位优秀的演奏员,他还是感到学无止境,仍需继续进修,力求琴艺上精益求精。于是他又虚心求教几位老师,1945年开始,海城师从当时住在上海的犹太裔提琴与钢琴演奏家阿尔弗雷德·卫登堡(Alfred Wittenberg, 1880~1952),开始学习更上层的提琴专业演奏。

卫登堡出生于德国布雷斯劳(今属波兰),师承法比学派(Franco-Belgian School)、德国学派大师约瑟夫·姚阿幸(Joseph Joachim, 1831~1907),并是布鲁赫(Max Bruch, 1838~1920)《g小调小提琴协奏曲》(Concerto No.1 in g minor for violin and orchestra, Op. 26)的首演者,音乐造诣极高。1939年,在希特勒强势屠杀残害犹太人的时刻,他逃难避居到上海,并住在蒲石路(今长乐路)378号,以演奏、授艺为生。在其教学中,经常对其老师姚阿幸、克莱斯勒(Fritz Kreisler, 1875~1962)、海菲兹、梅纽因(Yehudi Menuhin, 1916~1999)等世界著名小提琴大师演奏的风格要点,亲自作示范教学。中国20世纪30年代、40年代的许多知名小提琴家都受过其指导。

已故导演陈逸飞就曾拍摄影片《海上三部曲——逃亡上海》,写

1951年,在上海市府交响乐团时期的海城。

实记录在 20 世纪 30 年代为逃避纳粹排犹的迫害与屠杀的犹太人，聚集上海虹口犹太区的故事。在近 17000 人的犹太人中，有许多律师、医生、乐师、工艺师、点心师等，他们来到中国上海，并在此以他们的专业谋生，为当时中国带来许多优秀精致的西方文化艺术。影片中即提到卫登堡正是这群犹太人中，一位影响中国西洋音乐发展的重要音乐家，他教授的中国学生中包括谭抒真、黄贻钧、司徒海城、司徒兴城、司徒华城和司徒志文及杨秉孙等，而这些学生，日后也都成为中国近代音乐史上重要的音乐家。

海城说：

> 我很幸运能在离开学校后，遇到卫登堡，拜他为师，我非常敬佩这位造诣和修养高深的老音乐家。我跟他学了很多年，学到了很多东西，使我充实了不少，我有许多重要的曲目，都是跟他学的。他对音乐的见解、诠释和处理都有独到之处，更宝贵的是他又独特又合理的指法和弓法，给我很大的启发，使我受益匪浅，对我以后的教学工作帮助很大。让我感到学无止境，唯有不断学习，不断提高，才能做到精益求精。

1946 年海城顺利地进入上海市府交响乐团（上海工部局乐团是其前身）担任小提琴家，那时乐团中华人演奏员不到十人，而海城则是当时乐团中少数的华人成员之一。志文回忆海城的演奏，特别提到："二哥拉琴音色很甜美，讲究演奏的流畅性，这方面对弟妹都有影响。"

## 与钢琴家结缡

海城不仅在学习与工作上违背了司徒家长辈的期待，在结婚娶妻的这件事上，似乎也违背了父亲的想法，这事要从双方父亲说起。司徒梦岩与李肇真的父亲是同期的美国留学生，一位在麻省理工学院攻读造船；另一位在哈佛深造，在美国已经互有往来。回国后，又同为上海盐务局的同事，更为亲密，成为挚友。

1931年，海城仍是个十几岁的孩子，刚满周岁的李肇真患了重病，群医束手无策，当时梦岩为此事大力奔走，并在他的推荐下，让李肇真看了位著名的西医，得以康复。李父为了感激梦岩的救命之恩，遂欲将她过继给司徒家当干女儿。

人家干爹、干妈对干女儿都是很疼爱，很宝贝的，而我的干爹、干妈对我一点也不亲热，我从小就是司徒家的干女儿，从小就常到司徒家，但司徒家人从没让我和司徒的孩子们接触，更别说可以一块玩，我到司徒家去，总是坐在客厅里，从来就不准上楼，所以我总感觉很少在司徒家里看到海城，那时，我总想司徒家人是不怎样喜欢我吧！（李肇真）

海城的妻子李肇真在回忆录中提到了这件事，而这问题直到后来海城和李肇真正式交往后，才说了实情。

原来司徒梦岩原本很高兴地要择吉日举行上契仪式，好好地接纳这位干女儿，怎知在拿到李肇真的八字后，问过几位算命先生，才发现八字与自己相克！既无法回绝，又无法告知实情，梦岩只能以不敢高攀为借口，拖到不了了之。只是李肇真的父亲执意要她叫梦岩干爹，梦岩只能应名，但并不做实际的过房。

往后二十多年，司徒梦岩口中不提此事，但一家子只能和李肇真维持一定的距离。

1953年冬天，海城和李肇真同在保加利亚作品音乐会中携手演出《哈吉耶夫协奏曲》，海城担任小提琴演奏，李肇真担任钢琴伴奏，两人感情在琴韵中迅速滋长。

司徒梦岩后来发现海城和李肇真的感情，就只能私底下和李肇真说："阿真呀！妳最好不要太早结婚，最好要晚过三十岁……"

只是这段话后来并未成真，

1953年，海城摄于上海。当年冬天，海城和李肇真同在保加利亚作品音乐会中携手演出《哈吉耶夫协奏曲》，自此两人感情在琴韵中迅速滋长。

1954年在梦岩病逝后，34岁的海城仍娶回了和父亲梦岩八字相克的李肇真。

> 海城是在他父亲去世后，才真的走进我的人生的。我想海城肯定是知道他父亲不会赞成他与我好的，不过海城始终说：没这回事！他不肯承认，大概是怕伤了我的感情。（李肇真）

海城对于自己能够娶到李肇真，则有着十分特殊的看法与见解，他认为前代人的婚姻，虽然讲究门当户对，但仅只谈到家庭门第而已，然而夫妇间指腹为婚或照片相亲，两者无法相互了解，所以根本不配。他私底下就和李肇真谈到，他们两人家庭背景相同，自己的小提琴和李肇真的钢琴也相配，没有人可以比他们夫妇更登对，他们两人才是真正的"门当户对"。[3]

李肇真主修钢琴，是钢琴家吴乐懿的高足，1949年音专毕业之后，她便留校任教三十余年直至退休。虽然李肇真以教学为主，[4]并非以演出为专业，但与海城结婚后，夫妇俩仍常有机会在公开场合登台演出，对海城来说能得到这样一位情投意合，又能在事业上携手并进的伴侣，是件幸福又幸运的事。

"如果我不会弹琴？"

"那就没有那样门当户对了，我喜欢你，当然也是因为你弹琴弹得好啰！"

"那你这算是天从人愿了吗？"

"是的，那你呢？你嫁给我，难道不好吗？你妈妈可有不满意我这个女婿的？"

"你会讨她欢喜嘛！"

1955年，海城和李肇真终于在上海完成人生大事。海城曾对李肇真女士表示，他们的婚姻是真正的"门当户对"。

海城夫妇间亲密的对话，可以看出在他们共同喜好的音乐上，发展出他们夫妇深厚的感情。李肇真表示，她一生几乎都在为司徒家族弹伴奏，先是帮海城，接着帮三个孩子——司徒达伟、司徒达强和司徒达宏，后来又帮孙女儿司徒嘉悦（达强的女儿）和外孙张博树（达伟的儿子）。李肇真为此生能够为司徒家三代人伴奏而深感欣慰和自豪。事实上，这是一段可遇而不可求的缘分，也在乐坛上留下一段佳话。

**如鱼得水的前半生教学生涯**

1946年到1981年间，海城一直隶属在上海交响乐团（原名上海市府交响乐团，在中华人民共和国成立后，几次易名，包括上海市人民政府交响乐团及上海市人民交响乐团，1956年正式定名为上海交响乐团），曾担任第一小提琴手及第二小提琴首席，也历经了上海交响乐团中国化的转变。[5]

早在学生时代，海城就对教育有着极浓厚的兴趣。也许是因为自己开始学琴没有得到很正规的训练，所幸后来进了音专得到专业的培养，让他深有感触，下定决心要找出一套良好的方法，使每个学琴的人都能顺顺利利地掌握小提琴这个乐器，拉得更好更正规。

所以他很早就开始教琴，除了教自己的弟妹外，他也教其他人，朋友、同学来请教，他都十分乐意将自己掌握的知识毫无保留地传授给他们，看到受教的学生琴艺有所精进，他就非常的高兴，然后又从中总结心得和经验。一生中不断实践，不断总结，不断钻研，不断提高，不管在什么环境条件下，他都执著地坚持教学，没有中断，将培养音乐人才视为天职。

自1949年起，海城就开始把自己一些程度较好的学生，组织起来，分声部进行合奏训练，成立了一支弦乐队，除大提琴由妹妹志文担任，低音提琴请同事协助外，其他声部，一提、二提、三提（代替中提琴）全由他的学生上阵，1949年12月，他在上海青年会大礼堂举办个人学生音乐会时，这支乐队登台合奏，并由海城亲自担任指挥。

1950年，司徒海城、华城、志文兄妹三人，都在上海交响乐团工作，并且举办第二次家庭音乐会，由于兴城已经离开上海，因此并未参与这次演出。[6] 但在这次音乐会中，海城的学生们参加了合奏节目，让第二次司徒家庭音乐会不因兴城的缺席而显得冷清，反而更加多姿多彩。

1960年，上海芭蕾舞团成立了，但没有乐队，上海文化局便在上海音乐学院内开办了一个管训班（管弦乐训练班），由上海交响乐团抽派师资，并从全市中学生中招收学员，打算在四年后，培养出一个配备完整的乐队来。于是上海交响乐团就从各声部中抽调一些资历较高，既有演奏经验，又有教学经验的演奏员去音乐院教学。

海城是最适合的人选，接获新任务后，他和其他几位小提琴演奏员便一起调到音乐院，除了担任小提琴老师外，他还担任了弦乐组的教研组组长，及小提琴声部的排练课和乐队课的负责人。就任新职的海城甫上任便全力以赴，投入繁忙、紧张的筹备工作，从新生报名、入学考试、录取分班，到制作大纲，无不亲力亲为。

9月29日管训班开学，在开学典礼上，由海城代表向学生们

海城独奏的神情

"发枪"（就是每人发一把琴，当时把乐器喻为革命的武器，因此叫发枪），并向同学们讲解乐器的构造、性能、如何运用、如何爱护等知识，那一天正好是海城的小儿子达宏诞生的日子，那年海城39岁。

授枪仪式之后，老师们又择期为学生们开了一场示范音乐会，有独奏、合奏、重奏等不同形式的节目，海城为学生们独奏了一首维尼亚夫斯基的《传奇》(Legend)，动人的琴声加强了学生们对音乐的认识和感受，也激励了学生们对音乐的追求和学习信心。

管训班办得很有成绩，学生进步非常快，主要原因是同时对学生进行按部就班的三方面训练：

一、专业主课的学习，保证了个人水平的提高。

二、乐队声部分部的合奏学习，采用先由老师个别教导，然后再合起来演奏的方式。

三、各声部经专人辅导至掌握熟练，再在大乐队课上，由指挥老师来做整体的排练。

1965年2月，管训班正式毕业，在短短四年半时间内，一支年轻又朝气蓬勃、水平整齐的乐队诞生了。这是音乐界前所未有的创举，也是文艺界一个成绩斐然的硕果。

海城在这四年多中，如鱼得水，工作得十分愉快，贡献了他

40岁的海城，正忙于上海音乐学院管训班的教研规划与训练工作，有计划的做法让管训班成绩斐然。（摄于1961年左右）

全部精力，他的演奏经验和教学经验完美结合，随着管训班的成长，他的能力也得到充分的发挥和施展。他班上的学生们，成绩都很优良，冯永祚是乐队的首席，陈雪芳是小提琴声部的尖子，现为上海大剧院副总的钱世锦，也是当时管训班的学生。

由管训班学生组成的芭蕾舞团乐队，以后日益成熟、壮大，成为上海市文艺界的生力军，海城在培养这班新生力量中，扮演了重要的角色，可惜管训班只办了一期，没有再继续下去。管训班的任务完成，老师们仍回归到上海交响乐团原来的工作岗位上。

### 浩劫中坚信"明天会更好"

海城结束管训班的教学任务后，回归上海交响乐团，但没多久"文化大革命"便开始，1968年上海交响乐团继任指挥陆洪恩即因反革命罪被判死刑，音乐界一片风声鹤唳。

在这样的时代，对中国许许多多的知识分子来说都是场浩劫，尤其是像海城这样忠厚善良的人，一个曾与海城有同窗之谊的同事，为了提高自己、奉承领导，不惜作假见证，将莫须有的罪名强加在海城头上，自此一系列对海城人身的迫害与凌辱纷至沓来，非但剥夺了他演出的权力，还被下放到工厂劳动。好在海城豁达大度，仍能泰然处之，他不趋炎附势，也不向恶势力低头，因为他总是坚信"一切都会过去，因为这些都是不正常的"。"明天肯定比今天更好。"正因为有这样的意念，他把目光转向了未来，转向了下一代，他自己的三个孩子就是在这样的年代中培养出来的。

不过即使自身遭逢困厄，但海城并非只顾独善其身，除了自己的儿女外，他还帮助不少朋友的下一代。

身处"文化大革命"中的海城仍练琴不懈。

中华人民共和国成立后，有些文艺单位（如交响乐团等）及各文艺院校（如音乐院等）规定乐队队员及老师、教授们均不得收私人学生（除非不收费），到了"文化大革命"时期更是如此。

但到了"上山下乡"的政策一下来，突然学小提琴之风大盛，这是因为许多家长为了能让孩子学到一技之长，在毕业之前进入文艺单位避免下放，或早日从农村调回都市，所以在那时期，许多人纷纷前来找海城求教。

海城是个非常有同情心的人，他总是很乐意帮助人家，尽管自己的子女屡试屡败，一次次地受挫，[7] 但他也没有因此灰心丧气，还是一心一意地帮助别人的孩子。他有一个老同学在安徽农村插队的女儿娄有明，考进了省歌舞团。另一个朋友的女儿徐浩，因在农场劳动时受伤，病退在家，从北京来到上海跟随海城学琴，后来也进了北京全国总工会乐队。

他的大儿子达强在中学毕业时，因为是属于软工档，没能进入歌剧院，而他另一位学生马志伟情况与达强一样，但因为哥哥在外地农村，所以是硬工档，就被录取了。

另一个学生林友声，和达伟同届，琴也拉得挺好，但他也是同样有"社会关系"问题，政治条件不合格，被压着无缘进入文艺单位，好在他分配在工厂当工人，还仍能有机会跟老师学琴。

海城的三个宝贝儿女，由左至右分别为：时年三岁的次子达强、一岁的幺子达宏和五岁半的长女达伟。

1978年高考恢复，路线改变，他和达伟同时考入上海音乐学院，以小提琴为基础，入校进了指挥系，毕业后，当上了上海歌剧院的乐队指挥。

大姐少文去世得早，留下两个儿子。身为舅舅的海城也义不容辞地从小教两位外甥拉琴。先教大外甥丁圻超，他是个天资聪明的孩子，但学了不久就放弃了。又过了几年，教他的弟弟丁圻威，丁圻威中学毕业后，被分配到新疆支边。他带着海城给他的那把小提琴去了新疆，因为有小提琴的基础，后来在当地成为音乐老师，深受学生们的爱戴。

还有不少在外地的学生，他们慕司徒海城之名，不辞劳苦，长途跋涉来到上海求教。例如，王志勤是从广西桂林歌舞团来的。邢元梅来自成都，胡伟杰和周月月都是杭州浙江歌舞团的，他们有的住在上海的亲友家，有的在上海没有亲友，如周月月，每月定期来上课，海城就让她住在家中，并每次为她买好回家的车票，如自己的子女一样地呵护照顾，让她的父母感激不尽。

## 给学生一杯水　老师先要有一缸

20世纪80年代在音乐学院恢复开课后，海城又被音乐院借调去教课数年。这次，他又教了不少从全国各地来上海音乐院进

海城家的四把小提琴，以及妻子李肇真的钢琴，让海城家中总是琴音飘扬。（前排左起达伟、李肇真；后排左起达强、达宏、海城。）

海城家中无论是小提琴合奏或独奏，妻子李肇真绝对是最佳的钢琴伴奏。

修的学生，有的是兄弟院校的青年教师，也有各地音乐团体的年轻演奏员，直到退休。

　　海城教学严格认真，一贯主张业精于勤。他说："学琴没有捷径，只有勤学苦练，踏踏实实地练出来。"他十分强调基本功的重要性。他的理论是："演奏最终的目的是表现音乐，如果技术不过关，即使有再好的乐感，也没有手段来表达。"他的学生，从初学开始就抓紧技术上的训练，在他的课堂上，手指练习、弓法练习、换把练习、双音练习等是必修课程，而且严格要求，不论程度深浅，天分高低，他都给予"扎实的基本功"作为礼物。在技术和音乐并重的要求下，海城的学生都有着较扎实的技术基础。一个从小随海城学琴的学生于苑青，在一次小提琴比赛中，把一首技巧很难的帕格尼尼随想曲，拉得又快又准，令人赞赏不已，正是得益于海城扎实的基本功训练。海城的学生胡伟杰也回忆道：

　　　　有一次，在一个audition上，我拉勃拉姆斯（Johannes Brahms）协奏曲第一乐章。曲终后，我陶醉在众人的赞美声中，老师却当下说了一句让我清醒的评语"有一个小节拉错了"。当时，我不由地愣了一下，并知道确实有一个小节没有和钢琴的拍子合好。这就是海城先生，一个对我严格又真切的老师。[8]

"你要给学生一杯水，做老师的首先要有一缸。"这是海城在卫登堡门下学琴所得到的深刻体悟，所以平日生活俭朴，不向往奢华虚荣的海城，对乐谱、音乐书籍及音响唱片，总是很舍得花钱。每月领工资后，必先光顾音乐书店，购买收集有关音乐资料，回来研读、探讨，从中吸取养料及精华，不断充实自己。

即使在资料相当封闭的20世纪60年代~70年代的大陆，他还是用他所能得到的资料，以他敏锐的鉴别力，带领学生跟上潮流，他通过录音带来对比现代提琴家和20世纪40、50年代提琴家的演奏。对提琴大师们的运弓，饱满的音量、音色和揉弦大幅度的变化，倍加赞赏。又对比不同年代的版本和指法，指出突破传统创新指法的优越性。他孜孜不倦地不断钻研，总结出一套独特而优异的教学方法来，回忆起海城的教学法，学生胡伟杰感叹道：

> 随着年龄和教龄的增长，越来越让我敬佩的是老师精彩的教学方法，说是精彩，其实就是学生听得懂，做得到。而证实这个对学生来说，"易懂易行"的背后，才是老师的"真功夫"所在。我有个比喻，跟老师学琴，就像是跟着他散步，他带着你走在葱茏翠绿、流水潺潺的山林小径上，他不催逼，也不厉色，还讲着非常有趣逗笑的故事给你听，旅途是那么丰富而引人入胜，你根本不知道有挫折和疲乏这回事，什么时候你一回首，才惊悟到他已经带着你绕过了多少险滩、峭壁，来到一个你本来不敢奢想攀登的峰巅了。这个在我经历了许多次挫折、失望的教学经历后，更加能欣赏体会到的老师的教学法是这么弥足珍贵。它让我看到在每一次平常的上课背后，有着老师多少博大精深的见解，累积融合的经验。为每个学生所作的深思熟虑的安排和深入浅出、言简意赅的讲解。

海城对学生非常关怀爱护，在青年时代，把他们当做自己的弟妹，后来年纪大了，就把他们当做子女一样。他为人谦和、耐心，总是循循善诱，只要学生认真，听话，努力用功，他都有信心把他们教会，教好！胡伟杰在海城逝世两周年的纪念文中记录

司徒家庭音乐会

海城与小儿子达宏的合奏（前为海城，后为达宏）；海城独特而优异的教学方法在达宏身上做了最佳诠释。

海城授课时的情形，正是最好的见证：

在学门德尔松e小调协奏曲时，我拉第一乐章，有一段分句不好。老师在给我解释怎么分句后，又示范给我听。我重复了几次，试着把句子分对外，也想把这些难以言传的起伏感表现出来。要如何将此短短旋律拿捏得不温不火，又不能有匠气，十分的不容易。这时老师讲了一句话，他说自己做学生时，在老先生（指卫登堡）前拉了很多次后，老先生才说"你这次拉对了！"

作为小提琴权威的海城老师说这故事，让我留下深刻的印象。原来老师率真坦白的一段话，是他对我的安慰与勉励，但同时也传达他对追求完美应有的严谨标准和高度。

## 让人感戴的高尚良师

海城曾以教学为生，但遇到一些家境清寒，或经济有困难的学生，他会不计报酬，免费授课。曾有一个学习认真，又很勤快的学生，本来学得很顺利，后来因国家之间外交问题，在国外工作的父亲汇款不能进入中国，使家庭经济断了来源，不能继续学琴。海城知道后，就不收学费，鼓励他继续学下去，不要中断。后来这学生更发愤图强，几年以后，他考入了电影乐团，成了专业演奏员。

1981 年，58 岁的海城从上海交响乐团退休，不久，海城的女儿达伟移民美国费城，并接父母亲前往同住，1997 年 6 月 16 日，海城于美国费城病逝，享年 76 岁。

海城一辈子都奉献给音乐教育，但他默默耕耘，从不夸耀、标榜自己，他的学生分布在全国各地的音乐团体，尤其上海所有重要的乐团，如上海交响乐团、上海歌剧院、上海乐团、芭蕾舞团乐队、广播乐团、上海儿艺乐队……都有他的学生。改革开放后，出国深造及移民的人越来越多，他的学生更是满布世界各地，海城辞世的消息一传出，除许多在美国及邻近地区的亲友、学生们闻讯赶来参加追思礼拜，还收到了各地传来的唁电和慰问信，上海交响乐团团长打长途电话给海城的遗孀李肇真说：

1992 年，海城在上海指导孙女嘉悦（长子达强之女）拉小提琴，嘉悦时年五岁。

司徒先生在交响乐团工作了几十年直到退休，一直享有十分好的口碑，我们所有的成员对这位音乐界的老前辈，都十分尊敬和十分怀念。

当三个孩子送别父亲时，他们都那么依依不舍，但他们都说了："谢谢爸爸，谢谢你给予我们这么多，这么多……"他们认为："爸爸把他一生最好的知识、最佳的技艺、最高尚的品德和最深厚的爱全部都给了我

1997年7月司徒海城追思会。在海城的追思礼拜上，达宏（一提）、博树（二提）、达伟（中提）、志文（大提）三代人以一首弦乐四重奏《G弦上的咏叹调》（Air on a G-String）献给亲爱的兄长、父亲和外公。当时博树年仅七岁，他是海城的最后一个学生。

们！"

司徒海城去世后，还有许多海城的学生或来信或公开发表他们对司徒老师的怀念，从中我们可以清楚了解海城对学生的用心，以及学生对海城的感恩之情。林友声说：

> 二十年前我有幸在司徒伯伯门下求教学习小提琴，那是我一生最艰难的岁月。白天在工厂做工干活，晚上拖着疲惫的身躯坚持练琴用功，不知前途出路如何，但每周一次来你们家上课是我那时最快活和最放松的一件事。司徒伯伯慈父般的笑容和丰富的教学手段，使我能在宽松的气氛下学到我所需的知识，只因那时工厂劳动强度大，对手指伤害程度也高，没能好好地多练习，多上课，多吸收伯伯无穷的技术和知识。

孙宏源也怀念道：

> 我受教于司徒先生近40年，不仅学拉琴，更难得的是有机会学先生的品德，而先生给予我慈父一般的爱护和关照，影响了我一生的道路。

悼念先生，我忽然明白，自从先生领我踏入音乐之门后，为什么我最爱 Haydn 的音乐，其实先生的品格，就像 Haydn 的音乐——优美而极其淳朴，幽默而极其庄重，简练而十分准确，那旋律就像一位长者的谆谆教导，充满了发自内心里的无私的爱，这不正是司徒先生吗？

---

【注释】

1. 李德伦，小提琴艺术是如何在中国传播和发展的，中国音乐网，http://yyjy.com/yyjy/xy/jx/2004-09-05/4513.html。
2. 意大利籍犹太人，生于意大利韦尔切利城。富华从小就受良好音乐教育，14岁举行小提琴独奏音乐会，18岁学校毕业时，获小提琴演奏首奖。1921年，毕业于米兰音乐学院，是年8月被梅百器聘请来沪，历任上海工部局乐队首席小提琴、独奏演员、副指挥。1941年，继梅百器为指挥，同时兼任上海雅乐社指挥。中华人民共和国成立后，继续留在上海人民政府交响乐团任首席小提琴兼指挥，前后达31年。1952年赴香港定居，任中英交响乐团（即现在的香港交响乐团）指挥，1958年退休。
3. 李肇真除了在上海音乐学院钢琴系教授钢琴外，还担任过管弦系和声乐系的艺术辅导，教出了一批又一批的学生。她工作敬业努力，认真负责，是学生们敬重的好老师。教学同时，她还为学校的教材组创作和编写了大量的民族化的中国教材（一百余首）。当时除了在院内广为使用，并作为教材交流在各兄弟院校广为传用，有许多被出版社选入各种中国钢琴曲集出版过，为中国钢琴走民族化道路做出了杰出的贡献。
4. 她执教32年来，既积累了钢琴系、声乐系和管弦系的教学经验，又积累了编写教材和艺术实践的经验，三方面均达到较深的造诣。在长期的实践中，她既熟悉了钢琴的大量曲目，又掌握了声乐系和管弦系的大量曲目。通过不同学科的交叉渗透，相辅相成，形成自己教学上的优势和特点。
5. 1949年，新中国成立后被更名为"上海市人民政府交响乐团"的上海交响乐团，因前身"工部局交响乐团"的背景，一直摆脱不了殖民统治、文化侵略下产物的沉重包袱，要求解散该团的舆论始终没有停过，1950年2月间上海交响乐团为歌剧《蝴蝶夫人》伴奏，被认为是宣扬帝国主义、宣扬反动文化，要求解散上海交响乐团的呼声高涨，还好当时上海市长陈毅力保，才保住了这个远东最好的交响乐团；10月8日黄贻钧以中国第一位职业指挥家，登上上海交响乐舞台，并在兰心大戏院指挥演出他编写的《民歌选奏》，这同时象征与代表上海交响乐团已经逐渐走入中国化，旧昔外籍乐师独占风头的时代不再存在。

6. 司徒家族在上海交响乐团的时间分别如下：司徒海城 1946~1981 年、司徒兴城 1945~1948 年、司徒华城 1947~1953 年、司徒志文 1950~1952 年。
7. 有关海城子女达伟、达强、达宏的事迹，将在其各自篇章中详述。
8. 胡伟杰，纪念恩师司徒海城（1921~1997），桥，第三期，55~57。

# 司徒幼文

1923 ~ 2004

不同于司徒其他兄弟及妹妹在舞台上的亮眼表现，司徒幼文以自己的方式，表现她热爱音乐的一面。她任职专业钢琴教师长达 16 年，同时潜心投入翻译工作，著作多达两百余万字。

　　同样热爱音乐，幼文则选择不同的方式拥抱音乐。任何一位学习音乐的人，光凭感性及天赋，是无法消化乐曲中的繁复思想与艰深哲理，没有完整的音乐学理支撑，再丰沛的热情，也无法成就完美的演出。幼文大量翻译音乐理论，充实广大爱乐人的精神食粮，已为中国近代音乐教育史记下不可磨灭的一笔。

# 司徒幼文（1923~2004）

1867年祖父司徒文沾公（司徒怀德）离开广东开平，历经120年之后的1987年2月9日农历年节期间，司徒兄妹应广东省开平县委、开平县人民政府邀请，以中国音乐家广东归侨的身份，回到开平县举行返乡音乐会。

从小生长在上海的司徒音乐家族，包括音乐理论家司徒幼文、小提琴家司徒华城协同妻子钢琴家钱沈英，以及大提琴家司徒志文，年轻时从未和父亲梦岩回过广东家乡，因此那年司徒兄妹是怀抱着寻根追源的情怀，走进这个名列中国第五古镇的赤水侨乡。他们一起前往赤水镇沙洲乡回龙里找到了祖辈生活的土地、祖居的小屋，并和堂嫂等亲戚共叙家常。

在开平的四天，司徒兄妹通过剧场（台山影剧院）的四场演出及两场音乐讲座，联系他们与乡亲的情感，1987年2月16日《广州日报》、2月23日《广州日报》及3月8日《人民日报海外版》都刊登过这场活动演出的情况。

音乐开始，志文提到这场音乐会是受在台湾逝世的三哥兴城"人人接近音乐"的理想的启发，希望通过举办音乐演奏会推广具体实践"让音乐进入家庭"的理念。

1987年，为了寻根问祖，司徒幼文（前排右三）、司徒华城（后排右二）与司徒志文（前排右二）回到广东开平赤水祖屋内与父老乡亲见面。

在市侨联礼堂的讲台上，来自首都的大提琴家司徒志文，熟练地拉了一段欢快的曲子，然后以缓慢的节奏，又拉了一遍同样旋律的乐曲，但情绪却十分哀婉悲伤。听众不禁为这前后鲜明的对比而忍不住笑了。这是"让音乐进入家庭"讲座中的一个场面。在演奏之前，司徒志文的姐姐，中央音乐学院副研究员司徒幼文用翔实的材料，从理论上讲解了音乐对开发智力、和睦家庭、治病延年等的作用。[1]

透过幼文的解说，父老乡亲们有机会在咫尺之内，欣赏华城小提琴独奏《思乡曲》、《纪念曲》，志文大提琴独奏《老年乐》，一首首的音乐，把他们千里寻根的深情全表现了出来。

他们对侨乡充满一片深情。……司徒兄妹还向已有61年历史的司徒氏图书馆赠送了他们各自的著作和翻译的作品，还向开平县华侨博物馆赠送了一张具有历史价值的照片——他们的外祖父周世栋（周鹤云）于辛亥革命之前，在美国檀香山与资助孙中山革命事业的二十多位华侨和孙中山的合影。[2]

**不在舞台上演出　而在研究上发光**

不同于司徒其他兄弟及妹妹在舞台上的亮眼表现，司徒幼文以自己的方式，表现她热爱音乐的一面。她任职专业钢琴教师长达16年，同时潜心投入翻译工作，著作多达两百余万字。

1923年8月，幼文生于上海，在家中排行第四，是五个女孩中的第四位（前为少文、二、三姐夭折、后为志文）。她的心思极为敏锐，逻辑能力很强，但在家沉默寡言，只专注于自己有兴趣的事

司徒幼文（左）与大姐司徒少文于1931年摄于上海照相馆。

情，求学期间数学成绩十分突出，遇事很有主见，但不轻易表现自己。

志文回忆这位姐姐时提到：

> 四姐就是贤妻良母，她是最没有脾气的！她十分地内向，很文静。
> 我们小时候，男的都学小提琴，女的学钢琴，钢琴是小姐姐（幼文）教我的，我弹了不久就不爱弹了，哎呀，小时候爱动，就是坐不住了，那时候脑袋也挺精了，就说我喜欢拉小提琴，不愿意练钢琴……

1940年，司徒幼文高中毕业，上大学前留影。

华城的女儿达芳提到这位姑姑幼文说道：

> 我和姑妈接触不多，但她给我的印象就是学者、老师！个性挺好的，与世无争。

志文回忆她五岁时学习音乐的故事，是先从15岁的幼文教她钢琴开始，但显然幼文对于自己的第一个学生，完全采取自由开放的态度，她并未强逼志文要按照她的道路走，反而让好动的志文转到提琴的学习上。

教导幼文钢琴的启蒙老师为上海音专早期毕业生，并于香港教学数十年的梁雪姬，后随当时知名钢琴演奏家并经常与上海工部局乐团合作演出的俄国人秦格尔（Gregory Singer）、与师从俄国钢琴家席洛第（Alexander Siloti, 1863~1945），并且当时也是上海工部局乐团的俄国钢琴家拉查雷夫（M.

1937年，放假的司徒幼文（右）到上海大夏大学探望住校的大姐少文，两人一同在学生宿舍外留影。

Lazareff）学习更高的钢琴演奏技巧。

在时代动荡的年代，年轻人必须考虑自己的未来，为了能在毕业后得到公务员铁饭碗的工作，1940年，17岁的幼文考上沪江大学政治系，隔年同时进入上海音专专攻钢琴，师从俄国人科斯特维奇教授（Kostovich）；1944年大学毕业后，随即在集英中学高中部任英语及数学教师；1946年凭着沪江大学毕业的学历和较高的英语水平，先后考入当时薪俸较丰的善后救济总署和中央银行，上海解放后转成在人民银行华东区行经济研究处及总行国外业务处侨汇科任科员。

这段期间，幼文务实地投入工作，并在教育及财经领域一展长才。工作稳定，但公务繁忙，使她无法完成在音专的最后学业，也无法经常练习演奏，感觉上她似乎与音乐渐行渐远，但实际上，她私底下开始随德国作曲家弗兰克尔教授（Wolfgang Fraenkel, 1897~1983）学习和声学、音乐理论等课程。

弗兰克尔是1939~1947年居住在上海的犹太移民，1941~1947年任教于国立上海音乐专科学校（即现今上海音乐学院），讲授作曲和音乐理论。1947年在南京国立音乐院授课。弗兰克尔不仅在音乐方面造诣很深，而且将奥地利犹太音乐家、西方现代派音乐代表人物安诺德·荀白克（Arnold Schönberg, 1874~1951）的和声体系[3]和瑞士音乐理论家恩斯特·库尔特（Ernst Kunh）线条对位理论第一次介绍到了中国。[4]

在和弗兰克尔学习的过程中，幼文大量吸收当时中国仅有的西方音乐理论，并奠定日后深厚的乐理基础。

天性谦虚且不喜欢公开表演的幼文，并未参与1947年与1950年的家庭音乐会，司徒家两次家庭音乐会，都由当时知名的钢琴家周广仁担任伴奏。

1950年中国音乐学院[5]成立，志文提到幼文被一帮老同学劝回了音乐的道路上：

幼文转回音乐，是一帮老同学把她劝回来了的，那时她在银行工作、专门搞外汇，她的老同学们对她说在银行里干有什么意思呢！？

1956 年，幼文转至北京艺术师范学院音乐系任钢琴教师，并曾为中国最早研究、介绍欧洲传统声乐艺术的声乐家之一应尚能教授担任伴奏。[6] 1957 年，幼文出任艺术师范学院附中（中国音乐学院附中前身）钢琴科主任，一做就是 16 年，是公认严谨、认真、最有耐心的好老师。[7]

直到 1973 年，当时中央音乐学院与中国音乐学院合并，人事有所调整，学科师资不虞匮乏，倒是编译室极缺熟悉音乐专业的外语人才，以幼文的条件，可说相当适合这份工作。幼文遂被调派至中央音乐学院负责英文翻译，任副研究员。这段机缘，开启了幼文为中国音乐教育文献耕耘的道路。时年 50 岁的幼文，虽然转换跑道，却始终离音乐不远，她将数十年所学融会贯通，译介许多西方音乐的第一手资料，由于译意准确、清晰、文字通顺流畅，深受各界赞赏。

此后 30 年间，幼文勤于笔耕，除了翻译著名萨波奇·本采（Szabolcsi Bence, 1899~1973）的《旋律史》外，尚有巴杜松·史科塔著《如何在键盘上解析弹奏莫扎特的作品》等对音乐学习者极为实用的翻译作品，此外尚有美国加州大学戴维·莫顿著《泰国音乐》等民族音乐相关书籍。其余零星的翻译文章则大量发表在《世界音乐》等杂志，由于成绩卓著，还被邀请为联合国教科文组织《社会科学研究》刊物担任音乐专辑编译工作。

也许是幼文喜爱莫扎特的作品，她钻研莫扎特作品颇有心得，因此除了用心翻译《如何在键盘上解析弹奏莫扎特的作品》一书外，更曾在中央音乐学院讲授《莫扎特音乐风格》，此外她的音乐讲座《音乐与生活》亦深受群众欢迎。

## 撰写司徒音乐家族史料　填补中国音乐史空白页

值得一提的是，幼文亦曾撰写研究论文——《半个世纪以来的上海广东音乐》，[8] 记录的正是她的父亲司徒梦岩等人对广东音乐的贡献。

从这篇文字，我们看到幼文完整地提到梦岩和吕文成、尹自

音乐艺术理论家、钢琴教育家、翻译家司徒幼文，于1992年年底摄于寓所。

重、黄咏台、李淑云、崔宝祯等广东音乐重要成员互教互学、切磋音乐的情况，也看到这群音乐家通过热爱的民族音乐，发扬他们热爱祖国的思想。

其中吕文成曾写过《西乐有系统教学法》即是梦岩教授吕文成、尹自重学习西洋记谱法、乐理及小提琴的成果。

1989年幼文再于《人民音乐》第二期发表《一位鲜为人知的"洋为中用"的现代音乐先驱——为纪念小提琴家司徒梦岩百年诞辰而作》一文，总结了司徒梦岩的音乐成就与思想；在这篇文章的结尾，我们看到女儿对父亲的崇敬与追思：

> 熟悉广东音乐史的人都知道，现代意义的广东音乐是20世纪30年代大批在沪广东音乐名家南返后发展起来的；他们早年大多直接或间接受到司徒的影响。其实司徒参加业余音乐活动前后不过十年，后来由于工作忙，加上一些接近的音乐家先后离沪，兴致就不高了。而致命的打击则是"一·二八"淞沪事变中，司徒住所毁于大火，多年积聚资料、手制提琴等均付之一炬，实堪痛心。由于司徒不善交际，更不愿谈论个人成绩，因此无论在造船或音乐上的成就都鲜为人知。现值司徒百年诞

辰，把找到的一些资料公之于众作为纪念，希望引起更多的研究，还他以应有的历史地位。

幼文个性谦恭、善解人意，她的夫婿李士亭早年在中央银行经济研究处工作，后至北京从事进出口贸易工作；子李燕豪现为中国唱片公司高级工程师，女李燕平为中国康艺音像出版社 9 副总编辑。李燕豪之女李蓺楠毕业于清华大学建筑学院建筑系（博士学位），主修中国近代建筑史。李燕平之子张宇星毕业于英国伯明翰大学土木工程学院水资源技术与管理专业（硕士学位），现就职于德国安德里茨流化床系统有限公司。

热衷音乐，数理能力超群的幼文，曾为中央音乐学院翻译《外国音乐资料编译》，并为联合国教科文组织编写有关东南亚、拉丁美洲等民族音乐资料，还为著名的《葛罗夫音乐辞典》翻译了中国音乐部分的全文。原文为匹兹堡大学亚洲研究中心主任、音乐系教授曾荣鸿博士所撰写，当时幼文为了确定曾博士的中文原名，还曾特地写信给侨居美国的侄女达森，请她代为查询，由此可见幼文翻译的认真了。

此外亦投入《大英百科全书简编》部分条目的译写工作，成

2003 年，幼文八十大寿时，亲友在北京为她摆宴庆祝时留影（从左至右分别为志文、幼文与钱沈英）。

绩斐然。她的译作《旋律史》更被北京图书馆定为长期保留书籍，佳惠无数音乐学子。

同样热爱音乐，幼文则选择不同的方式拥抱音乐。任何一位学习音乐的人，光凭感性及天赋，是无法消化乐曲中的繁复思想与艰深哲理，没有完整的音乐学理支撑，再丰沛的热情，也无法成就完美的演出。幼文大量翻译音乐理论，充实广大爱乐人的精神食粮，已为中国近代音乐教育史记下不可磨灭的一笔。

在译介诸多外国理论的同时，若非有深厚的音乐素养及理论基础，是无法应付如此艰巨的工作的。这数百万字的译作，也正是幼文展现音乐热情的一大明证。

幼文的研究精神，表现在音乐教育理论上，是著作等身、译笔流畅的翻译著作，为中国音乐教育提供丰厚的养分；表现在音乐演奏上，是灵动稳健兼具的琴风。她亦撰写大量关于司徒家族的资料，为司徒家族勾勒出完整的样貌。

她的学生李秀敏在追忆她的文章中表示：

> 她是亲如妈妈的老师，满脸安详的笑容，目光炯炯有神；对于学生有问必答，永远维持诙谐幽默的谈吐。她的严谨、谦虚、踏实、坚韧、平和、不露锋芒的做人风范，永远是我的楷模，激励着我做个好人，办好人生的每件事。

司徒幼文八十大寿，与前来祝寿的至亲合影。后排由左至右为张克强、孟宪平、李燕豪、李燕平、程广瑞、张宇星；中排由左至右为孟淑玲、王萍、司徒达芳、李蓺楠、崔波声；前排为司徒志文（左）、司徒幼文（右）。

2004 年 5 月，幼文在北京过世，享年 81 岁，留下多种译作，桃李满天下。

## 司徒幼文主要译著一览

1. 司徒幼文译，《铃木教学法》（音乐教育参考资料），1986。
2. Patricia Tunstall，司徒幼文译，《概论结构主义与音乐学》，《音乐美学》，（台北：红叶出版社，1979）。
3. Szabolesi Benee，司徒幼文译，《旋律史》，（北京：人民音乐出版社，1983）。
4. 司徒幼文译，《发掘更多的海顿轶作》[英]。
5. 司徒幼文译，《海顿：曲目、解释及形象》[丹麦]。
6. 司徒幼文译，《谈海顿传记研究的前台》[英]。
7. 司徒幼文译，《大英百科全书简编》（其中的部分音乐条目）。
8. 乔治·格罗夫，司徒幼文译，《格罗夫音乐辞典》中的中国音乐全文。
9. 巴杜松·斯科塔，司徒幼文译，《莫扎特的钢琴艺术》。
10. 戴维·莫顿，司徒幼文译，《泰国音乐》。
11. 于联合国教科文组织编写的《社会科学》中介绍越南、老挝、柬埔寨、朝鲜、阿拉伯及拉丁美洲等国家的民族音乐。
12. 美国一批著名音乐学院教学大纲与授课曲目。
13. 翻译菲律宾文化部出版有关菲律宾音乐的资料。
14. 翻译印度音乐代表团访华提供有关印度音乐的资料。

---

【注释】
1. 司徒华城及其音乐之家，广州日报，1987.2.23，第五版。
2. 音乐家在侨乡，人民日报，1987.3.8，海外版。内文报道 1987 年 2 月 9 日晚上广东台山影剧院的音乐演出，该音乐会主办单位为中国音乐家协会表演艺术委员会大提琴学会及中国致公党台山县委员会。文中之周世栋即为前述之周鹤云先生。
3. 荀白克为奥地利之作曲家，其音乐理论与作曲体系对世界有很大影响，主要著作有《和声学理论》、《和声的结构功能》和《作曲基本原理》等。

4. 潘光、王健，上海犹太人，上海：社会科学文献出版社，2002。

5. 中国音乐学院（http://www.ccmusic.edu.cn）为中国国内唯一专门从事中国民族传统音乐教育和研究的高等音乐学府。建院以来，学校坚持社会主义办学方向和文艺方针，在培养高层次民族音乐人才方面取得突出成就，先后培养出彭丽媛、宋祖英、张也、阎维文、谭晶、宋飞等优秀人才，为使民族音乐发扬光大、走向世界作出重大贡献。学校被誉为"中国民族音乐的殿堂"、"民族音乐家的摇篮"。

6. 应尚能（1902~1973），宁波人，生于南京。1923年毕业于清华大学，同年赴美国留学，入密西根大学工学院读机械工程，后转该校音乐学院。1929年毕业，次年回国，任上海国立音乐专科学校教授。抗日战争爆发后，一度主持教育部音乐教育委员会实验巡回合唱团，并历任国立音乐学院、戏剧专科学校、社会教育学院教授。新中国成立后，历任华东师范大学、北京艺术师范学院、中国音乐学院教授，为中国最早研究、介绍欧洲传统声乐艺术的歌唱家之一。

7. 1956年，北京师范大学音乐系、美术系，东北师大和华东师大音乐系合并成立了北京艺术师范学院，校址在原李广桥南街1号（今前海西街17号），幼文当是在同年，进入新成立的学校中的音乐系任职，1957年转任其附属中学钢琴科主任；1960年，北京艺术学院成立，因为与北京艺术师范学院地址、领导班子相同，遂于隔年合并，称作北京艺术学院；1964年，该校又依周恩来总理《关于建立中国音乐学院和中国舞蹈学校的请示报告》内容，将其中的音乐系和中央音乐学院的民族音乐专业基础上，从全国挑选一批民族音乐专家，成立中国音乐学院，当时幼文服务单位可能转移到中国音乐学院编制底下；1969年，全院下放到天津军粮城劳动；1973年，中国音乐学院与中央音乐学院合并成立中央五七艺术大学音乐学院，幼文当在此时由学科转任副研究员；1978年，该校更名为中央音乐学院；1980年，文化部《关于恢复中国音乐学院的请示报告》得到国务院批准，历时16年，恢复旧制，仍称中国音乐学院，校舍仍在前海西街17号，1987年后，逐步迁址到健翔桥畔新校区。

8. 司徒幼文，半个世纪以来的上海广东音乐，音乐研究与创作，第八期。

9. 中国康艺音像出版社是中国残疾人联合会直属的以文化、教育、科学音像制品为主要特色的综合音像、电视制作的国家级出版机构，也是国家指定的版权引进单位，享有独立法人资格，实行自收自支的企业化管理机制。肩负着宣传残疾人事业，弘扬人道主义的重任。

司徒兴城

1925～1982

1959年9月23日司徒兴城赴美时，随身只携带一把小提琴和一把中提琴，这次回来，却多了四件乐器，一共带回三把小提琴，一把中提琴，一把大提琴，还有一架六呎多高、三十几磅的低音大提琴，成为一位全能弦乐演奏家。

他提出"希望人人接近音乐"的理想，认为："不是每一个人都能作演奏家。但每个人都可以学一点乐器弹奏，不管年龄有多大。"

# 司徒兴城（1925~1982）

1982年台湾与大陆政治上仍处于森严对峙的情况，两岸民间必须通过第三地小心翼翼地展开接触，当在北京的华城与志文，和在上海的海城，辗转地得悉在台湾的兴城2月3日凌晨因心脏病突发而去世时，兄妹皆痛哭失声，悲痛无法亲送兴城最后一程。

为了传达他们对兴城无尽的想念，华城连夜写下小提琴曲《怀念》和大提琴曲《寄深情》，由他与志文演奏，并将这曲子通过中央人民广播电台音乐节目向台湾播出，献上他们对兄长最深的悼念。

> 三哥到了台湾以后，妈妈特别想念三哥，因为三哥这个人，说实在的是很忠厚的，他的那些老同学，也是特别想念他的。大家都没想到，他这一去不复返，五十多岁就过世了……
> （司徒志文）

司徒兴城生于1925年4月12日，在家中排行老七，为第三个男丁。1949年在国立福建音专教授小提琴的兴城前往台湾探望长兄金城，但因政局丕变，只好留住在台湾。当时，却没有人想到，这一过去，兴城就再也没有回到中国大陆。

## 十五志于学音乐　演奏巴赫技扎实

1934年，司徒兴城摄于上海家中。幺妹司徒志文回忆起兴城，认为其性格忠厚，所以特别为亲友所怀念。

和海城天生喜爱音乐的情况不同，兴城直到15岁时（初中三年级），在好玩有趣的情况下，才开始学小提琴，当时海城已经在上海国立音专主修小提琴，是兴城的启蒙老师。

兴城原本最有兴趣的是绘画而不是音

在闲暇之余司徒兴城亦不忘绘画兴趣，此为其手绘之美国城市一隅素描。

乐，在我们目前仅见到一张兴城以铅笔素描美国城市一角的手绘图稿，可看出他在描绘风景上的天赋。

考量到孩子未来的发展，父亲梦岩并不赞成兴城走上美术绘画这条路。梦岩认为如果专门学画，将来生活会成问题。但因为兴城对数学科目没有兴趣，所以在确定音专不用上数学课的情况下，兴城也追随海城的脚步报考国立上海音专，而这一次梦岩则顺其自然，并未表示反对。

"虽然谁都不敢说学音乐将来生活一定不成问题，所不同的是因为父亲很喜欢音乐……"兴城这样解读了梦岩的看法，并且在自己的学琴回忆文中也提到家中兄弟姐妹有五个成为音乐工作者，主要都是受了父亲司徒梦岩的影响。

和哥哥海城同样走上专业音乐工作者的道路，并非兴城原来的想法，但是兴城天生好强的个性，补强了他自认先天的条件不足的缺点。

司徒志文曾经说：

三哥的性格就是那种很执著、很认真的，另外就是说他挺耿直的，他不同意的东西，他决不妥协，我妈妈有时说他是牛脾气、倔脾气。

兴城在音专的学习，一开始其实颇有挫折。当时的上海音专，以外籍教师为主，在上海工部交响乐团担任第二小提琴首席的俄籍音乐家黎夫雪斯，也是海城的老师，对兴城的评价并不高。兴城在国立台湾艺术专科学校音乐学会所出版的《音乐艺术》中《漫谈我的学琴与教学经验》就写到了这段过去：

考进音专的第一年，很不理想。当时我的英文程度很差，黎夫雪斯老师讲话，我总只能一知半解，常常他叫我练的音阶都弄不清楚，他对学生很严厉，每次上课都令我害怕。我的二哥也和我同一个老师，老师对我很不满意。他曾对我二哥说："你弟弟很笨，毫无希望。"我知道老师对我如此评价，觉得非常伤心。

可是过了一阵子，我的意志反而坚强起来，从此以后非常努力用功，第二年大有改进，老师对我的态度也大有改变。第五个学期期考，使我的信心大增。我的考题是Viotti第22首协奏曲，那时有一位同学程度至少比我高三年，他也和我同考一首曲子，考试之后，大家都认为我演奏得比较动听，比较有美感。[1]

志文曾提到手足中兴城练琴最用功，她最喜欢兴城演奏巴赫的作品，而且技巧扎实。

1945年，兴城音专五年级，8月15日日本投降，八年抗战胜利，学校一度短期停顿，兴城开始和阿尔弗雷德·卫登堡（Alfred Wittenberg）学琴，这段经历对兴城的影响很大，兴城在《漫谈我的学琴与教学经验》中，写到他十分怀念这位"卫老师"：

记得第一次上课，我把克罗采（R. Kreuetzer, 1766~1831, 法国小提琴家）练习曲第41首拉给他听，他听完笑笑说："有些地方不是这样演奏的。"他立刻取过我的琴，把这首练习曲背奏给我听，当时我想大概是凑巧他会背这一首罢了！后来我才发现，卫老师几乎每首练习曲都能背，而且并非只是一本练习曲，譬如冬特（J. Dont, 1815~1888, 奥国小提琴家）之op. 35、加凡尼斯（Gavinies Pierre, 1728~1800, 法国小提琴家）、罗德（P. Rode, 1774~1830, 法国小提琴家），以及艰深的帕格尼尼（N. Paganini, 1782~1840, 意大利小提琴家）的《二十四首随想曲》等。每次我有问题，他都立刻可以背奏给我听。

至于他在乐谱上注写指法和弓法的时候，更是神乎其技。他不假思索，好像在不停地画花一样，他不但熟悉小提琴教材与乐曲，连钢琴部分都背得出来。他也能教钢琴，所以每当学生学习乐曲时，他都能伴奏。有次我练习贝多芬的《克罗采奏鸣曲》，他一面弹琴，一面嘴上指点我的错误，或是不理想的奏法。

兴城十分佩服这位前德国柏林音乐学院教授的学问与技巧，并且谈到在他跟随的许多老师中，或遇过的名师里，他还未曾见过有第二人可以比得上卫登堡的。

1945年初~1948年，在卫登堡教学下，兴城学到许多东西，其中包括艰难的练习曲和大曲。

卫登堡也在教学中热情地与兴城互动：

> 我喜欢听他演奏巴赫的独奏曲，1948年我离开上海，在卫老师上最后一堂课时，我特别请他奏一段巴赫的Chaconne给我听。

兴城在上海音专毕业之后，就加入上海市府交响乐团，一开始为中提琴手，坐在乐团提琴区的最后一个位置，两年后就提升到第一谱台。

1945年，司徒兴城毕业于上海音乐专科学校，拍摄毕业照。

1948年，司徒兴城初到福建音专任职。

1948年他前往国立福建音专教琴，当时福建音专除了五年制专科以外，还有三年制师范科和幼年班，该校校长为留学法国的唐学咏先生，十分器重兴城，并让兴城专教导儿童幼年班，兴城喜欢小孩，对幼年班十分用心，除了教他们学琴，还和他们玩在一起，而且在教材资源严重缺乏下，兴城甚至亲自抄写从上海带来的乐谱，把小提琴的练习曲翻成中音谱表，教导学生。虽然仅有短短一个学期，兴城却已为当时活泼有个性，而日后成为中国小提琴大师的郑石生，奠定良好的音乐教育基础。

同年，司徒兴城和同是福建音专教师，后为台湾重要之音乐教育家李永刚教授一起前往台湾，顺道探望长兄金城。

## 台湾音乐发展贫瘠　为少年学生们开窗

1949年6月~1959年9月，在台湾台北的十年间，兴城无法找到合适的老师，但他从未中断自己练琴。平常大多数时间花在教导学生上，也在台湾省交响乐团[2]担任近三年的首席小提琴。

1958年，邓昌国回台湾主持国立音乐研究所，并与兴城合作创办中华弦乐社，邓昌国担任团长兼指挥，司徒兴城担任首席小提琴。潘鹏、薛耀武、张宽容等则共同参与联合室内音乐会，经常性演出弦乐四重奏，并为台湾当时贫瘠的音乐环境，打开了一扇音乐之窗。

此外，兴城也常参与各种场合，举行个人的独奏会。兴城的曲目宽广，包括贝多芬（Ludwig von Beethoven, 1770~1827）、西贝流士（Jean Sibelius, 1865~1957）、普罗柯菲耶夫（Sergey Prokofiev,

台湾省交响乐团首席小提琴，以"全能弦乐家"知名于乐坛的司徒兴城。

司徒兴城认为上台表演是练习求精而非出风头,并常以此鼓励学生,甚至自付经费为学生举办演出会。图为1959年2月14日于台北市信义路三段国际学舍所举办的"司徒兴城学生小提琴演奏会"。

1891~1953)、布拉姆斯(Johannes Brahms, 1833~1897)、布鲁赫(Max Bruch, 1838~1920)等人的协奏曲;萨拉沙泰(Pablo de Sarasate, 1844~1908)的《流浪者之歌》(Zigeunerweisen, op. 20)、贝多芬的《克罗采奏鸣曲》、帕格尼尼的《二十四首随想曲》等。

"演奏会是一种练习成绩的报告,自求进步的一种方法,不是为个人出风头的。"兴城常以此鼓励学生,并在物资不丰的年代中,自掏腰包定期为学生举办演奏会。

此期间的重要学生包括刁树良、李堂、潘鹏、沈国权、颜丁科、张观华、施敏、吴闻威、高智裕、王丽仙、林文也,以及被誉为音乐天才儿童,13岁即以全额奖学金保送美国密西根州立英德洛根(Interlochen)学校学习的王义夫等,这些学生日后也为台湾的音乐发展做出重要贡献。

兴城对学生说:"上台表演一般是要训练的,大多数人都要有多次经验以后,才会有比较理想的演出,很少人是天才演奏家。"他甚至和学生谈到自己在音专念书的初期,每次考试就会慌得睡眠不安,因为考试上台,是两足沉重,站着又会发抖。

对自己的缺点毫不掩饰，他分享经验给学生的同时，也热切地希望他们从中学习。学生蔡苍伟回忆说：

> 老师个性直爽正直，是非分明，当他有错的时候，他也不避讳和大家聊。像我从中学时开始和他学习小提琴，直到他去美国留学，停顿了七年。1966年，当老师回来台湾时，我再继续和他学习。
>
> 他那时就跟我说，以前他教我们拉小提琴的方法并不是最好的，在美国学习后，他有了更新的想法与观念。

除了学校的学生外，兴城也教长兄金城的一对儿女（达森、达贤）学习小提琴，以传续司徒家族的音乐传统，可惜后来因为兴城出国深造，而中断了学习，没能在台湾培养出下一代的司徒音乐家。

## 三十多岁赴美求学　不计学位讲求实效

1959年，兴城34岁，获得美国国务院派来台湾做音乐指导的约翰笙博士（Thor Johnson, 1913~1975）赏识，由其推荐，进入美国西北大学（Northwestern University）音乐系进修小提琴，又接受约翰笙博士建议，为使台湾获得低音大提琴之正式师资及训练，兼习低音大提琴，受业于芝加哥交响乐团首席班费德（Warren Benfield, 1913~2001）门下。

留美七年的学习，对兴城的影响很大。在缺乏经济支援的情况下，兴城必须经常半工半读才能维持生活，筹措学费，持续课业。为了日后国内师资所需，也为了能多加练习四种弦乐，兴城毅然放弃了攻读学位的机会，而在几个大学间，奔走选修。学生潘鹏在回忆时提到，当时曾提醒兴城，若放弃学位，将来回台湾任教，待遇方面或会吃亏，但兴城却回答："我又不是为了学位而出国。获得很高的学位，而学不到好的技巧，对国家社会又能有什么贡献呢？"讲求实效、不计名利，是兴城一贯的作风。

司徒兴城嗜好收藏音乐性书籍，包括各种论述以及乐谱。本图即为其珍藏之一。关于本书，还有个小插曲：司徒兴城原于1957年在台北购得此书，但是当时没空研读。没想到，两年后远赴西北大学深造，此书却变成某课程的重要参考书籍。

兴城在美七年，十分辛苦，蔡苍伟转述兴城曾经说过的留美生活情况："以前在美国打工，不是很容易，老师告诉我，为了能多存学费，在美国待久一点，他甚至做过上船洗船板和在餐厅洗碗盘的工作。音乐家最重要的就是手，有时候洗碗盘，不小心被刀叉伤到，那种心酸痛苦，是很难过的。"

潘鹏也提到："老师的体重由出国前的80公斤减至60公斤，

当我看到他寄来的照片，简直认不得了。"

兴城刚到美国，第一年他先于美国西北大学主修中提琴，那时他的老师 Harold Klatz 认为兴城的手大且有力，很适合拉中提琴，但由于刚开始在美国半工半读的生活，心情并不好，兴城自述："那时我感受到的中提琴是一种悲哀的乐器。"所以第二年，兴城又再转回学习小提琴。

但不久问题发生，西北大学小提琴主任 Angel Reyes 是一位固执个人教学法的老师，他给了兴城许多演奏法上的限制，而逼使兴城必须转换到芝加哥帝波大学（DePaul University）和当时是芝加哥交响乐团首席小提琴家哈斯（Sidney Harth）学琴。

当时的芝加哥交响乐团正由和托斯卡尼尼（Arturo Toscanini, 1867~1957）、福特万格勒（Wilhelm Furtwangler, 1886~1954）、奥曼地（Eugene Ormandy, 1899~1985）等人齐名的名指挥家法兰兹·莱纳（Fritz Reiner, 1888~1963）带领，与世界各大乐团并驾齐驱，兴城很幸运能与其间最优秀的团员之一学习，无疑地让他眼界大开。

比兴城小一岁的哈斯经常鼓励兴城"学生应该学习如何教自己"又说"年龄较大的学生，不应该去模仿别人的样子"，他也给兴城很大的发展弹性，以完全客观的方式教学，不强迫学生以他的演奏法来学习，而是和学生讨论与共同研究演奏法，把学生喜欢的弓法及指法注记在谱上，再来解释何者合适、何者不适，并逐一解决技术问题。这过程大大改良了兴城以往不够细致的演奏方式。

哈斯也教兴城练习演奏《普罗柯菲耶夫协奏曲》、《德彪西奏鸣曲》、《西贝流士协奏曲（Violin Concerto in D Minor, op.47）》等大型曲目，并为兴城的演奏开拓了不同的视野。

曾担任国立台湾交响乐团首位外籍客席指挥的美籍约翰笙博士，十分关心兴城留美的学习状况，他后来向兴城建议："当我到台湾训练乐团期间，所见到拉低音大提琴（Double Bass）的人，似乎都是无师自通，没有正确的演奏法。你是否可以学些技巧回去教学呢？"

当时兴城十分犹豫，因为小提琴和低音大提琴大小差许多倍，而且演奏法完全不同，他很担心学习上有所冲突。

跟随西北大学低音大提琴教授 Warren 学习期间，他深深感受到挫折。

> 每当练过低音大提琴后，我就没法拉小提琴，因为用的力量不同，练完笨重的低音大提琴后拉小提琴，我就觉得自己失去了控制。按音不准，用力过重，而不活动。我问老师怎么办？老师告诉我，因为初学不懂用力，用的是死力，使肌肉紧张之故，以后一定不会这样。我自己拼命想，要怎样才能克服这种困难呢？总算我研究出解决的方法来：我把大小提琴放在一起轮换练习，十分钟换一回，就渐渐地习惯了。大约三个月后，小提琴和低音大提琴随时可以调换拉奏，不会受到影响，而且后来反而觉得互有帮助。
>
> 譬如我奏小提琴比以前更加有力，奏低音大提琴则音色比其他同学更为优美。学习一年后，我进步神速，已经可以在学校的交响乐团拉低音大提琴，并在西北大学学了三年的低音大提琴。——司徒兴城，《漫谈我的学琴与教学经验》

兴城的这种执著与努力，让他继续挑战自己的极限。在西北大学学习小提琴、中提琴与低音大提琴后，便开始尝试大提琴。

> 我开始和学校的大提琴老师 Dudley Powers 学习，我当时发觉大提琴的音色是四种弦乐器中音色最为优美的，我的学习兴趣浓厚，再加上我已经学习其他的弦乐器，所以学习大提琴进步很快，学了八个月，我就可以演奏布拉姆斯的第一首奏鸣曲，老师那时直夸我，他教琴数十年，从未见过学生进步是如此神速的。当时我并未因此感到骄傲，我知道自己的进步都来自于用功与专心学习的关系。——司徒兴城，《漫谈我的学琴与教学经验》

兴城任教台湾国立艺术专科学校时，花了许多的时间，在学校音乐学会所出版的音乐艺术刊物，完整地写下自己学琴的历程，他的学生徐文雄珍藏了这篇文字，让我们得以知悉兴城在美国学习的情况。

1963年9月，兴城转学到旧金山州立大学音乐系，仍主修小提琴，选修大提琴与低音大提琴。当时他的小提琴老师Frank Houser，是他西北大学低音大提琴老师Warren的好友，也是当时旧金山交响乐团的首席小提琴。Frank认为当时兴城演奏的技术已经纯熟，但是对音乐的诠释则尚有不足，因此指导他音乐诠释性深的巴赫独奏奏鸣曲、组曲，布拉姆斯的奏鸣曲之类。

Frank同时也发现兴城在演奏轻巧精细的片段时，控制得不够准确，于是鼓励他多拉些轻巧的曲子，如克莱斯勒的小品或海菲兹的安可小曲。

另外，他的大提琴老师则是一位老太太Mrs. Margaret Rowell。她的教学法与一般老师不同，她认为兴城将来要专注教学的发展，因此她在上课时，用心分析与解释身体的姿势、手的动作、骨骼和运动神经的应用。她常以飞鸟的动作和持弓的动作来做比较，让兴城了解到演奏本身的动作要顺乎自然，如果技巧好但音色不美的演奏，就不能算是音乐，兴城在这位老太太身上并没有学到许多乐曲，但却学到许多教学与美感的经验，使他自己在演奏上有更大的突破，也为他日后回到台湾的提琴教学奠定重要的基础。

1964年，兴城通过甄试，并取得美国堪萨斯爱乐交响乐团（Kansas Philharmonic Symphony Orchestra）担任第一小提琴手及中提琴团员资格，并可以在美任职，但兴城却最后决定选择回台湾服务的道路。他和潘鹏说："如果我选择居留美国，那我这七年的功夫岂不是白费了吗？"

## 学成归国倾囊教授　全能弦乐技惊四座

1966年11月30日，41岁的兴城学成，搭乘克利夫兰总统号邮轮，并在半个多月的海上长途航行后，在基隆港登岸，返回台湾。

12月1日台湾的联合报即以艺文版头条含照片，报道兴城归国的消息。新闻内容为："民国48年9月23日司徒兴城赴美时，随身只携带一把小提琴和一把中提琴，这次回来，却多了四件乐器，一共带回三把小提琴，一把中提琴，一把大提琴，还有一架六呎多高、三十几磅的低音大提琴。"[3]

兴城学成归国后，为台湾首位兼擅小提琴、中提琴、大提琴与低音大提琴的音乐家。

1967年2月4日，兴城首次通过中国广播公司"音乐风"节目公开演出。[4] 随后在3月11日，兴城在台北国际学舍举办自美返国后，第一次独奏会，并同时演奏小提琴、中提琴、大提琴与低音大提琴四种弦乐乐器的协奏曲，演出曲目包括在台首演的柯丝维斯基的《低音大提琴协奏曲作品第三号》、韩德尔（George Frideric Handel, 1685~1759）的《中提琴协奏曲》、圣桑（Charles Camille Saint-Saëns, 1835~1921）的《大提琴协奏曲作品第33号》和西贝流士的《小提琴协奏曲作品第47号》，一个晚上掌握四种不同弦乐器，技惊四座。次日台湾各大报艺文版均有报道，并刊登兴城与四种弦乐器合照的照片，并以"全能音乐演奏家"称颂司徒兴城，轰动一时。[5]

同年11月11日，42岁的兴城与业余钢琴家招翠姬于台北市华山天主堂举行天主教仪式的结婚典礼，当晚新人并未沿袭传统为宾客敬酒，而是由新郎拉小提琴，新娘弹钢琴合奏贝多芬《春天奏鸣曲》，用音乐以飨宾客，于中泰宾馆举行了一场别开生面的音乐结婚晚宴，也称得上是司徒家族的又一次音乐会。[6]

招翠姬为广东顺德人，生于上海。在上海时，招家与司徒家即为世交。招女士在台湾东吴大学法律系毕业后，师事张彩湘、周崇淑习琴，从事演奏及伴奏多年，并服务于中华航空公司，兼在天主教光仁小学音乐实验班教授钢琴。她与兴城结婚后经常在各种演出场合为兴城伴奏，夫唱妇随，是当时音乐界上堪称最完美的结合。

结婚14年以来，是我亲眼所见，有时外出旅行数日，尚携带小提琴在旅社中插上弱音器练习，而令我啼笑皆非。他认为学琴没有速成，没有取巧的方法，只有唯一的勤练不懈。

招翠姬回忆兴城，提到兴城的生活除了音乐外，还是音乐。

兴城经常合作的好友张宽容回忆兴城时，也同样提到兴城努力练琴的事情：

在记忆中，司徒老师除了练琴，就是听音乐，而他练琴多半在半夜，一练就是七八个小时。说了也许不可思议，但司徒老师那把弓子的弓毛，一年至少要更换两三次，而小提琴的E弦往往被他按扁掉了，并不是夸大，而司徒老师就是这样一位相当用功的人。[7]

不论是努力用功，专心苦练，或是费尽心力，全心全意倾其所能教授所有的学生，兴城一心一意都以音乐为生命的重心。兴城写给学生的文章中就曾引用钢琴大师安东·鲁宾斯坦（Anton Rubinstein, 1829~1894）的话："学琴成功的秘诀就是练习！练习！练习！"

1966~1982年间，兴城一度复职台湾省交响乐团首席小提琴兼副指挥，后因该团迁往台中而辞职。也先后在东海大学、文化大学、东吴大学、国立艺专、实践家专、华岗艺校、光仁中小学及南门国中音乐班任教。

司徒兴城相信学琴成功的秘诀唯有不断地练习、练习，再练习。

这段期间，兴城对台湾音乐教育贡献极大，台湾好几位知名的提琴家都师出兴城门下，如：现任国立台北艺术大学音乐系副教授的饶大鸥、当选第 31 届台湾十大杰出青年的汪大卫、陈任远、苏显达等人。其中饶大鸥回忆兴城时提到：

> 老师家中没有小孩，他把我们这群学生当成自己的小孩。
>
> 我的父亲是公务员，家境小康，选择学习音乐的我，必须非常努力地达成目标。那时练琴老师常会在我们的练习本上以铅笔做记号，来确定学习的进度，但我经常回家拿橡皮擦将记号擦掉，然后私底下练习更多更长，在下次上课时，时间就拉得更久。其实老师都知道这个情况，但他并不说，反而愿意花更多时间陪我练习。
>
> 兴城老师是十分惜才爱才的，他经常会把多余穿不下的裤子、鞋子等要我试穿，然后送我这些东西，要不然就是留我吃晚饭。这些小事对别人也许没什么，但在物资不丰富的年代，老师其实透过这些事情来关怀学生的。

兴城的学生潘鹏则提到 1951 年左右，他仍是北师三年级的学生，家境清寒，无师苦学，兴城常牺牲午睡时间，教导潘鹏。当时潘鹏的小提琴坏了，兴城把自己名贵的小提琴借给了他，不料不久宿舍发生火灾，恰巧潘鹏不在学校，不仅所有衣物付之一炬，也把兴城借给他练习的小提琴烧掉了。小提琴当时市值约 50 美元，对当时一般教员一个月只有 5 美元的薪资来说，那把琴是十分昂贵的，但兴城了解潘鹏根本无力偿还，所以他只字不提，仍热心教导他。[8]

虽然是教授音乐，但兴城从来不特别挑选有才能、资质优异的学生来教导，对资质平凡，甚至较差的学生，也是一样以爱心与耐心来教导。而他对自己身为一名专业教师的要求是，对学生要客观，不能只用一种方法去教导所有的学生。在心理上，应尽可能让学生信任你，喜欢你，尊重你；在技术上则要因材施教；以鼓励代替责骂，以研究切磋代替机械式的单独练习。

> 兴城教导指导学生时特别用心，每次上课后，总会仔细耐心地将每位学生需要加强注意的事项，在学生练琴笔记本上巨细靡遗地详加说明。（图为 1973 年 11 月 8 日学生的练琴笔记）

1980 年暑假，兴城带着夫人招翠姬前往美国东西部探望他的多年老师和挚友，最重要的是了却他五年多以来，一直悬挂在心头的愿望，去为约翰笙博士扫墓。当时兴城只知道约翰笙博士的家乡是在北卡罗来纳州（North Carolina），但不知道是在什么城镇。约翰笙是独身，长年在外指挥演奏，很少与家属往来，因此兴城只能通过各地的朋友打听，打了无数电话，最后在一个连地图都找不到的保守传统小镇——Solem 找到博士的故乡，同时通过教会找到约翰笙的墓地。

司徒欣喜之情可想而知，他在墓前献花，祷念良久，思潮起伏，感念万千，当年博士对他种种的帮助、照顾、教导，无以为报，他返回台北想到前往墓地的种种巧合，使他更怀念恩师。而在 1981 年 1 月 12 日在台北实践堂举行了一场为感念、追思约翰笙博士（Dr. Thor Johnson）的弦乐奏鸣曲演奏会，有了以四种弦乐器——小提琴、中提琴、大提琴和低音大提琴的演奏会，来表达他对恩师的怀念与感恩，而这一场音乐会，也是司徒兴城最后公开演出的一次音乐会。[9]

招翠姬在回忆文中提到兴城真挚的个性时，便提到他为了举办约翰笙的怀念音乐会，大小事情都自己处理，既不会因私事而请假，更不会因而停课。

邓昌国在聆听兴城为约翰笙举办的怀念音乐会后写到：

罕见实践堂挤满了许多乐界的朋友，尤其是老一辈的朋友几乎都到齐了。我想大家和我是一样，怀着一种钦敬友谊的心情来听司徒兴城全能音乐演奏会，他自己曾表示可能是最后一次的演奏会。但对于很多音乐老师与学音乐的学生来说，我以为是一场有启发性的演奏会，值得很多人深思的一场演奏会。司徒兴城的老师查理希亚尼（Siani）月前访台，证实司徒在美留学期间，每天夹着两三种弦乐器到处忙着上课，他的经济并不宽裕，课暇之余还要打工，对学器乐的学生尤其像他的年龄，没有坚强的毅力是办不到的事……现今许多青年学子求速成、求名利，但是像司徒兴城不计名利坚守岗位，努力自修教育培植下一代的音乐家实在不多……在司徒兴城的音乐会中，我发现感念恩师、爱心培育、勇往直前的美德。[10]

司徒兴城亲手抄的挪威作曲家约翰·哈佛森（Johan Halverson, 1864~1935）作品，改编自韩德尔《G小调第七号键盘组曲》（Keyboard Suites No.7 in G minor）的第六乐章《帕萨加利亚舞曲》（Passacaglia）。

专攻一种乐器是比较容易的，但兴城却付出四倍的精力与时间，对大小提琴的琴艺精益求精。

国立台北艺术大学音乐系副教授饶大鸥回忆起他的老师司徒兴城说："老师对台湾音乐最大的贡献，就是把完整的弦乐教育带回台湾。当年我学低音大提琴（Double Bass）时，只有司徒兴城老师能教授此项乐器的演奏，在这一部分确实补足了当时台湾音乐乐团的缺口。"

## 推广人人接近音乐　奖学金鼓励优秀后进

1981年1月17日，兴城借台湾中央日报提出"希望人人接近音乐"的理想，他说："不是每一个人都能做演奏家。但每个人都可以学一点乐器弹奏，不管年龄有多大。"他提倡大众音乐教育，完全是受到他的恩师约翰笙的影响，他说："这完全是感情推动我，否则我没有勇气举办这样一场音乐会的""约翰笙教授生前对我是这样好，每年我们书信往返，他总不忘为我加油一番，他如此鼓励我学习音乐，我也要提倡人人学习音乐。"

1982年学校寒假前两个月兴城在为学生准备好期末考乐曲后，就住进医院疗养，不幸于2月3日凌晨因心脏病突发而去世，享年57岁。2月17日于台北市圣家堂举行告别式，亲朋好友及学生挤满了教堂，甚至有人还必须站在门外才能参与这场告别式。[11、12]

兴城过世后，各音乐系与兴城的学生均以音乐会演出方式纪念他，重要者包括：1982年3月22日在台北实践堂演出的美国印第安纳大学音乐学院伯明顿弦乐四重奏（兴城为四重奏中的中提琴手陈秩惇的启蒙老师）、1986年12月19日饶大鸥的低音大提琴演奏会。[13]

纪念兴城之音乐会的演出全部收入都移作"司徒兴城教授纪念奖学金"，至今本项奖

兴城藏书，书上有其亲笔签名与他的藏书印。

司徒兴城生前灌录的《黄友棣作品集》

学金仍持续鼓励台湾弦乐、电影、艺术等科目优秀的学生。

　　兴城的友人颜廷阶教授[14]在兴城过世后，将兴城生前从美国带回的整批音乐书籍，再送回他以往任教的福建音乐专校收藏。

　　兴城的弟弟华城为其写下小提琴曲《怀念》[15]和大提琴曲《寄深情》，并由华城与志文演奏，在中央人民广播电台音乐节目播出这无尽的思念。当时没有人会知道，五年后，华城因急性心肌梗塞过逝，享年60岁。《怀念》这首歌曲，也是华城追悼会上的安魂曲。

【注释】

1. 司徒兴城,漫谈我的学琴与教学经验,音乐艺术,第四期,3~7。
2. 台湾省交响乐团是台湾的第一个交响乐团,创立于民国34年,最初是隶属于"台湾省警备总司令部",当初的团名是"台湾省警备总司令部交响乐团",而乐团编制就有管弦乐、军乐与合唱三队近两百人的规模,当时已经是远东地区最大规模的交响乐团;自创团以来,已邀请过许多国内外的优秀音乐家、乐团抵台参与演出,如:1948年的贝多芬第九号交响曲《合唱》的首演、云门舞集的首度公演等,让国人能够有很好的休闲环境。
3. "旅美小提琴家 司徒兴城 昨日返国"(联合报,1966.12.1,第六版)。
4. "弦乐器全能演奏家 司徒兴城今晚演出"(联合报,1967.2.4,第七版)。
5. "司徒兴城提琴独奏预定十一日晚间举行"(联合报,1967.3.2,第六版);《司徒兴城昨演奏成功》(联合报,1967.3.12,第七版)。
6.《司徒兴城的婚礼 喜筵间举行小型音乐会》(联合报,1967.11.12,第五版)。
7. 张宽容,"永不沉寂的弦",1982。
8. 潘鹏,"司徒老师与我",1982。
9. 招翠姬,"最后一次音乐会",台湾中央日报,1982.2.21。
10. 邓昌国,"聆司徒兴城弦乐演奏会有感",民生报,1981.1.15。
11. "弦断琴韵不息,乐坛常怀斯人 音乐家司徒兴城告别式 今天上午在圣家堂举行",民生报,1982.2.17,第十版。
12. 司徒兴城岳父母招保民先生、招何慧真女士,身后葬于大直天主教公墓乙区6排42号,兴城过世后,也葬在同一墓园的中区7排14号。
13. "低音大提琴独当大局 纪念司徒兴城 饶大鸥将独奏",民生报,1986.12.16,第九版。
14. 颜廷阶(1920~),合唱指挥、音乐史家。1987年6月,首次返乡探亲,顺道参观厦门、福州、杭州、衢州、济南、天津、北京等地音乐学府;并受邀作特别讲座,介绍"台湾音乐教育概况及活动";同时搜集我国乐人资料。1989年11月,第二次返乡探亲之便,再度收集大陆乐人资料,并参加国立福建音专校友会总会成立大会。其著作《中国现代音乐家传略》(台北县中和市:绿与美出版社,1992)是现存音乐史重要参考资料,其著作中介绍之现代音乐家即包括司徒兴城、司徒华城与司徒志文三人。
15. 本曲的曲谱请见本书附录二,第299页。

# 司徒华城

1927 ~ 1987

37岁的司徒华城终于站上中国最闪耀的舞台。

1964年，大型音乐舞蹈史诗《东方红》在北京人民大会堂首演。《东方红》连续演出14天，演出人员达3000人之多，场面宏大、气势磅礴，轰动整个北京城！华城当时就坐在总首席的位置，带领乐手们演奏这部巨作。

# 司徒华城（1927~1987）

　　清代光绪末，中国新式学堂普遍设立，1898年康有为上书光绪皇帝奏折中建议在课程中加入"歌乐"一科。而另一提倡者为梁启超，他在《饮冰室文集》里写到："欲改造国民之品质，则诗歌音乐为精神教育之一要件。"这一观念，迅速影响了当时各学堂，后来中国音乐史上便将此一时期的音乐文化现象，统称为"学堂乐歌"。学堂乐歌在我国近代音乐史上具有重要的意义，这是西洋音乐实质影响中国的代表，也是中国现代音乐崛起的奠基石，自此歌曲、风琴、钢琴和提琴等开始引入中国，并有了乐器技艺的传授。[1]

　　学堂乐歌的兴起，直接影响中小学音乐普及教育的推广，再导引发展至中国现代专业音乐的出现与发展，其中关键为1919年"五・四"文化运动热潮的推促。在北京、上海等城市，纷纷出现了各种新式的音乐学校和社团，其中最为有名者，为1927年11月27日，民主革命与教育家蔡元培和音乐教育家萧友梅[2]在上海创建中国的高等音乐院校——上海国立音乐学院（次年降格为上海国立音乐专科学校，简称国立音专，为上海音乐学院前身）。[3]创校十年，国立音专共计培养54名毕业生，150名肄业生，后来都是中国现代音乐的著名音乐家；而司徒音乐家族中，便占了七位，海城、李肇真（海城妻）、兴城、幼文、华城、钱沈英（华城妻）与志文，先后自音专学习毕业，2007年正是上海音乐学院创校80年的大日子，在音乐评论家郭善群的祝贺文《音乐家的摇篮》中，还特别在小提琴名家方面提到了司徒华城这个名字。

## 来不及倒的水

　　华城的妻子钱沈英用真挚的感情写了这段文字：

你日以继夜地伏案工作,一支又一支地抽烟,借以抗御被摘除一片肺叶和事实上早已损害了的心脏带来的疲劳。华城呀!华城,我实在后悔当时我没能狠下心来让你戒烟,我更后悔将亲友馈赠的蜂王浆全部转送给了生病的同事们,我后悔自我手笨不擅烹饪,没能在生活上给你更多的营养和照顾,令我耿耿于怀自责不已的是新婚不久,你病复发,我每天为你打链霉素针手法不熟,让你吃了许多皮肉苦……[5]

1987年11月13日,司徒华城与家人刚度过他60岁的寿辰,11月27日下午华城以文化部艺术专业高级职称评审委员会副主任的身份,参加中央音乐学院高级职称评审会议,才回到家中,即因急性心肌梗塞骤然离开人间,让家人措手不及,华城的子女哀怨地说:"爸爸连为他倒一杯水的机会都不留给我们!"

当华城逝世消息传开时,全世界各地来信吊唁。而丧礼上,五年前(1982)华城亲手为三哥司徒兴城作曲演奏的《怀念》,却成了他丧礼上的安魂曲。

## 与上海国立音专成立同年出生

司徒华城出生于1927年11月13日,和上海国立音专创立同年。

这年二月上海工人多次总罢工、武装革命与都市内乱,让上海市的大街小巷间多了一份紧张,4月12日蒋介石的北伐军在上海发动大规模的武装袭击,让上海市顿时陷入暴乱中,5月国民政府于上海成立特别市政府,并开展民初现代化上海市建设计划,上海似乎又活了起来……司徒华城便出生在这看似平静却潜藏动荡的上海市。

如同二哥海城,华城自幼即喜爱音乐,很小就开始玩乐器,只是华城一开始接触的不是小提琴,而是父亲在推广广东音乐时,所使用的扬琴、二胡、南胡、高胡等中国乐器。

1938年海城进入上海音乐专科学校,才把专业小提琴学习带回家中,带动兴城及华城,并启蒙华城学习小提琴。但原本喜爱

1939年，刚入沪江大学附属高中就读的司徒华城，同时也在上海音乐专科学校选修课程。

中国音乐的华城，仍持续参与知名广东音乐家，并著有《凯旋》名曲之陈俊英、陈石英先生所领衔的广东音乐演出及电台广播活动，在上海广东中小学的广东音乐队中是位颇出风头的人物。

志文回忆到四哥华城学习广东音乐的情况：

> 四哥很喜欢广东音乐团，那时爸爸本来要他就专心学习小提琴，可他还是背着爸爸偷偷跑去乐团排练，为了不让爸爸发现，他还让那时在小学念书的我，用报纸把二胡盖住，从家里"偷运"到里弄口拿给他。当然，那时他也会给我一些甜酸咸的小干果，当做酬谢礼。

1942年秋天，酷爱音乐的华城还在沪江大学附中求学时，便已进入国立上海音乐专科学校选修音乐，毕业后，为了未来生活、工作的考虑，华城不敢全心投入音乐，所以还是考入沪江大学化学系就读。

20世纪40年代，生活于沦陷区的上海，家境困难，华城同时念两个学校，费用不少，因此要学习都得靠自己挣学费。那时华城白天一边上学，一边还读音专，晚上则跟随一个乐队为话剧配音，他经常在配音的间隙，把小提琴一翻面，横放在两腿之间，当成做作业的书桌，复习功课，练习微积分习题，可说分秒必争。

他在沪江大学上的是化学系，为了提高自己的外语能力，他甚至再争取前往英文系，学习英语课程的学分。志文提到华城这段求学的日子：

> 那个时候学习音乐，乐谱乃至五线纸都只能靠进口，既昂贵又缺乏，四哥就一切都靠自己手抄。至今他家里都还保留许多当年连五线都是自己画的手抄稿。这方面不知道耗费他的多少时间和精力，却也练就他既快又好的抄谱技术。在他当乐队

演奏员，遇上演奏的分谱不够清楚时，他必重抄一遍，这也反映他做事认真负责一丝不苟的品德。

1945年8月15日，日军投降，八年抗战结束，上海回归国民政府，虽然生活条件仍十分艰苦，但也许是天生音感特别优异，外在因素完全没有影响华城的发展，在学校，华城很快就成为音专里最突出的小提琴演奏者，1946年春天，19岁的华城便举行了第一次个人小提琴独奏会，而当时的钢琴伴奏者，就是海城、兴城所倾慕的音乐老师犹太裔提琴与钢琴演奏家阿尔弗雷德·卫登堡。

1947年，华城与他的老师卫登堡在上海家中上课后留影。

1947年9月12日，上海市政府交响乐团为司徒家在兰心戏院举办家庭音乐会，当日华城即以小提琴独奏萨拉沙蒂那荡气回肠，情感浓烈，具高度技巧性，也最为世人所熟知的《流浪者之歌》，为他赢得小海菲兹的称号。那时，华城和他的两位兄长一样，以极为年轻的年纪进入上海市政府交响乐团。

## My sweeties 白色相本　为音乐爱情做见证

念书时，他在沪江大学演出，也到其他大学独奏，比起其他人就是比较显眼一点。倒追他的女孩儿可是挺多的，虽然都不是正式的交朋友。他的个性温和，不会伤害别人，也不会说一些明显拒绝别人的话，所以围着他的女孩儿就是多一些，形式上说起来就是有点风流倜傥……（司徒志文）

1948年，华城与妹妹志文的上海音专同学钱沈英相识，并常邀请钱沈英为其做钢琴伴奏，两人通过音乐相交相知，钱沈英想到和华城交往的过程：

司徒华城平日在家中也练习不辍，造就他日后娴熟的技巧。（摄于上海家中，1948年）

我与华城将近 40 年的共同生活有一半是在舞台上度过的。

我还很清楚记得，认识华城是在 1948 年，当时我是上海国立音专钢琴专业学生，华城是来我校进修小提琴等专业的沪江大学化学系学生。我十分欣赏他的演奏中揉进了我国民族乐器的演奏技巧和方法。以后，这形成他演奏和创作上独特的风格。

在解放初期上海市经常举办的各类音乐会上，华城的演奏常邀请我任钢琴伴奏。抑或是被音乐爱神之箭射中靶的，我们相爱了。

然而那时华城因肺病休学一年，一文不名，而我也不过是个大学刚毕业的待业青年。

华城从来没有为我特别作过什么曲子。就是一边合奏一边感情就增加了！有几首曲子我们俩都挺喜欢的，所以我们老一起演奏。我觉得他是一个很浪漫的人。因为在和我交往以前，他有很多女朋友，最后选择的是我！第一次送给我的照片本是用英文写的，写着"my sweeties"，一个白色的相本。后来都贴了我们两人的照片。我们俩出去玩的时候的照片都在上面。

钱沈英女士在国立上海音专主修钢琴，是德籍指挥家、钢琴家马戈林斯基教授（Henry Margolinsky）的得意门生。1949 年秋天，从国立上海音专毕业后，曾与上海市府交响乐团合作演出莫扎特（Wolfgang Amadeus Mozart, 1756~1791）的钢琴协奏曲而获好评。[6] 但在此时期，由于过分的劳累，太多的付出，加上营养太差，1948年，华城竟因积劳成疾，得了肺结核。在那个年代虽已出现对结核菌的特效药，但只有很少数人有能力购买那极其昂贵的药品，所以结核病患者都被人当成得了富贵病。华城那时只能靠休息调养，或靠那些常用药挺着。自此，华城一度停止沪江大学的学业。即使在这样的困境中，华城仍不放弃学习的希望，志文提到：

四哥那时已经考虑到体力可能不能允许他拉小提琴，因此他想到可做少费体力的工作。他想搞创作，开始练钢琴，做和声习题。他博览群书，研读经典，继续攻读外语，想当一名优秀的翻译家。我们都曾劝阻他，为此他不得不常在家人熟睡之后，再挑灯夜战……

1949年上海解放，华城的病情也得到控制。他继续回到沪江大学修毕未完的学业，并以优异成绩获得沪江大学学士学位。但是由于他早在音乐上显露的才华和能力，中华人民共和国成立后，华城再次回到自己所热爱的音乐领域，并再次进入已更名的"上海市人民政府交响乐团"担任副首席。

1951年，司徒华城与钱沈英结婚，钱沈英女士表示，两人交往前，风流倜傥的华城有许多女友，但最后选择的是她，让她觉得挺浪漫的。

> 我们俩对音乐的看法也不是都一样的，对音乐的处理也有各自的坚持，意见也会不同，但是我们合作的时间长了之后有一种自然之默契……
> 我不是善于烹饪的人，所以孩子们都知道，我们家是反过来的，我管家，他下厨房做菜。

1951年，钱沈英与时年24岁的华城结婚，并成为华城专属的钢琴伴奏，夫唱妇随成为乐坛绝配，令人赞誉。钱沈英曾先后任教于上海音乐学院，北京师范大学音乐系，1954年调任中央交响乐团担任钢琴伴奏、社会音乐学院钢琴教师至退休。

## 华城对学生的真性情　让他们一辈子都记得

1953年秋，华城从上海调到北京，先后任中央歌舞团及中央乐团首席和独奏员。时年26岁的华城是当时首批也是仅由文化部任命的首席之一，后又被任命为艺术委员会副主任。

华城的妹妹志文在华城十年祭怀念文中，写下这段回忆：

1952年8月，司徒华城夫妇（后立者）偕女儿刚满百日的达芳，与司徒梦岩夫妇（前坐者）在上海家中合影。

当时乐队成立不久，队员也很年轻，必须加强训练，为建设交响乐团，因而很急于收集大量乐谱资料。团里准备派专人到上海交响乐团去抄他们的乐谱目录，数量很可观。当时莫说是在全国，就是在亚洲，此目录也称得上是相当齐全的乐谱库。华城却说："不必了，大部分我都记在脑子里了！"真像口出狂言。其实华城来京之前，就十分清楚自己要肩负的责任，他曾多次到谱库去背阅目录，还查找了大量工部局乐队的老节目单，了解他们的排演计划。后来华城在担任乐队首席期间，在训练计划、上演曲目、训练安排等诸多方面提出了有系统的建设性意见，成为指挥及后来的德国指挥专家的得力助手。这正是他不但勤于学习，还善于记忆，做到学以致用的结果。华城逝世后，由中央乐团和中央音乐学院联合组成的治丧委员会在撰写他的生平时，提到他为我国交响乐事业的初期建设作出了重要贡献，这个评价是很有分量也是很实在的。[7]

然而肺结核的旧病仍困扰着他，直到1956年切除半部肺叶和肋骨后，才得到根治。以后30年，华城再次精力充沛地工作、学习，并随团到全国二十多个省市和日本、缅甸巡回演出。他信奉改换工作方式就是积极的休息这种说法，经常是教完学生就坐下来写作，拉完琴就至案前读书，甚至做家务事也手脚利落。

随着演奏上的成熟，华城开始自修和声，尝试创作。从1959年开始，他以广东音乐、各地民间音乐和民歌素材，创作改编《旱天雷》、《金蛇狂舞》、《哈尼心向北京城》等小提琴独奏曲和协奏曲。此后，他开始在中央音乐学院兼课，并开始投入音乐教育的工作。

1963年，一个九岁的孩子杨

1954年，司徒华城（左）抱着达芳，钱沈英（右）抱着达良，一家四口在北京和平里二区的中央乐团宿舍前，留下这张全家福。

边甦听完华城的演奏，写来一封词意恳切的信，说自己非常喜欢小提琴，一定要拜尊敬的司徒先生为师，但家境困难，无力付学费，愿为老师洗衣服、打扫卫生，只要教他拉琴就行。华城被孩子的赤诚和好学感动了，便偕同钱沈英亲自到孩子家，了解他的父亲杨文哲是位工人，当时身处逆境，非常困难。华城便收边甦与他的妹妹杨晓明为徒，经过精心培养，边甦后来成为中国轻音乐团的小提琴手，晓明也考进北京师范大学音乐系，以后一直是华城的学生。华城不但没让他们做工，更没有收他们的学费，边甦的姥姥有病时，还经常去探望。因此，每逢除夕之夜，杨文哲夫妇一定到华城家拜年，一个工人和一位音乐家，就此结下了深厚的情谊。钱沈英曾提到华城与学生相处的片段：

> 华城个性谦虚，知道的东西特别多，除了音乐之外，经常和学生讲他人生的观点与看法，因此学生特别喜欢他，和他感情特别深，总是下课以后，他还和学生们聊很久。华城去世后，学生们都还是会来看我，我想都是华城对学生的真性情，让他们一辈子都记得……

音乐教育是华城终生的事业，图中的华城正在一次演奏中担任指挥。

华城的女儿达芳说：

父亲因为不是科班出身，初期在音乐学院，他的教学能力受到留学苏联的学院派质疑，但他绝对是位货真价实的音乐教育家，因为他对学生不但教琴艺，也教做人，他常大声疾呼："我们是要培养音乐家，不是提琴匠。"看到许多音乐学院的学生，琴虽然拉得很好，但是有些文化课程，竟然可以考0分，他就特别感叹。

前些时候，我父亲一位学生的家长从美国回来，一定要我们陪她去八宝山祭拜我父母，而他对我说："司徒老师是我们做人的路标。"

## 中国最闪耀的舞台　担任东方红总首席

1964年，37岁的华城站上中国最闪耀的舞台。

10月2日大型音乐舞蹈史诗《东方红》在北京人民大会堂首演，到16日结束，共演14场，演出人员达3000人之多、场面宏大、气势磅礴，轰动整个北京城。华城当时就坐在总首席的位置，带领乐手们为音乐舞蹈史诗《东方红》[8]演奏。

志文提到在盛年时期的华城演出：

我和四哥经常一起合作，他演奏表现力很强，音感很好，修养全面，在对乐曲的诠释上总有自己独特的见解，善于把对比和高潮作很好的安排而引人入胜。由于自幼有学习民乐的根底，因而他演奏的民族作品，在风格的掌握和手法的运用方面，很有特色。

他是中国小提琴艺术民族化发展探讨的先行者之一。他最拿手的独奏曲，有萨拉沙蒂的《流浪者之歌》，海菲兹（Jascha Heifetz, 1901~1987）改编的《霍拉舞曲》，杨宝智的《喜相逢》等；协奏曲是门德尔松（Jakob Ludwig Felix Mendelssohn Bartholdy, 1809~1847）、维尼约夫斯基（H. Wieniawski, 1835~1880）的作品，演得最多的是《梁祝小提琴协奏曲》。

他爱好面很宽，连他夫人都难以说出他最欣赏哪位音乐家，作为独奏家，他对海菲兹一直很情有独钟。

华城从事音乐演出与音乐教育的工作，一直持续到1966年"文化大革命"前。女儿达芳回忆起那时家庭生活的情况：

小时候，爸妈经常要巡回演出不在家，所以我跟我弟弟从小就是在幼儿园和托儿所长大的。从小的印象就是晚上他们演出回来吃夜宵，我有时候不睡觉，就是想跟着吃夜宵。

我那时也有点意识到父母亲是有名的人，感觉到自己和别人有一点不同吧！虽然没有特别明显，但是印象中爸爸接触的交往的都是乐团的上层，因为经常看到这些叔伯在家里玩桥牌！

小时候我们就是一个保姆带大的。那个时代父母对子女学习与关心的都跟现在不同，简单说就是不太管。我比一般的孩子要成熟得早一些，自理能力比较强。但是爸妈的行为对我们的影响还是挺大的。就像爸爸是名人，但是他从来就不摆架子，而且非常谦虚。

## 一度被归为黑七类音乐家　演出样板节目时担任中提琴首席

1957年，中华人民共和国政府发动第一波扩及社会各阶层的群众性政治运动，是"反右运动"。这场运动给五十五万人挂上"右派"的身份，并开始迫害许多文艺界人士与音乐家。

风雨欲来，华城却做了一件较大胆的事。

那时华城就曾把同为小提琴家，但被划为右派的杨宝智所改编的笛子曲《喜相逢》，编入自己的独奏节目单。华城并不顾及别人的看法，因为他非常喜爱这首具有浓郁民族风格的小曲，并将其当成自己演出的保留曲目。

1966年，"文化大革命"开始，生活发生剧变，达芳回忆道：

爸爸被打成"反动学术权威"。一开始炮打几类人，第一类是党内走资本主义的当权派（以刘少奇、邓小平为代表，高官有重权但走资本主义，属于修字号）；第二类人就是名人，像爸爸，那时已经很出名，是乐队首席，待遇上和级别上都很高。（当时有一个政策，就是自然灾害时，有一定级别的人可以有补贴，华城、志文都属于这种所谓的"糖豆干部"，不但在食物上补贴，还可以保证有黄豆、糖、鸡蛋、肉，那时候这些东西在外头是有钱也买不着的。）

"文化大革命"前爸爸算是学术权威，有一定的知名度和影响力，因此被打成是"反动学术权威"，因为爸爸只专心学术，不关心政治（当时紧跟江青的人就是又专又红），所以当时对我爸爸的批斗是只专个人奋斗，而不是为人民、集体、为无产阶级奋斗。

"文化大革命"期间华城被归类为"黑七类"，先是被关了三天，然后就是分派到劳改队里去了。钱沈英回忆时谈到：

当时中央乐团有个专政队，专门管修正思想，开大会时，只要有人指出说"某某不好"或怎么的，马上就会把你揪出来……那时就有人提出"反动司徒家族"！有人说我们司徒家在音乐界太出名、太霸道、人太多，所以他们反动；还有一个情况是金城与兴城在台湾，当时有亲戚在台湾也算一个罪名！

当时一下子揪了三十多人，华城就被揪出来弄到专政队里去关了三天，志文也在里头，但是三天以后，就放了几个人出来，华城也放了出来。那也不是监牢，就是被关在乐团的一栋楼里（当时叫专政楼），让你反省、学习。有些人一关好几个月呢！

由于江青中意中央几个文艺团体，并决定重新恢复这几个团的演出，当时被称为"样板团"，演出的都是样板节目，华城进入样板团，但仍受"黑七类"影响，无法担任小提琴首席，只能被迫改拉中提琴。

钱沈英回忆华城当时的情况：

> 华城拉小提琴、二胡、高胡、打扬琴，一个人就能演半场。但在"文化大革命"的样板团里，以海外关系为由不宜任小提琴首席，只宜在样板戏里为刁德一、胡传葵弹三弦。那时他的心情非常压抑，后让他当中提琴首席……之后他决定正式去教书，调入中央音乐学院任教。他教中提琴和小提琴，因为他两种都会。

"文化大革命"期间，华城无法尽情演奏，因为所有的交响乐演出都必须符合"样板"的规定。中国当代名指挥家韩中杰在《我与中央乐团》一文中谈到："'文化大革命'中提倡交响音乐和京剧结合，演出团体就是样板团。'文化大革命'时的中央乐团下乡演'样板'，其实是一种变相自救的行为，否则难以自保，全国交响乐的事业都在这样的夹缝中艰难地生存。"[9]

这样的情况持续到了"文化大革命"末期才稍有好转。根据华城各项音乐写作、评论、改编与创作曲的资料显示，其作品集中在1965年"文化大革命"发生前，以及1972年"文化大革命"末期后到逝世前。1966~1971年，华城正值39~45岁的盛年，却因为"文化大革命"的缘故，被迫停顿在音乐上的发展。

1974年秋，华城正式调入中央音乐学院任教，除教授小提琴、中提琴及室内乐外，其后还兼任管弦系副主任、合奏及重奏教研室主任、实验乐团团长、教材创作组组长、中央音乐学院学报编辑委员会委员、学位委员会委员、学术委员会委员、职称评审委员、音乐译文编译委员等职务。

"文化大革命"的困厄并没有能扭曲华城善良、耿直的天性，刚进入音乐学院任教的他，认为杨宝智这样为小提琴民族化作出贡献的有才华的音乐家，应该到音乐学院来任教，尽管当时还是有人将他当为牛鬼蛇神，华城还是独排众议，极力推荐他。1987年，华城逝世，杨宝智便写下感性的吊唁："哭司徒老师，演我曲兮不避右；荐吾身兮未嫌牛……晚生宝智泣首"，并且主动提出将按华城生前编写的弦乐艺术史讲义，接替华城继续在中央音乐学院里，为他讲授这门课程。

投入教学的华城开授"欧洲弦乐史"这门课程，讲学辅导活动遍及天津、武汉、成都、广州、西安、兰州、哈尔滨、长春、沈阳、拉萨、昆明、贵阳，甚至是西藏高原和云南边陲等地。

除了音乐学院的学生外，对那些要报考音乐学院请他辅导的，要出国深造请他指点的，临时登门求教的，他几乎是来者不拒，有求必应；每当华城得知有由北京去密西根大学就读音乐系的学生，华城也必定写信给侨居密西根大学所在地安娜堡市的侄女达森，请她多少代为照顾。

## 推广中国民族风格小提琴　为音乐发展作出重要贡献

现为天津音乐学院艺术管理系副系主任的张蓓荔在《中国民族风格的小提琴艺术》学术论文中，为司徒华城与杨宝智在小提琴民族风格的创作上，做了一个明确的定位：

> 20世纪70年代，小提琴民族风格的创作和教学中特别值得一提的是司徒华城教授和杨宝智教授，他们都是从事小提琴演奏和教学，同时又在小提琴民族风格的创作中有新的发明和创造，他们的作品直至今日仍具有很宝贵的理论价值和实践价值。司徒华城教授从事小提琴演奏和教学近40年，对中国的交响乐、小提琴民族化作出了不懈的努力，进行了大量的理论和翻译工作。在小提琴演奏、创作和教学各方面都取得了引人注目的成就，为我国音乐事业的发展作出了重要的贡献。1997年11月25日北京音乐界举办了纪念司徒华城教授逝世十周年的作品音乐会，演出了他创作的十多首中国小提琴曲，再一次受到了观众的热烈欢迎。[10]

华城的女儿达芳，回忆华城在音乐学术上的成就：

爸爸是综合型的学者。他的学术是不是权威，我不宜评论，但我知道他在学术上的造诣是很深的。他不光是一个演奏家，而且擅长文艺理论研究，对音乐家、音乐背景，对英语都有深层的研究。1973年美国费城交响乐团、伦敦交响乐团、1978年6月小泽征尔访华指挥中央乐团演出与次年3月小泽征尔率领美国波士顿交响乐团访华[11]，他均被文化部指派参予接待，同时由他担任重要的翻译工作。这都是因为爸爸年轻时在沪江大学英文系修英文课，又努力学习，所以他的英语底子好，那时能懂英语又通音乐专业的人才特别少，所以只要是外国重要的乐团访华，都一定是爸爸出面，外国的乐团来演出，也多由他来写评论文章。

华城不只是在乐团访华时担任重要的翻译者，日后在出任第一届青少年国际小提琴比赛秘书长职务时，在音乐学院开创并教授"西方弦乐史课程"时，都是由于他外语水准极高，加上自我进修，阅读了大量国外有关文献，才能胜任愉快。

文笔简练流畅、达意准确，写作和翻译甚丰，音苑、沈华、肖亭等都是华城使用的笔名，并经常刊载于各音乐杂志、报刊，有更多作品被作为实用教材和资料在内部印发。在行动上，他开展室内乐欣赏讲座，以高度的艺术责任感，努力捍卫发展被某些偏颇观念所忽视的音乐环节。

1976年，"文化大革命"结束，两岸四首席再次成为司徒家族可以大大方方提出的荣耀。

1980年春天，华城终得以学者身份前往德国、日本各音乐学府进行学术交流，并进行观摩，他的讲学与演奏，获得热烈回响与赞誉。华城至英国出任国际小提琴比赛、四重奏比赛的评委，所获之酬劳全数用来买提琴谱；至德国访问时，他甚至牺牲睡

1979年，司徒华城于广州演出时留影。

1979年，中央乐团小提琴首席、乐曲创作家、中央音乐学院教授司徒华城于华南巡演。

眠的时间为中央音乐学院复印乐谱到深夜，因为在晚上复印的费用比白天便宜一半，凡此种种，都显见华城致力于音乐教育的无私与热诚。

在此期间，华城把自己的教育，延伸到了司徒家族的第三代，司徒达芳回忆：

> 我儿子晓晓出生（那时我爸爸在德国），爸爸回来的第一件事就是到我家来，我儿子躺在小床上，我爸他就在床梆子上，崩崩地敲，看我儿子的反应。此时我爸爸已经到音乐学院教书了，所以他产生了教我儿子的想法！让我儿子去上音乐学院的幼儿园。学了一年以后，爸爸就主动说愿意教他了，在教他的过程中，跟我的交流也比较多，我就开始体会他的好多思想体系，然而他实际上不是很有教孩子的经验。我自己呢，多少懂一点，我儿子的乐理知识是我教的。我爸、我妈刚开始想让他弹钢琴，我妈教过他几个月，我儿子摇头摆尾地在家里弹，说他长大以后给外公伴奏。就是感觉他的识谱非常快，他两岁多开始，我就在床边陪他玩儿，用硬纸壳铰那个大音符，

然后放到五线谱上让他认，所以他识谱一点都不困难。

1982年2月，57岁的兴城在台湾因心脏病过世的消息传到了中国北京，1983年，华城哀伤之余，为纪念逝去的兄长谱写了小提琴曲《怀念》及大提琴曲《寄深情》，分别由自己担任小提琴独奏，以及由妹妹志文担任大提琴主奏，为司徒音乐家族的手足情深，留下哀婉动人的注脚。

## 为中国交响乐初期建设作出了重要贡献

1987年11月13日华城刚过六十寿辰。谁知两周后，27日晚上8时5分，华城竟因急性心肌梗塞而溘然长逝，钱沈英哀痛地说：

1987年11月13日，我和孩子为你庆贺六十寿辰。22日，你还在北京音乐厅使用一把在全国提琴制作大赛中荣获金奖的中提琴演奏[12]，照例是我为你伴奏。五天后，你竟然就离我们而去！

你走得那样急匆，那样突然，以至于你等不及我去取急救药、请医生来？孩子们至今仍怀哀怨：爸爸连为他倒一杯水的机会都不留给我们！

华城骤然离开人间，让家人悲痛万分。

妹妹志文回忆，在华城去世几天前（11月22日），他们兄妹两人同时在香山卧佛寺，担任全国第二届提琴制作比赛的评委时曾商量，要为庆祝母校上海音乐学院校庆六十周年，在北京校友音乐会上，准备演出钢琴三重奏。当考虑演什么曲目时，当时就提到是否把梁祝小提琴曲改编成为三重奏，但才隔几天，他竟已完成了！华城就是这样，办事认真，说到做到，分秒必争，从不吝啬自己的精力和自己的身体。

1986年，司徒华城在北京国际青少年小提琴比赛担任秘书长时，为其节目单拍照。

当华城逝世的消息传开时，各地皆来信吊唁。中国当代重要的音乐家朱同德、李凌、李德伦、孟昭林、韩中杰、盛中国、吴祖强等，均为司徒华城治丧委员会之一员。中央音乐学院及中央乐团联合组成华城治丧委员会，在撰写其生平时提到：

> 司徒华城知识渊博，有很高的艺术修养，对交响乐、小提琴的民族化和"洋为中用"进行了不懈的探讨，从事了大量的理论研究和翻译工作。在演奏、创作、教学等都取得了引人注目的成就。他为交响乐事业和中、小提琴及室内乐艺术的发展倾注了全部心血，为中国交响事业的初期建设作出了重要贡献。[13]

以上文字，足见华城在中国音乐史上所占的重要地位。

1996年，华城逝世十周年，钱沈英将华城一生编写的小提琴曲集重新整理出版，[14] 钱沈英写到：

> 华城，我从你创作和改编的百余首作品中选出十六首，编辑出版《司徒华城小提琴曲集》。我要求封面清淡素雅不加粉饰渲染，有如你的朴实无华，与世无争。曲集内辑入你生前五年为悼念三哥兴城创作的《怀念》——看到这些早已铭刻在我心版上的旋律，悲哀之情难以自持：华城呀、华城，我万万没想到的是，你创作并亲手演奏的这首乐曲，竟成了自己丧礼上的安魂曲！今年11月25日[15]，在你的诞辰70周年暨逝世十周年的纪念音乐会上，你的知音们将演奏这些作品。

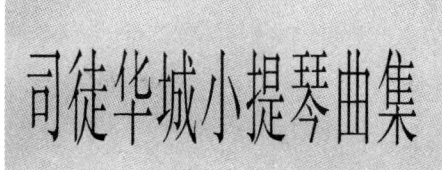

钱沈英在司徒华城逝世十周年时，将司徒华城毕生的小提琴曲集整理后选出16首出版。

我将带着对你的思念和哀伤，再次坐在北京音乐厅、你我曾多次合作的那架钢琴前。——华城，我亲爱的老伴，愿你我在音乐中再次相见。

这本曲集的前言是由中国著名的音乐教育家、音乐评论家、中国交响乐团（创建时称为中央乐团）的创办者之一——李凌所写。他提到对华城演出的欣赏：

他的音色纤浓，富有感情，特别是演奏富有民族特色的乐曲，委婉情深、沁人肺腑。他演奏的《梁祝小提琴协奏曲》独树一格，为朋辈所称誉。华城的曲作平易、情深，特富乡土风味。琴音秀丽、行音转折，带有一种撩乱人心的魅力，使经过他改编的曲作，带有一种别的作曲家、演奏家没有的情致。

和他共事过的我，对于华城那种为人热情，肯担当艰苦工作，以及在小提琴艺术的民族化的努力与思想品德是异常敬重的。

志文也在华城十年祭写下《深切的怀念》：

我爱四哥华城，不只因为他是我的兄长，更因我崇敬他的敬业精神。在他离开我们的这十年中，我学习、工作，为人处世，仍时刻以他作为我的楷模。如今他的小提琴曲集出版了，我更是感慨万千……

华城从未专门学习过作曲，但在表演和教学实践中深感需要更多能反映中国人民思想感情和风貌的新作，出于对事业的热爱与责任感，他边学边创作。《司徒华城小提琴曲集》中收集的16首作品，是从他百余首作品中筛选出来的。华城是致力小提琴领

纪念司徒华城逝世十周年作品音乐会节目单

域民族化的先行者之一，生前他常把自己的作品分赠给志趣相同的朋友，因为他深知这件有意义的工作，不是个人或一代人就能够完成的，需要有更多同行一起努力。《司徒华城小提琴曲集》的出版，希望能激发更多有志之士投入这一工作。华城从只能利用业余时间学习音乐成长为一名为我国音乐事业作出积极贡献的专家，期间的历程是艰辛的。有人曾羡慕他的才智、聪明和记忆力，其实我深知，这些主要是长期磨练的结果。

作为小提琴演奏家，他不仅担任过中央交响乐团首席，还当过中提琴首席，并于大型音乐舞蹈史诗《东方红》演出时，出任乐团的总首席；在乐团工作的同时，他还参加独奏、重奏的演出，教了大批的学生。

作为小提琴教育家，不满二十岁就开始教学，不管学生程度深浅，才能高低，都热心教诲，教学四十多年，桃李遍及海内外。现任中国爱乐乐团首席马小明就是他的弟子。

此外，他还是我国第一个开讲西方弦乐史课程的老师，从无到有，他亲自编写教材。他研读这方面的外国书刊，叠起来有数尺之厚。

他多次在国际、国内器乐比赛[16]及全国乐器制作比赛中出任评委，在乐器制作、维修方面，亦曾认真钻研。

他读过的有关这方面的书刊圈点得密密麻麻，他写的评论文章和译著，素以简练、通畅著称。他的中英文功底都很扎实，他在负责接待费城交响乐团首次访华演出时，深得中外朋友的称赞。因为他既懂得专业，外语表达能力又佳。

我国第一次举办国际青少年小提琴比赛时，华城担任秘书长，事必躬亲，连选手的手册都是自己亲自编排、翻译、联络印刷、反复校对的。

华城在中央音乐学院任教期间还担任过管弦系副主任和实验乐团团长职务。

社会工作方面，他担任过交响乐爱好者学会理事兼室内乐部部长、上海音乐学院校友会理事、华音音乐学校顾问等职。

他不是只挂名不做事，他的工作量相当大。华城逝世当天，还参加了中央音乐学院高级职称评审会议，因为他是文化部艺术专业高级职称评审委员会副主任。他是在繁忙的工作中离开的……

总之，华城学识渊博、集演奏、创作、教学、翻译、外事、鉴定乐器于一身，取得了丰硕的艺术成就。在华城的艺术档案中，记载着他对音乐的贡献：共八百多场演奏会；创作改编小提琴独奏、重奏、合奏、练习曲九十多首；出版六十多篇论文与大量的翻译作品。

日本网路百科——"中国音乐年表（兼人名录）"[17]中，正式列入司徒华城的相关资料，说明华城在中国音乐发展史上的重要地位。

【后记】2006年年初，通过钱沈英而收集许多华城生前的资料。2006年10月19日，她还未及看到这一本家族传记，即因癌症病逝于北京。

## 司徒华城教授论著、创作、演出、乐评年表[18]

### □论著

1.《一个乐队队员怎样看指挥》，1976年。
2.《关于九本小提琴练习曲的讲解》，昆明学术讲座，1976年。
3.《怎样拉小提琴》，成都学术讲座，1977年。
4.《对小提琴民族化的认识》（论文），《中央音乐学院学报》，1981年。
5.《帕格尼尼生平及作品介绍》，中央人民广播电台讲座，1983年。
6.《萨拉莎蒂生平及作品介绍》，中央人民广播电台讲座，1984年。
7.《西方弦乐艺术史话》，《中央音乐学院学报》，1994年。
8.《能用机械来代替演奏艺术吗》，《人民音乐》，1958.1。
9.《首席小提琴的任务》，《人民音乐》，1958.5。
10.《乐队（管弦乐团）的种类》，《人民音乐》，1958.6。
11.《谈谈中提琴（Viola）》，《人民音乐》，1959.3。
12.《为什么"重奏"没有活跃起来》，《人民音乐》，1961.7。
13.《西德的音乐教育》，《中央音乐学院学报》，1981.2。
14.《帕格尼尼在小提琴演奏艺术发展的贡献》，《北京音乐周报》，1982.11~12。
15.《论小提琴演奏的几个问题》，《中央音乐学院学报》，1986.1~4。

## □ 译著

16. 斯托柯夫，《论乐队》（音乐丛书第二辑），1962.12。
17. 奥尔，《我的小提琴演奏教学法》，人民音乐出版社，1979.1。
18. 窦尼斯，《小提琴的演奏艺术技巧》，四川音乐学院教材，1979.2。
19. 基甫曼，《精湛的小提琴技巧》，中央音乐学院资料，1980.2。
20. 约斯特，《斯皮瓦柯夫斯基式的弓法》，中央音乐学院资料，1980.2。
21. 伏尔玛，《弗利什以后发生了什么》（音乐译文），1982.6。

## □ 评论

22. 《中央乐团交响音乐会后》，《人民音乐》，1957.3。
23. 《马思聪的小提琴演奏会》，《人民音乐》，1957.3。
24. 《关于伟大艺术家奥伊斯特拉赫的演奏》，《文艺报》，1957.10。
25. 《聆听奥伊斯特拉赫大师演奏》，《大公报》，1957.11。
26. 《卓越的巴西艺术表演》，中国新闻社，1958.8.14。
27. 《卓越的澳大利亚艺术的表演》，《人民音乐》，1959.5。
28. 《一个演奏工作者的体会》，《人民音乐》，1959.6。
30. 《高超的艺术表演——聆赏捷克交响乐团的音乐会》，《北京日报》，1959.11.22。
31. 《卓越的交响乐演奏》，《人民音乐》，1959.12。
32. 《交响乐民族化，群众化的新成就》，《文汇报》，1960.6.7。
33. 《秘鲁人民的心声》，1960.6。
34. 《中央乐团在交响乐民族化方面的成就》，中国新闻社，1960.4.10。
35. 《在祖国培养下成长》，中国新闻社，1960.9.6。
36. 《记1960年几次难忘的演出》，中国新闻社，1961.1。
37. 《唱出中古人民的心声——我们和古巴芭蕾舞团在一起》，中国新闻社，1961.3.4。
38. 《喜听青年演员独奏会有感》，人民音乐社，1962.5.6。
39. 《在和蔓蒂西同志合作的日子里》，人民音乐社，1963.4。
40. 《必须与群众结合》，人民音乐会，1964.8.9。
41. 《精湛的管弦乐艺术——欢迎英国伦敦爱乐管弦乐团访华演出（沈华）》，《北京日报》，1973.3.21。
42. 《音乐传友谊——欢迎新西兰国家青年管弦乐团访华演出（音苑）》，《光明日报》，1975.9.14。
43. 《中日友谊发新声——欢迎日本名古屋电气工业高等学校吹奏团访华演出（音苑）》，《光明日报》，1976.3.11。
44. 《悠悠传统独特的风格——欢迎德意志联邦共和国斯图加特室内乐团访华演出》，《光明日报》，1977.4.13。
45. 《友谊的序曲——欢迎澳大利亚青年交响乐团访华演出》，《光明日报》，1979.6.15。
46.《有益的学习美好的享受》，《人民日报》，1979.6.24。
47.《世界小提琴大师帕格尼尼》，文化交流社，1982.4。
48.《良师益友》，《北京音乐报》，1982.9.25。
49.《绝无仅有的身后旅行》，《艺术世界》，1983.1。
50.《奇葩异放光彩照人》，《文汇报》，1984.2.4。
51.《南国春来早，新声发未迟——由全国小提琴中国作品演奏比赛所引发的感想》，人民音乐社，1987.5。
52.《音乐工作者的共同使命》，《中央音乐学院学报》，1987.2。

## □创作

53.《嘎达梅林》小提琴独奏曲改编（创作于1959年），音乐创作，1960。
54.《草原夕照》小提琴独奏曲创作（创作于1959年），音乐创作，1960。
55.《业余小提琴曲集》（第二集主编，创作于1959年），人民音乐出版社，1959。
56.《第一随想曲》小提琴独奏曲（创作于1959年），中国青年出版社，1997。
57.《金蛇狂舞》小提琴改编曲（创作于1960年），中国青年出版社，1997。
58.《春节序曲》小提琴改编曲（创作于1960年），人民音乐出版社，1960。
59.《瑶族舞曲》小提琴改编曲（创作于1960年），中国青年出版社，1997。
60.《摇篮曲》小提琴改编曲（创作于1960年）。
61.《葵花向太阳》小提琴改编曲（创作于1960年）。
62.《第二随想曲》豫剧素材创作曲（创作于1960年），中国青年出版社，1997。
63.《第三随想曲》云南花灯调创作曲（创作于1960年），中国青年出版社，1997。
64.《第四随想曲》凤阳花鼓创作曲创作于（1960年），中国青年出版社，1997。
65.《第五随想曲》回声创作曲（创作于1960年），中国青年出版社，1997。
66.《飞雁》创作曲（创作于1960年），未出版。
67.《秋收忙》创作曲（创作于1961年），上海音乐学院教材，1961。
68.《山村晨歌》创作曲（创作于1961年），人民音乐出版社，1961。
69.《诗》咏雪创作曲（创作于1961年），未出版。
70.《红霞》小提琴协奏曲（创作主笔，创作于1961年），未出版。

71.《旱天雷》改编曲（创作于1962年），中国青年出版社，1997。
72.《由依巴河》哥伦比亚民歌改编曲（创作于1962年），未出版。
73.《海鸥》缅甸民歌改编曲（创作于1962年），未出版。
74.《儿童假日组曲》创作曲（创作于1962年），人民音乐出版社，1962；中国青年出版社，1997。
75.《第六随想曲》社员都是向阳花改编曲（创作于1962年），中国青年出版社，1992。
76.《喜报》改编曲（创作于1963年），未出版。
77.《红军哥哥回来了》改编曲（创作于1964年），未出版。
78.《灯节》改编曲（创作于1964年），中央音乐学院教材，1964。
79.《秧歌》改编曲（创作于1964年），上海音乐学院教材，1964。
80.《送春肥》创作曲（创作于1964年），上海音乐学院教材，1964。
81.《到农村去》创作曲（创作于1964年），上海音乐学院教材，1964。
82.《采莲谣》创作曲（创作于1964年），上海音乐学院教材，1964。
83.《情深谊长》改编曲（创作于1965年），中国青年出版社，1997。
84.《闹元宵》改编曲（创作于1965年），中央音乐学院教材，1965；中国青年出版社，1997。
85.《丰收歌》改编曲（创作于1965年），上海音乐学院教材，1997。
86.《婚礼礼赞》选自鱼美人改编曲（创作于1965年），未出版。
87.《全球无产阶级联合起来》改编曲（创作于1965年），人民音乐出版社，1965。
88.《学习雷锋》改编曲（创作于1965年），人民音乐出版社，1965。
89.《山歌颂》改编曲（创作于1965年），人民音乐出版社，1965。
90.《丰收在望》改编曲（创作于1965年），未出版。
91.《迎亲人》改编曲（创作于1965年），未出版。
92.《赤卫队员五寸刀舞》改编曲（创作于1972年），中央音乐学院教材，1972。
93.《万岁毛主席》改编曲（创作于1972年），中央音乐学院教材，1972。
94.《爱老挝》改编曲（创作于1972年），未出版。
95.《战斗进行曲》改编曲（创作于1972年），中央音乐学院教材，1972。
96.《翻身的日子》改编曲（创作于1972年），未出版。
97.《丰收的喜悦》创作曲（创作于1972年），未出版。
98.《口唱山歌心里甜》创作曲（创作于1972年），未出版。
99.《红色娘子军》组曲、改编曲（创作于1973年），中央音乐学院教材，1973。
100.《窗花舞》白毛女改编曲（创作于1973年），未出版。
101.《只盼深山出太阳》改编曲（创作于1975年），中央音乐学院教材，1975。
102.《坚决要求上战场》改编曲（创作于1975年），中央音乐学院教材，1975。

102. 《一轮红日照空间》改编曲（创作于 1975 年），中央音乐学院教材，1975。
103. 《仇恨怒火燃胸怀》改编曲（创作于 1975 年），中央音乐学院教材，1975。
104. 《草原连着北京》改编曲（创作于 1975 年），未出版。
105. 《草原新牧民》改编曲（创作于 1975 年），中国青年出版社，1997。
106. 《双手捧起丰收粮》改编曲（创作于 1975 年），未出版。
107. 《草原新一代》（小提琴协奏曲，与吴祖强合作，创作于 1976 年），中央音乐学院教材，1976；四川音乐学院教材，1976。
108. 《圭山迎春》创作曲（创作于 1976 年），中央音乐学院教材，1976。
109. 《彝族山歌》创作曲（创作于 1976 年），中央音乐学院教材，1976。
110. 《芦笙歌舞》创作曲（创作于 1976 年），中央音乐学院教材，1976。
111. 《竹楼月夜》创作曲（创作于 1976 年），中央音乐学院教材，1976。
112. 《茶山今昔》创作曲（创作于 1976 年），中央音乐学院教材，1976。
113. 《保卫边疆》创作曲（创作于 1976 年），中央音乐学院教材，1976。
114. 《哈尼心向北京城》创作曲（创作于 1976 年），中央音乐学院教材，1976。
115. 《布达拉宫》创作曲（创作于 1978 年），未出版。
116. 《怀念》（为悼念三哥司徒兴城，创作于 1983 年），中国青年出版社，1997。
117. 小提琴练习曲十三首（小提琴练习曲，创作于 1973 年），教学教材。
118. 四度双音音阶练习（小提琴练习曲，创作于 1973 年），教学教材。
119. 协奏曲辅助练习曲六首（小提琴练习曲，创作于 1973 年），中央音乐学院教材，1976。
120. 《旱天雷》齐奏改编曲（小提琴齐奏曲，创作于 1965 年），上海文艺出版社，1965。
121. 《秧歌》齐奏改编曲（小提琴齐奏曲，创作于 1965 年），上海文艺出版社，1965。
122. 《军民大生产》齐奏改编曲（小提琴齐奏曲，创作于 1972 年），未出版。
123. 《山丹丹开花红艳艳》齐奏改编曲（小提琴齐奏曲，创作于 1972 年），未出版。
124. 《歌颂毛泽东》齐奏改编曲（小提琴齐奏曲，创作于 1973 年），未出版。
125. 《延边人民歌颂毛泽东》齐奏改编曲（小提琴齐奏曲，创作于 1975 年），未出版。
126. 《松溪河水尽山流》齐奏改编曲（小提琴齐奏曲，创作于 1975 年），未出版。
127. 《人民的总理——周恩来》齐奏改编曲（小提琴齐奏曲，创作于 1976

年），未出版。
128.《南音》（高音双簧管）改编（其他乐器独奏曲，创作于1961年），未出版。
129.《山村月夜》长笛独奏曲（其他乐器独奏曲，创作于1964年），未出版。
130.《叙事曲》大提琴独奏曲，创作（其他乐器独奏曲，创作于1964年），未出版。
131.《胸有朝阳》中提琴独奏曲（其他乐器独奏曲，创作于1964年），未出版。
132.《青年友谊圆舞曲》长笛、小提琴、钢琴三重奏（重奏，创作于1959年），未出版。
133.《晚会》长笛、小提琴、钢琴三重奏改编（重奏，创作于1959年），未出版。
134.《云雀》长笛、小提琴、钢琴三重奏改编（重奏，创作于1959年），未出版。
135.《庆丰年》钢琴、小提琴、大提琴三重奏改编（重奏，创作于1964年），未出版。
136.《忆南方》弦乐五重奏改编（重奏，创作于1965年），未出版。
137.《新农村》弦乐五重奏改编（重奏，创作于1965年），未出版。
138.《潼山新歌》弦乐五重奏改编（重奏，创作于1965年），未出版。
139.《大柳树下》弦乐四重奏创作（重奏，创作于1965年），未出版。
140.《寄深情》（大提琴独奏曲，创作于1983年），未出版。

## 《司徒华城小提琴曲集》正式出版收录曲目

1.《瑶族舞曲》根据铁山、茅源曲改编
2.《金蛇狂舞》
3.《儿童假日组曲五首》
　（1）集合
　（2）远足
　（3）在树林里
　（4）在小溪旁
　（5）欢乐
4.《旱天雷》根据广东乐曲改编
5.《情深谊长》彝族民歌、根据王竹林曲改编
6.《闹元宵》根据湖南土家族民间乐曲改编
7.《草原新牧民》根据刘长福所作二胡独奏曲改编
8.《哈尼心向北京城》根据张难曲改编
9.《竹楼月夜》

10.《怀念》为悼念三哥兴城而作
11.《随想曲》六首
（1）社会主义好
（2）豫剧素材
（3）云南花灯调
（4）凤阳花鼓
（5）回声 主题取自安徽民歌《一根丝线》
（6）社员都是向阳花

---

【注释】

1. 庄永平，"音乐的百年回响（一）：叩响本世纪近代音乐之门"，拙风文化网，http://www.wenhuacn.com/guoyue/article.asp?classid=55&articleid=5223。
2. 见中国大百科全书（北京：中国大百科全书出版社，1999）"萧友梅"一词内容。萧友梅（1884~1940）字雪朋、思鹤，广东省中山县人。童年居澳门，听闻葡萄牙人演奏风琴，就喜爱上西洋音乐。16岁就读于广州时敏学堂，18岁（1901）赴日本留学，就读东京高师附中，同时在东京音乐学校选修钢琴及声乐。1913年又到德国莱比锡音乐学院和莱比锡大学学习，1920年取得博士学位后回国。具有国际音乐教育背景的萧友梅，在上海创办国立音专，一开始就采用国际通行的现代专科业音乐教育的标准，并考虑中国教育体制，逐步建立完备的专业设置和推行较科学的学分制教学体制。再者，萧友梅为坚持建立高标准的教学品质，大量聘用查哈罗夫、富华、舍辅磋夫、苏石林、阿萨科夫、拉查雷夫等外籍音乐家担任学校要职，对我国出国学成归来的音乐家，如自欧美归来的黄自、周淑安、吴伯超、应尚能、李惟宁、赵梅伯等，更是加以重用。
3. 庄永平，"音乐的百年回响（三）：现代专业音乐起步"拙风文化网，http://www.wenhuacn.com/guoyue/article.asp?classid=55&articleid=5225。
4. 郭善群，"音乐家的摇篮——贺上海音乐学院建院80周年"，天世网络电视，http://www.tsctv.net/?q=node/12553。
5. "和你再度相见——小提琴家司徒华城钱沈英的追忆"，音乐生活报，1997.11.21，第三版。
6. 钱沈英女士的姐姐钱淞英女士，凑巧也是司徒金城夫人汪德秀女士在天津中西女中的同学。
7. 司徒志文，"深切的怀念——司徒华城十年祭"。
8. "东方红""音乐舞蹈史诗"是以对毛泽东的歌颂为主题的巨型（音乐剧）。该剧于1964年10月2日晚在北京人民大会堂首次上演，演出人员达3000人之多。周恩来是"总导演"。（Wikipedia百科，"东方红［音乐剧］"，

http://zh.wikipedia.org/w/index.php?title=%E4%B8%9C%E6%96%B9%E7%BA%A2%EF%BC%88%E9%9F%B3%E4%B9%90%E5%89%A7%EF%BC%89&variant=zh-tw）。

9. 韩中杰，"我与中央乐团"，中华文化信息网，http://www.ccnt.com.cn/music/jiaoxiangyue/jiao.htm?file=03。

10. 张蓓荔，"中国民族风格的小提琴艺术"，搜琴网，http://www.soqin.com/content/view/213/34/。

11. 关于1978年与1979年小泽征尔拜访中国，中国当代名指挥家韩中杰曾谈到一件趣事："1978年，我还有幸代李德伦（另一知名指挥家）去了一趟美国。小泽征尔来中国的时候李德伦还在指挥，等小泽征尔来我们乐团的时候，'文化大革命'刚过，由于'文化大革命'中'样板戏'的关系，而上面正在审查，要李德伦说清楚。由我这个第二指挥来接待。李德伦当时住在医院，小泽征尔觉得很奇怪，什么病，见都不让见？其实是限制了对外讲话的自由。小泽征尔演出后很兴奋，不住北京饭店了，一定要住在指挥家里。我们家两间房、三子女还有保姆。怎么接待？而且又是在物质紧缺时代，买东西什么都没有。经过小泽多次要求，文化部就只好同意在最后一天演出后，让他住进我家。组织上让北京饭店做我的后盾，把吃的东西都准备好，送到我家，请他吃。第二年他请我到波士顿去指挥他的乐团。"这也让人联想到当时担任翻译的华城的压力一定很大。

12. 1987年11月在北京举行的全国第二届提琴制作比赛上，华城与志文同时出任评委。11月22日在北京音乐厅举行获奖音乐会，获中提琴音质金奖的陈光乐特邀华城使用获奖的中提琴参加公演，没想到竟是华城的告别演出。

13. 中央音乐学院、中央乐团司徒华城教授治丧委员会，《司徒教授生平》，1987.11.28。

14. 钱沈英编，司徒华城小提琴曲集，北京：中国青年出版社出版，1996。有关详细曲目资料，见附件清单。

15. 1997年11月25日19:30"纪念司徒华城——逝世十周年作品音乐会"，由中央音乐学院、北京音乐厅主办；北京中和文化艺术总公司协办；当日并由中央音乐学院几位师生、钱沈英及司徒志文共同演出。

16. 华城与志文都担任过很多比赛的评委，但是鲜少有机会共同出任。他们兄妹俩第一次共同出任比赛的评委，是于1985年7月，在云南省昆明市由文化部、广电部、中国音乐家协会联合举办的全国第四届音乐作品评奖大会上。再一次共同出任评委，就是华城的告别演出，请参见注15。

17. はじめに，"中国音乐年表（兼人名）"，日本网路表格，http://www.nurs.or.jp/~tensho/jinmei.html。

18. 司徒华城教授著作目录，转引自颜廷阶，中国现代音乐家传略，中国台北县中和市：绿与美出版社，1992。

# 司徒志文

1933～

这位北京中央乐团第一任大提琴首席,总带着爽朗的笑声,对于音乐普及推广的事业,有着一种傻劲儿与执著。

当提及近年大陆上流行录音作品可挣大钱时,志文总推说"没时间,没工夫……"

但和她聊起组织大提琴学会,和她聊起教育,她则会说"豁出去,上了马就下不来了"。

# 司徒志文（1933~）

> 从20世纪50年代开始我就梦想着再次与兄长们合作演出四重奏，随着他们一一离去，圆梦成为幻想。我从未想过，如果再举办家庭音乐会将会演出什么曲目，我们这个家庭很民主的，上两次家庭音乐会的演出曲目都是大家一起商量定下的，包括个人独奏曲都是这样。这一切都难以梦想成真，留下最后的遗憾。

2006年年初，我们在北京访谈这位生活简单但活力万分，神采奕奕的老太太，在她身旁开朗的笑声不断。身为司徒家族的音乐家，谈到永远无法成真的家族音乐会梦想，73岁的志文有着无限的遗憾，而所有有关她与家人点滴的回忆，在她打开相簿的同时，再次一幕幕地展现在我们的眼前。

## 天生活泼又好动　不喜钢琴玩提琴

1933年1月26日，司徒志文生于上海，是家中最小的孩子，大家喜欢叫她小妹。她与最大的哥哥司徒金城相差17岁，与二哥司徒海城相差12岁，手足们对于这位小妹极为宠爱，志文讲到兄姐们说到：

> 小时候，我兴趣特别广泛，对历史地理都感兴趣，胆子大，敢捣乱，爸爸不怎样管我，让我自由发展，只有大哥比较严肃，会管我功课；二哥经常带我出去玩，带我去看电影，也会带我去理发，当时我四五岁，二哥十六七岁，有人还以为我是他的女儿。
> 
> 三哥、四姐主动给我零用钱，虽然那时家里经济情况并不好，特别是在抗战时，爸爸的造船技术是一点儿也用不上，可是哥哥姐姐都会给我零用钱花，所以我的同学们还以为我挺阔气的呢！

而谈到父亲梦岩对教育的看法时，志文回忆道：

从小父母从来就没有特别管过我们的学业，那时候就是让大家自由发展，交给了学校。但若是学校不太理想，爸爸就会让我们换学校。若说父亲管过我的学习，我唯一记得的，就是小学在上海广东中小学念了三年以后（那个时候我哥哥跟我是一个学校，每天领着我上学），我哥哥毕业了，家里多少有点不放心，所以就让我转到离家近的允中小学。当时那学校的同学，已经学了两年英文，但我在上海广东中小学一点都没有学过，所以入学考时别的科目都及格了，就是英文没有及格。然后我进暑期班补习的那两个月，爸爸就开始管我英文。他天天都盯着我！从背ABCD开始，（在我记忆里，父亲管过我们的学业就我一人）那两个月他特别有耐心亲自教我，并且希望我能够习惯新学校。

不刻意强迫个人发展的道路，一切开明自由，是司徒梦岩的教育观念。但梦岩让音乐走入家庭，也引导家中每个小孩喜爱音乐，走上学习音乐的道路。志文说：

小的时候对音乐并没有特别的喜爱，但是小时候在家里就是满屋子都是琴声，哥哥姐姐天天都在练琴，从小就听音乐，但的确并没有特别喜爱。我爸没有说一定要你学。我们从来就没有被强迫过，学东西都很自由。

要不是这种环境的影响，我是不会学音乐的。我那个时候（十几岁的时候）就想当大夫（西医），因为觉得这个职业好，可以帮人忙。

1938年，五岁时，她上小学一年级，并由姐姐幼文启蒙学习钢琴，然而小小年纪，两脚悬空够不着地，天性活泼好动的她，觉得练起钢琴来没啥意思，就推说不喜欢钢琴，想要和哥哥一样学小提琴。其实爱玩的她，那时认为应该不会有适合五岁孩童专用的小提琴。

没想到过几天海城即带回一把特制的四分之一小提琴，专供她学习，令小志文无计可施，只好乖乖"就范"。在父亲及兄长的教导下，她对音乐的学习，逐渐由逃避转为自愿投入。志文聊起这段过去特别传神：

> 我们小时候，男的都学小提琴，女的学钢琴，我弹了没多久就不爱弹了，哎呀，小时候爱动，就是坐不住，那时候脑袋也挺精的，就说我喜欢拉小提琴，不愿意练钢琴。我就知道，那小提琴我哪拉得了呀！我那么小，哪架得住小提琴，我想我就可以赖掉了！结果我二哥，就找了一个朋友，借了一把小琴给我，后来就非要拉不可了！学了几年以后，他们就觉得家里都是拉小提琴的，无法拉重奏啊！所以要有一个学大提琴的，就看上我了，因为我学得最浅嘛！所以改行也无所谓了！

由于志文加入音乐行列，使得热衷音乐的几位手足的心情也跟着变化，想法也跟着多了起来，当时哥哥、姐姐们觉得小妹的嗓门低，颇似大提琴低沉浑厚的音色，再加上志文的手形与条件也适合拉大提琴。如果志文专攻大提琴，再加上幼文的钢琴伴奏，海城、兴城、华城与志文四人就可以组成司徒家族室内乐团，演出弦乐四重奏。憨厚的志文，听从了兄长们的分析与怂恿，就开始专攻大提琴，而这一投入便是数十年的光阴。

1945年，12岁的志文考上国立上海音专特别选修生，使得当时中国最高音乐学府中，司徒家的兄妹就占了5人。

## 上海音专专攻大提琴  一流乐团最年轻成员

志文第一位大提琴老师就是海城的同事、上海工部局交响乐团首席大提琴俄籍教授舍辅磋夫（I. Shevtzoff）。舍辅磋夫是位白俄，有相当高的音乐艺术造诣，大提琴的演奏出神入化，在俄国革命战乱时期流落中国。志文提到在初学大提琴时，得到名师的教导，使她琴艺进步神速，对音乐的理解和热爱与日俱增。

当时上海市府交响乐团大多数都是外籍人士，唯有出类拔萃的中国人才可以成为该团的演奏员。志文的哥哥海城、兴城与华城，都是当时能跻身其中的少数中国人。每逢乐团演出，乐团的家属经常可以得到赠券，志文当时自然成为场场不落的小听众。乐团精湛的演出，不仅激起她内心对美妙旋律的向往，也唤醒她潜在的音乐灵感，她那时有着强烈的思绪："我也要成为这一流乐团的一员！"

国立上海音专里学习大提琴的人寥寥无几，在这不多的学生中，最特别的一位老大哥是后来蜚声中国的著名指挥家李德伦。[1] 在战乱的时代，受限家庭经济的缘故，志文和哥哥都参与过一些有偿的演出，有时候他们也约集一些同学，通过朋友牵线帮忙，举办小型音乐会，或是帮话剧配音，同时扮演一些小角色。志文还清楚地记得，她的大师兄李德伦，既坐在乐池里拉大提琴为台上配音，又抽空上台跑龙套，演个小角色，一次差点误场，匆忙间顾不上把手上拿着的一本洋装原版外文书放下，往怀里一掖就上台了，却不慎掉在了台中央，惹得观众们哄堂大笑。

这年，志文参与上海音专学生乐队在天蟾舞台的演出，后来又参加圣约翰大学、四哥华城之沪江大学的学生乐团与教堂圣乐队。经常性的舞台演出，让志文不但能够筹集一些零花钱，也提高了自己演奏的技巧，以及对音乐鉴赏的能力。

1947 年，上海市政府交响乐团主办，在兰心大戏院举办了一场"司徒家庭音乐会"，海城、兴城、华城、志文兄妹四人，或独奏、或重奏，这场弦乐演奏迷醉了在座的听众，当时年纪最长的海城刚 26 岁，志文也才 14 岁。

1951 年，时年 18 岁的司徒志文在拍摄黄河大合唱新闻纪录片时的演出（摄于布达佩斯）。

1949年，上海解放，上海市交响乐团更名为上海人民政府交响乐团，当时一位外籍大提琴手病故，需要一位团员加入补位。16岁的志文参与严格的甄试并通过试用的过程，获得以一丝不苟著称的外籍指挥富华（Foa）的认可，成为该乐团有史以来最年轻的成员。

1951年夏，新中国第一次组织大型文艺使团——中国青年文工团，志文膺选为中国青年文工团管弦乐队首席大提琴手，也是中国第一位最年轻的女大提琴首席。自此18岁的志文离开上海，并随团出访苏联、东欧及奥地利等国达一年之久，当时团长是周巍峙，乐队队长是韩中杰，当年与志文同在上海乐团工作的参与者还包括日后知名指挥家秦鹏章、陈传熙和知名小提琴家杨秉孙。

1951年8月，司徒志文与上海交响乐团另外四位同事一起赴柏林参加世界青年与学生和平联欢节留影。

参加东德柏林第三届世界青年与学生和平联欢节，也是新中国的管弦乐队第一次走出国门，青年艺术家包括音乐、舞蹈、京剧、歌剧、杂技等各方优秀人才，但演奏交响乐的条件并不成熟。1951年7月出发时，乐团带着刚排演完成的冼星海《中国狂想曲》，希望在出访期间为外国听众演奏中国的交响乐作品。文工团出发先到苏联，并先通过内部表演，听听苏联音乐家们的意见，结果他们认为乐手演奏仍有欠缺，因此文工团听从意见，刚刚走出国门的《中国狂想曲》，只在苏联演过之后，即悄无声息地跟着文工团在欧洲走了一年多，带着遗憾和失望回到了中国。

然而横贯大半个欧洲的出访及演出，让志文与外国音乐家密切交流，累积起舞台上演出的专业经验，她回忆道：

那次出访，乐队是最辛苦的了。因为舞蹈演出，要伴奏；杂技演出，要伴奏；独唱、合唱演出，要伴奏；歌剧演出，还是要伴奏。谁都有间歇的时候，唯独乐队没有间歇。当然，频繁的舞台演出，对寻觅最佳舞台感觉，是十分有益的。

在这一年演出的经历里，志文最为难忘的是到奥地利的演出，她在《新中国成立前后的中国交响乐》一文当中，谈到这段难忘的情景：

当时奥地利还是由美、苏等四国共管，中国青年文工团到达维也纳后，住在苏占区的奥地利共产党党校里面，奥地利共产党已经为文工团租下了金色大厅。由于反面宣传的影响，很多人对中国和中国的艺术并不了解，文工团到达后，舞台工作队的同志去金色大厅看演出场地，同大音乐厅经理见面时，经理竟然只伸出三个指头来握手，态度很冷淡。舞台工作队的同志回到文工团对大家说起，大家都十分气愤。更加增添了演好晚会的决心。结果，那场演出十分成功，最后一个节目演完，全场清一色的外国观众受到强烈感染，鼓掌欢呼，演员们返场谢幕达八次之多。见反响如此强烈，奥地利共产党又请文工团在维也纳市政府广场举行露天演出。结果广场上来了两万多观众，那天，毛毛雨纷纷扬扬地下个不停，但全场观众都冒雨看完了中国艺术家表演的全部节目。[2]

访问演出归来，志文与许多队员都被留在北京，并以此为班底，组建起中国第一个大型歌舞文艺演出团体——中央歌舞团，由年仅19岁的志文出任首席大提琴，之后与同在中央歌舞团任职小提琴演奏者，大她八岁的孟昭林[3]相识，并结缡为音乐夫妇，幽默的志文曾分享她和丈夫新婚时

1952年10月，司徒志文于北京香饵胡同练习。

1954年，司徒志文与中央歌舞团交响乐队于北京大学合作演出德沃夏克的《降B小调大提琴协奏曲》。

的情节：

我和昭林的结婚旅行在那时是十分有情调的，我们可是在颐和园旅行了一整天。

1954年春，志文于纪念世界文化名人捷克音乐家德沃夏克（Antonin Dvorak, 1841~1904）时演出世界经典名曲《降B小调大提琴协奏曲》，收到一封听众热情的来信：

听了你演奏的降B小调大提琴协奏曲和新世界交响乐，我认识了德沃夏克，也接触了交响音乐，多美好的艺术！……世界各民族的优秀文化艺术是全人类的精神财富！

希望你们更多地向我国人民介绍各国优秀的交响乐，也希望你们向德沃夏克学习，热爱祖国和人民，为创建自己的民族交响乐作出贡献。

三十年后，志文提到这封信对她的影响：

这位诚挚的听众，热切的期待，一直鞭策与激励着我，多少年来，音乐围绕着我，多少甘苦，多少欢乐！

曾是中央歌舞团合唱队的冯琬珍，记述她对志文的印象：

1954年我刚考进中央歌舞团合唱队，第一次参加与乐队合乐时发现这样一个国家级的乐队，任大提琴首席的竟是一位个头和我差不多，年龄20刚出头的小姑娘。再听到由她演奏的乐曲中大提琴独奏片段时，那流畅、娴熟的琴技和融融的、浓浓的琴声深深地吸引了我。那以后，只要是合乐或听乐团排练，我总会情不自禁地希望听到她的琴声……[4]

志文的光彩，不只在中国，也开始展现在国际的舞台上。1955年，她再次前往华沙参加第五届世界青年与学生和平联欢节，仍出任大提琴首席。志文至今还清楚地记得，当时，交响乐队演出了三首交响乐作品——中国的《貔貅舞曲》、柴可夫斯基《第四交响曲》最末乐章和波兰的《哈尔卡序曲》（Halka Overture）。

1956年，中央歌舞团分为中央乐团、中央民族乐团、中央歌舞团三个团体，志文被安排在中央乐团（1996年改名为中国交响乐团，简称国交），仍是大提琴首席，并且同时担任该团独奏独唱组组长。

1957年冬，她应邀赴越南音乐学院担任客席教授一年，成为第一位文化部以教授身份派赴国外教授大提琴的专业人才，时年24岁。

## 挑战进入大师门下　却患手疾离开首席

1959年，德国德勒斯登交响乐团访问中国，与中央乐团合作演出贝多芬第九号交响曲《合唱》，志文听到其中一位德籍老团员激动地说："今天我是在具有数千年文明史的中国，同孔夫子的后代坐在一起，演奏我们伟大的贝多芬，真叫我终生难忘！"志文深受感动，而且无比自豪。她觉得音乐是没有国界的，伟大的艺术必然为具有高度文化的人民所共享，而身为一位音乐工作者，有责任将音乐介绍给更多人，让音乐深入各个阶层。

1960年冬天，志文在音乐学习路途上有了极大的转折。27岁的她，艺术能力备受肯定，并被文化部以进修教师资格选赴苏联莫斯科音乐学院学习。与先前受派的两位学生一样，被指定在克努塞维斯基教授的班级进修大提琴。克努塞维斯基虽然享誉乐坛，但志文认为，中国前往苏联进修的大提琴家都拜在同一人门下，不免只有一种风格，既不能与其他艺术家广泛交流，亦无助于中国乐坛的丰富发展。

心直口快的志文遂直接提出要求，希望能在科佐鲁芭娃教授门下学习,没想到竟引起校方的不悦,便告诉她,如果要换教授,就必须进行更严格的考试,再看哪位教授愿意接收你,志文毫不犹豫地答应了,而且顺利通过严厉的考验,成为虽仅大她六岁,但已是世界闻名的大提琴大师罗斯托洛波维奇(Mstislav Rostropovich, 1927~2007)[5]的学生,成为大师一生中唯一的一位正式入室的中国女学生。

近距离亲近首屈一指的大提琴巨擘的演奏,让志文受益不少,她细微观察到罗斯托洛波维奇的演奏音量极为浑厚,独具魅力,经她反复观察琢磨发现,老师握弓的方式特别与众不同,拇指稍作变化,就能获得异乎寻常的音乐效果。

为了不枉师从名家的际遇,志文开始不断向老师提出一系列问题,除了如何使演奏增色的技艺外,还包括克服演奏中有碍艺术表现的缺陷与毛病。但好学的志文,有时问倒大师,因为他并不认为志文的演奏有这些问题存在。

但罗氏严格要求志文背熟、拉熟大量经典曲目,他强调音乐没有捷径、没有可取巧的余地,就是要一弓一弓地熟悉理解感受经典作品的灵魂意境和表现方式。当时志文对于老师的要求,要她拉熟、背熟这么多经典曲目,有些难以理解,后来当她看到罗

2002年,著名大提琴家,同时也是司徒志文的老师罗斯托洛波维奇到中国访问,志文在北京设宴招待。

斯托洛波维奇风靡世界的演出盛况后，终于有所领悟。

她认为，罗氏之所以能在经过政治风波、与世隔绝一段时间后，不经长时间的恢复即能上台演奏，且光彩照人，靠的就是他深厚的积累与扎实的功力。

热情无限的学生遇上热情无限的老师，迸发出无比的火花。志文期待自己能达到老师最高标准的境界，自我要求极为严格，进修异常辛苦。刚到莫斯科时正值隆冬，志文暂住在门氏化工学院宿舍，要在刺骨寒风中走好长一段路到音乐学院上课；而课堂上因长时间拉琴，手、臂、腕都被使用到极限，十分疲劳，连冻带累的结果，终于伤及筋骨，最后竟然严重到无法拉琴。后来经医师诊断为手臂多发性神经炎，可惜治疗许久却未见效果，她因此被迫减少练琴的时间，但却因此增加了听课及听音乐会的机会。

就这样，志文凭着过人的毅力坚持在苏联的学业，不过当她完成期末一次测试后，整个手臂都动弹不得了。这对热爱音乐的志文来说，无疑是一项残酷的打击。回国后，因为手疾，志文必须从中央乐团大提琴首席的位置退下来。

不过，天性开朗的志文并未因此被打倒，相反的，她把更多时间投注在基础理论与音乐教育的学习上。更何况在跟随罗斯托洛波维奇的学习期间，对大师教学的方式、风格与诲人不倦的品

1963年，司徒志文摄于北京小汤山疗养院。（摄／蒋齐生）

行有了亲身体验，使她面对音乐教育有极大的信心。时至今日，出自她门下的大提琴家已不下两百余人，分别在国内外各地担任大提琴领域重要的工作，在中央乐团大提琴的席位上，先后曾有九名她的学生，可见她投入音乐教育工作的成效。

其后，志文在广东从事教学期间，遇到一位良医，诊断出她的手疾并非神经炎，而是肌肉劳损。治疗的方式改变后，司徒志文的手臂果然迅速好转，并得以在阔别舞台六年后，重新站上舞台！虽灵活性和耐力受到影响然而志文对音乐的思考非但不感到陌生，反而有另一番全新体验，对于运用大提琴语言叙述音乐的把握，似乎更能随心所欲了。只是无奈好景不长，一场政治风暴席卷而来，而且一来就是整整十年……

## 十年政治风暴来袭　痛心丧失百年古琴

1966年"文化大革命"展开，舞台上的荣耀却成了志文重要的致命伤，特别在志文身为党员，志文的夫婿孟昭林却因被误以为是特务而被拘禁审查，让志文深受伤害。华城的妻子钱沈英回忆提到：

> 志文家被抄了四次，因为她夫婿孟昭林和当时一个大特务同名同姓，而被抓起来在乐团的范围内挂牌游街，后来才知是同名同姓的乌龙，同一起案件竟有四十七位孟昭林被牵连。

抄家时，志文散失了许多宝贵教材、文字资料、节目单、评价文章等，其中最大的损失是自己所珍爱的百年古大提琴。2000年11月《北京青年报》的一篇关于北京中粮古钢琴咖啡馆的报道，写到了这把古大提琴的小故事：

> 走进中粮广场的古钢琴咖啡馆，吸引你视线的定是那些椅子，它们由老榆木制成，大提琴的形状，深咖啡的颜色。它们的存在，把这座咖啡馆谱成了一首回味悠长的乐曲，它们厚重踏实

默默不语，用最舒缓的音符记录着一章章音乐界的前程往事。

司徒志文，中国中央乐团第一任首席大提琴，她当年拉的琴是这些椅子的原型。那是一把产自德国的大提琴，是半个世纪前，志文的二哥海城花了300美元买下送给她的，对此她视若珍宝，呵护备至。"文化大革命"中，琴被抄走，不知流落何方。"文化大革命"后期，司徒志文被告知琴的面板已让人压碎，扔在乐团的仓库里。她赶去捧起破碎不堪的提琴，禁不住潸然泪下。她发誓要修好琴，在面板背后补了一百多个疤，再举弓拉琴，从前的珠圆玉润已荡然无存。

而后北海白塔寺翻修，卸下一块乾隆年间的老松木，乐器厂李师傅应司徒志文的请求用老松木做了一块新面板装在了琴上。焕然一新的大提琴里又流淌出了音乐，上海学生还把琴借去参加了国际室内乐比赛。

支离破碎的提琴旧面板被司徒挂在家中墙上，权当纪念，它经历一个多世纪的风风雨雨，终于找到了一方可栖息的安详之地。

一日，正修建古钢琴咖啡馆的北京音乐厅老总钱程到司徒家拜访，见到墙上的提琴顿生灵感，于是借来依葫芦画瓢仿制了两百多把椅子。古钢琴咖啡馆有了这些椅子，好比雕塑人像时嵌上了眼睛，顿时鲜活了起来，分明了起来。[6]

在十年浩劫中，外国交响乐一律禁演，中国作品只能演两三首。摧残整个交响事业，直到"文化大革命"后期，志文才再次站上舞台，先后参与1978年6月小泽征尔访华指挥中央乐团，以及1979年卡拉扬大师访华指挥的柏林爱乐交响乐团与中国乐团的联合演出。

能够参与卡拉扬指挥的演出，志文感到无比的荣耀，她说：

这个被世界誉为最杰出的交响乐团，当年是不吸收妇女参与的。当时参与柏林爱乐交响乐团联合演出的中央乐团二十几名演奏员中，有我和张志勤等四位女同志。我们享受了在艺术大师卡拉扬指挥下演奏经典名作的无比欢乐。当演奏结束时，在雷鸣的掌声中，两国艺术家互相握手致贺。此时此刻，我想到的是：我是一名中国妇女，我为中国女性而骄傲！

20世纪80年代，志文热心投入教育与音乐推广的活动。直接影响志文投入心力的，除兴城生前在台湾提倡"人人接近音乐、人人学习音乐"的理想外，苏俄教育家苏霍姆斯基"音乐教育不是专门培养音乐家，而首先是培养具有高尚品格的人"的主张，也影响了志文决心投入音乐推广教育的工作。

志文具体的投入包括1980年为教学需要出版了《实用大提琴教程》、《古典奏鸣曲集》等音乐专著。1984年，中国音乐家协会、中央乐团等单位联合举办《司徒志文教学活动35周年纪念音乐会》，会上志文的学生们年长的已经是音乐团体的独奏员；年幼的则十岁出头，一起演奏世界名曲，全场听众莫不感慨万分。

当时已是中国著名指挥家的李德伦，在此次音乐会节目单上写到志文的贡献说：

> 一位从事交响乐事业的大提琴家，35年如一日，坚持教学，为全国各地培养了一批批专业人才，这种精神是高尚的，值得敬佩，这种行为理当纪念，一切热衷于人才开发的同志都会受到启迪。

李德伦的题辞，并非只是一个客套的开场，李德伦个人即从学习大提琴演奏开始，一路走上音乐的道路，他深知音乐教育的推广，在中国是一条艰辛的路。

## 力行音乐推广

1986年，志文开始筹措一连串的音乐推广活动，她是"中国音协表演艺术委员会大提琴学会"主要创建人，并被推选为首任会长，积极推广大提琴音乐及教学。当年，大提琴学会就在济南举办第一届全国、全级别（老、中、青、少、幼）大提琴比赛，而这一个创举，大大促进了大提琴艺术的发展。

1987年，她提出"让音乐进入家庭"的倡议，并以组织音乐会及多场讲座，掀起一波古典音乐复兴运动。

1988年夏天，志文以中国大提琴学会会长身份，率团参加美国华盛顿举行的第一届"世界大提琴大会"（The World Cello Congress），大会主席正是志文三十几年前的老师——俄罗斯大提琴大师罗斯托洛波维奇，师生久别重逢，分外高兴。

志文以中国贵宾的身份，向世界各国的著名大提琴家介绍中国大提琴事业的发展，展现中国大提琴学会拥有800多名会员的实力。嗣后，志文获美国俄亥俄州IOCA大提琴学会荣誉会员之殊荣，并参与由法国大提琴家托特里（Paul Tortelier, 1914~1990）任首席，三百名大提琴组成的乐团，合奏世界大提琴名曲。参与了在华盛顿国家图书馆大礼堂举行的中国大提琴作品专场音乐会，赢得世界对中国大提琴音乐的赞赏。

1989年秋，志文与著名女指挥家郑小瑛、女小提琴家朱丽共同创办了"爱乐女室内乐团"（前身是经文化部艺术局批准，挂靠在中央乐团的爱乐女室内乐团），并担任首任理事长兼首席大提琴。为了这个室内乐团，志文与伙伴们不分昼夜工作，租场地，借乐器，印乐谱，发通知，拉赞助广告，跑公关，管要务，找主办、协办单位，甚至拿出积蓄，筹集经费，还得亲自参与演出。

1990年，志文应邀前往莫斯科，出任柴可夫斯基国际大提琴比赛评委。与此同时英国国际传记中心（剑桥）将志文选为研究员，并与美国传记出版公司收录了她的传记。

1992年，她受聘担任北京社会音乐学院副院长兼大提

1990年，司徒志文摄于北京。（摄／刘铮）

1992年，司徒志文于北京公演留影。

琴教授，成为获国家文化部颁授"一级演奏家"及教授双高职称的音乐家。

1993年，爱乐女室内乐团从最初的十几位，扩展为数十个人的正式乐团，并被文化部派赴欧洲，在德、法、荷等国演出取得很大的成功，胜利地完成国家文化交流任务。

1995年，为迎接第四届世界妇女大会在北京召开，在爱乐女室内乐团基础上扩建的爱乐女交响乐团，感召了中国各地四十多个表演团体及音乐院校女性表演者，让女性音乐专业人士受到更多关注与重视。并在9月9日世妇会上，由108名女性演奏家于北京奥林匹克体育中心，在世界各国的妇女代表与嘉宾前成功演出《进行曲——女性的风采》交响曲，以及贝多芬第九交响曲乐末章《欢乐颂》，博得各国代表的热烈反响和赞扬，一位外国代表激动地赞叹："这不仅是中国，也是我们全世界妇女的骄傲！"

1996年，由于中央乐团解体等诸多原因，爱乐女室内乐团不得不宣布解散。当时，这支以奉献精神为支柱，完全利用工余时间展开活动的表演队伍已经演出了近三百场，备受社会各界的喜爱和赞誉。国内外七十多份报刊媒体在报道乐团解散消息时，无不表达他们的惋惜、呼唤和关怀，引起社会的广泛关注。《光明日报》发表的"爱乐女，我们需要你"一文，更是表达了广大爱乐女乐迷们的心声。在顺义县张喜庄乡和世都百货公司的鼎力相助下，不出两个月爱乐女再次复出，并成为中国第一个在工商注册，民营的专业表演团体。

爱乐女继承了原室内乐团的优良传统、宗旨与特色。签约的演奏者大多是长期合作的老战友，此外，也增加了一些各音乐艺术学院的年轻毕业生，而几位长期与爱乐女合作的国际比赛获奖者，如宋飞（二胡）、章红艳（琵琶）、黄桂芳（三弦）、谢楠（小提琴）、周小曼（花腔女高音）、杨光（女中音）等都以特邀演奏者身份继续与乐团合作，爱乐女得以拥有、保留全部节目。在此期间，志文除了努力奔走、联系，让爱乐女持续顺利经营外，也转任为爱乐女音乐艺术中心总监和爱乐女乐团团长，并更积极推展音乐普及的工作。

1997年，爱乐女与"中华慈善总会"建立了"音乐普及工程基金"，与朝阳区文化馆携手共建旨在普及高雅音乐的"音乐角"活动，力争使"音乐角"活动在两年至三年时间里走遍全北京市的大专院校，通过演出和讲解，普及交响乐。

1998年4月爱乐女改制为股份制公司，并充实经济实力和扩大业务经营范围。由于这种经营交响乐团的模式，没有任何现成的经验可以借鉴，因此所有的需要都必须通过实践去开拓。

2002年志文被推举膺选为中国音乐家协会大提琴学会名誉会长，中国文坛网如此介绍志文：[7]

2002年4月号的《传记文学》杂志的封面人物为司徒志文，本期详细地描述了志文在音乐这条路上的苦与乐！

　　司徒志文教授是著名大提琴演奏家、音乐教育家、国家一级演奏者、中国音协大提琴学会会长，曾任社会音乐学院副院长。先后就读于国立上海音专及莫斯科柴可夫斯基音乐学院，师从舍辅磋夫和约希姆等著名教授及艺术大师罗斯托洛波维奇。她是中央乐团第一任大提琴首席，并在国内外多所音乐院校兼任教职，为教学出版过《实用大提琴教程》、《古典奏鸣曲集》等音乐专著。司徒教授一直热心于音乐普及工作，率先提出"让音乐进入家庭"的倡议，多次在北京[8]、天津[9]、广东、山东等地组织开展音乐普及活动。

1988年，司徒教授被邀请率团出席在美国举行的首届世界大提琴大会。

1990年受邀担任柴可夫斯基大提琴比赛评委，英国国际传记中心（剑桥）及美国传记出版公司曾多次收录了她的传记。同年，又入选为英国国际传记中心的研究员。在爱乐女室内乐团创建的五年时间里，司徒志文教授一直担任乐团的大提琴首席及理事长职务。现任爱乐女音乐艺术中心总监和爱乐女乐团团长。

志文参与交响乐团演奏生涯前后延续60年，演出足迹遍及欧、美、亚洲30多个国家及地区，以及全国二十多省、市及自治区，演出场次高达六百场以上，是我国从事管弦乐合奏事业年限最长久的女性艺术家、演奏家、教育家。

五十余年来，她为数十个文艺团体培训、辅导大提琴演奏员，创设"让音乐进入家庭"的讲座，并发起了"音乐普及月"等活动，亦曾应邀担任全国作品比赛、全国大提琴比赛、全国提琴制造比赛以及莫斯科柴可夫斯基国际大提琴大赛的评审委员、全国文化部隶属艺术表演团体艺术专业人才应聘资格考试委员、弦乐组副组长、国家职业技能鉴定专家委员会委员等职务。

大陆《生活之友》杂志连锦天专访志文"让音乐进入你的家庭"时，提到他看到的这位总是有着爽朗笑声的老太太，对于音乐普及推广的事业，有着一种傻劲儿与执著，当提及近年大陆上流行录音作品可挣大钱时，志文总推说"没时间，没工夫……"但和她聊起组织大提琴学会，和她聊起教育，她则会说"豁出

2006年，司徒志文在北京家中与其大提琴合照。

去，上了马就下不来了"。至今她仍投入教学工作，并热心参与大提琴学会的各项活动。

志文的女儿孟淑玲是北京实美职业学校的钢琴高级教师，外孙司徒孟双毕业于北方交通大学本科计算机专业，2002年去新西兰入奥克兰大学硕士研究生班学习计算机科学，毕业后在当地就业，现在新西兰奥克兰 Altech Computers N.Z.Ltd. 任产品总经理。工余时间仍爱弹钢琴和拉大提琴，并有时参加当地百花艺术团的演出。

司徒志文与钱沈英（右）、司徒达芳（左）三人于2006年在北京合影。

## 司徒志文教授重要著作

1. 司徒志文，《实用大提琴教程》，北京：人民音乐出版社，1980。
2. 司徒志文，《古典大提琴奏鸣曲集》，北京：人民音乐出版社。
3. 司徒志文，《大提琴中外名曲集》，北京：中国青年出版社。

## 司徒志文教授重要演出暨音乐活动年表

1. 参加上海音乐管弦乐团暨圣乐团演出。（1945）
2. 上海市政府交响乐团主办司徒家庭音乐会担任独奏、重奏演出。（1947）
3. 1950年，司徒志文以17岁稚龄，成为上海人民政府交响乐团有史以来最年轻的成员。
4. 参加第二届司徒家庭音乐会，演出独奏重奏节目。（1950）
5. 参加上海市音乐家代表团赴南京公演。（1951）
6. 为中国作曲家管弦乐作品首演参与演出马思聪："山林之歌"，瞿维："白毛女组曲"，朱践耳、罗忠镕、田丰、王西麟等作曲

家的交响乐曲、交响诗，辛沪光："嘎达梅林"，钢琴协奏曲"黄河"等。（1950~1990）

7. 参加中国政府建国后派出的第一个出国访问演出大型文艺团体——中国青年文工团。在苏联、民主德国（东德）、匈牙利、波兰、罗马尼亚、保加利亚、捷克斯洛伐克、奥地利演出了一百多场，任管弦乐队大提琴首席。（1951~1952）

8. 1952年，19岁的司徒志文任中央歌舞团首席大提琴。

9. 国家重大庆典、国外元首访华系列专场演出。（1953~1966）

10. 德沃夏克大提琴协奏曲及钢琴三重奏，在北京天桥剧场、北京大学及捷克驻华大使馆演出。（1954）

11. 参加中国艺术团，担任首席大提琴，随团赴波兰华沙参加第五届国际青年联欢节演出。是为中国的交响乐团首次出国演出，指挥韩中杰。（1955）

12. 1956年春，应聘为北京中央乐团第一任首席大提琴，兼任独唱独奏小组第一任小组长。

13. 在越南出任大提琴专家，其间参加"支援阿尔及利亚革命斗争专场音乐会"担任独奏。（1958）

14. 1950年代起在中央乐团及爱乐女室内乐团担任首席大提琴，巡回演出近六百场。（1950~2000）

15. 先后参加卡拉扬大师指挥的柏林交响乐团、小泽征尔指挥的波士顿交响乐团与中央乐团的联合演出。（1978、1979）

16. 应中央歌剧院乐团指挥郑小瑛教授之邀，担任该团特邀首席大提琴，随团赴芬兰赫尔辛基举行专场中国交响乐作品音乐会，首次在该国公演。（1988）

17. 应第四届世界妇女代表大会之邀在北京开幕式音乐会上，郑小瑛教授指挥，率领北京爱乐女交响乐团，隆重演出。（1995）

18. 在第一届世界大提琴大会上，于华盛顿美国国会图书馆大礼堂参加演出中国大提琴独奏作品音乐会。（1988）

19. 随中央乐团出访美国40天在华盛顿、纽约、芝加哥、旧金山等24城巡回公演。（1987）

20. 随爱乐女乐团出访德国、荷兰、法国三国公演。（1993）

【注释】

1. 李德伦,中国指挥家。1917年6月6日生于北京。中学时代就对音乐产生兴趣,开始学钢琴。1935年投身"一·二九学生救亡运动",次年参加北平歌咏团联合会,从事救亡歌咏活动。1938年就读于辅仁大学历史系,课余组织并参加学生乐队活动。1940年考取上海国立音乐专科学校,先后从舍辅磋夫、R.杜克生及弗兰克尔学习大提琴和作曲理论。1942~1946年间,与音专同学谭抒真、司徒华城等共同组成"上海青年交响乐团"。1943年参加黄佐临主持的苦干剧团,为该剧团配乐并指挥乐队。抗日战争胜利后,他积极参加进步学生运动及文化界民主运动。1946年前往延安,在中央管弦乐团任指挥。后随该团转赴晋冀鲁豫解放区,指挥演出了歌剧《兰花花》、《赤叶河》和一些秧歌剧。中华人民共和国成立后,任北京人民艺术剧院乐队指挥,由他指挥首演了歌剧《王贵与李香香》和《打击侵略者》等。1953年赴苏联学习,为莫斯科国立柴可夫斯基音乐学院歌剧交响乐指挥系研究生,导师为阿诺索夫教授。在苏联期间进行了大量的演出,曾指挥过包括苏联国家交响乐团、列宁格勒爱乐交响乐团和全苏广播大交响乐团在内的20个乐团。1956年参加"布拉格之春"音乐节演出。1957年任苏联国家交响乐团实习指挥。同年,曾在莫斯科指挥爱乐交响乐团与俄罗斯共和国合唱团演出冼星海的大合唱《黄河》。1957年9月回国后,一直担任中央乐团交响乐队指挥。"文化大革命"期间,西洋音乐在中国曾被禁止多年,1977年李德伦终得以站上舞台重新指挥贝多芬作品,并借以纪念这位逝世150周年的作曲家。

二十多年来,李德伦对中央乐团交响乐队的建设有重要贡献。他的指挥注重揭示作品的内涵和总体的构思,指挥动作简洁自然,表情适度,富有启发性。他指挥的曲目非常广泛,尤其热心于支持中国作曲家的管弦乐新作品,如王义平的《貔貅舞曲》,罗忠镕的第一交响曲《浣溪沙》,吴祖强等的琵琶协奏曲《草原小姐妹》和陈培勋的第二交响曲《清明祭》等,都是由他指挥首演。他还热心于进行交响音乐的普及工作,举办数百次"交响音乐欣赏讲座",常在音乐会上亲自讲解演出作品,深入学校、工厂等基层单位开设音乐欣赏讲座,以及辅导各地的管弦乐队等,为传播音乐知识,推广优秀的交响音乐作品,作出了一定的成绩。1987年3月1日,交响乐爱好者在北京成立,并于体育馆举行"交响乐之春"音乐会,李德伦指挥由中央乐团等十一个专业演出团体、八百多位专业演奏家所组成的交响乐团,演出李焕之的《春节序曲》及柴可夫斯基的《1812序曲》,气势磅礴,打动了三万多名听众。

(引自中国智慧藏大百科,"《让音乐走入家庭——怎样欣赏交响乐》1987年3月音乐讲座主讲人李德伦简介",http://140.137.101.73:8008/cpedia/Content.asp?ID=70627&Query= &。)

2. 司徒志文,《新中国成立前后的中国交响乐》,中国文化信息网,http://www.

ccnt.com.cn/music/jiaoxiangyue/jiao.htm?file=05。

3. 2002年7月孟昭林癌症病逝，从新闻报道《美妙歌声为孟昭林送行》中看到，孟昭林与志文原同为提琴演奏员，后为中央乐团交响乐队队长、中国合唱协会副会长兼秘书长。1982年举办第一届北京合唱节，1986年筹建中国合唱协会，并创办北京音乐厅节日合唱团，为中国音乐发展贡献一生。

4. 冯琬珍，洒向人间都是爱，老年文化，第一期（2000），12~13。

5. 大提琴家罗斯托洛波维奇几乎录遍所有可供大提琴演奏的曲目，也激启20世纪多位卓越作曲家的创作灵感，特别为他谱写大提琴作品。他曾经担任美国国家交响乐团音乐总监17年，亦曾以客席指挥的身份与伦敦交响乐团、维也纳爱乐及巴黎管弦乐团等合作，由他指挥过的乐团更遍及世界各大洲。

   罗斯托洛波维奇除了是举世皆知的才华洋溢音乐家，也是坚强的人权捍卫者，获得包括国际人权协会的年度奖章等许多奖项。他并成立基金会协助改善俄国境内儿童的健康状况。他除了是乐界的典范，也充分体现人文精神。

   罗斯托洛波维奇一直努力推展20世纪音乐作品，他曾与伦敦交响乐团演出全场布瑞顿、肖士塔高维奇、普罗柯菲耶夫和许尼特克的作品。分别在俄国圣彼得堡与日本东京，举办"肖士塔高维奇音乐节"。又于莫斯科及圣彼得堡，以音乐会形式指挥演出肖士塔高维奇的歌剧《慕辛斯克地区的马克白夫人》，采用1932年之后就未再演出过的原版。

   基于对现代音乐的爱好，他指挥过许多当代歌剧的世界首演。而题献给罗斯托洛波维奇的大提琴曲总数在170首以上，其中包括普罗柯菲夫、肖士塔高维奇、布瑞顿、詹姆士·麦克米兰（James MacMillan）、杜第犹、伯恩斯坦和朗兹（Bernard Rands）。

   罗斯托洛波维奇获颁40个以上荣誉学位，全世界有三十多个国家颁给他超过130种重要奖章，包括：英国的骑士勋爵、法国的骑士勋章、法国艺术学院成员、日本艺术协会最高勋章、美国总统颁授的自由奖章及肯尼迪中心荣誉奖章。（引自新象文教基金会，"罗斯托洛波维奇2003年指挥之夜与协奏曲之夜"，新象文化网，http://www.newaspect.org.tw/p_show.php?id=103）。

6. 王卫，"椅子的故事"，北京青年报，2000.11.21，第二十五版。

7. 文坛采编，"司徒志文"，上海典图网络科技有限公司，http://www.wentan.com/html/renwu/ytstar/2005-10/27/20531.html。

8. "让音乐走入家庭"，第一期，主办单位：中国音乐家协会表演艺术委员会大提琴学会、首都女新闻工作者协会、北京音乐厅（1987年3月）。

9. 共计四场：1988.3.27上午9:30 "音乐讲座——严肃音乐欣赏会"；1988.4.3上午9:30 "音乐讲座——让音乐走入家庭"；1988.4.10上午9:30 "音乐讲座——怎样欣赏音乐会"；1988.4.17上午9:30 "任虹的家庭音乐会"。地点在天津的第一工人文化宫。——"李德伦、司徒志文来津主持音乐讲座，让音乐走入家庭活动月下旬开始"，天津日报，1988.3.20，第三版。

# 司徒金城

1916 ~ 2001

如果没有金城，就不会有今日司徒家族第三代达宏光耀全球的杰出成就，金城不仅资助这个家族的发展，身为大哥的他念兹在兹的就是要光耀家族，甚至司徒金城因心脏衰竭而以85岁高寿过世之后，他的儿女仍努力实践父亲生前的遗愿，要将这个独特的中国音乐家族的奋斗与成就，记录下来以流传后世，所以可以说没有金城，也就不会有《舰与琴——造船工程师和他的音乐家族》一书的面世了。

# 司徒金城（1916~2001）

1979年美国《时代》杂志（Time Magazine）的音乐专栏上刊登小泽征尔率领波士顿交响乐团前往中国演出的报道，当时中国"文化大革命"刚结束三年，各种文艺与音乐活动逐渐发展，小泽征尔前往中国，代表的不仅是当时中国气氛松绑，在报道文中的字里行间，我们也看到交响乐团的演出在中国所引起的旋风：

> *Welcoming banners festooned Shanghai, celebrating the Boston Symphony's first concert. The program included Verdi and Mozart, but it was Ozawa's showy reading of Berlioz's Symphonie Fantastique that draw an ovation from the normally reserved Chinese. At times the sheer commotion of the visit threatened to engulf any real musical results. The center of excitement was the conservatory. When Violinist Joseph Silverstein wandered into a studio where Situ Da-hong, 18, was practicing, the room was quickly jammed by other students, teachers and members of the press, including a CBS camera crew in full armor. The young man kept playing a Bach adagio, but it was a feat of poise. The next day, 500 violinists came for Silverstein's master class, some from hundred of miles away.*
> *— Storm, Playing Catch Up with Ozawa The Boston Symphony Orchestra takes Shanghai (TIME Magazine, MARCH 26, 1979), 73.*

1979年3月，《时代》杂志出现了Situ Da-hong（司徒达宏的英译名）！而这个名字，将分隔三十年的司徒家族再度连接了起来……

司徒金城的女儿达森,当年在美国图书馆工作时,阅读到这篇报道,而且看到了在上海的 Situ,这少有的姓氏引起她的注意,这是否与父亲的司徒家族有关呢?18岁的 Situ Da-hong,被发掘的小提琴天才演奏家,是否正是司徒音乐家族的后代呢?达森好奇地通过来自上海的同事打听,不久便和海城的妻子李肇真联络上,自此海峡分隔整整30年的台湾与大陆司徒手足们,终于得以通过台湾—美国—大陆(上海、北京)迂回辗转的转信方式通上声息。

志文回忆当年(1986)见面时的激动:

之前两岸交流很困难,我们也是花了时间特别去申请的,那时候是通过一个朋友在香港租了一个房子,然后和大哥在香港碰面。姐姐幼文跟哥哥华城与我三个人都去了,但上海哥哥海城就没有批准下来,没有申请到所以没有去成。

我还记得当时我们相见特别激动,大哥和我们说他年轻成家后,无力照顾双亲,两岸切断后,联系更是诸多困难,无法侍奉自己的父母尽孝,是他最大的憾事,因此见到弟妹事业功成名就,他特别高兴,正是由于司徒梦岩这一和睦大家庭的成员,自幼孕育的爱国、爱家、手足情深的情谊深深扎根在每个人的心田,使我们兄弟姐妹始终相亲相爱、互相信任、尊重,虽然相隔近30年,仍亲密无间,无所不谈,兄弟姐妹之间的亲情特别深厚。

女儿达森则回忆两岸开放后,父亲金城回大陆探亲的情况:

父亲还是个孝顺的儿子与有大哥风范的人,记得(1987)两岸开放后,他回大陆探亲,有能力资助弟妹他都尽量做。不过他常说最大的遗憾是在三叔赴美深造时,他当时没能力好好帮助三叔,以致让三叔拉琴的手因打工受伤……

## 司徒家活泼外向的好大哥

1916年农历十月初四,第一次世界大战期间,金城出生于上海，志文从母亲周氏那里，听过大哥金城小时候的趣事：

> 妈妈常说我大哥刚出生以后，只要一哭的话，都不让抱，就是不让管，不能哄他，妈妈说他嗓子都哭哑了，就是我爸（司徒梦岩）弄的，这也就是说家里还是有些规矩，但家规谈不上。

对于家中这位长子，显然梦岩采取着比较传统严厉的教育模式，但是这并未影响金城天生活跃，喜欢交际，喜欢交朋友的个性，女儿达森说：

> 印象里父亲是个爱玩的人，他喜欢四处旅行、交朋友，还喜欢打桥牌，他曾得到台湾省主席杯桥牌团体组冠军；所到之处常会设立桥牌社之类组织。有时出去聚餐回到家后，他还会跑到厨房研究把所吃的菜色做出来，让家人分享。

20世纪30年代的上海，正笼罩在日本军国主义逐步进逼的阴影之中，从1932年的"第一次淞沪战争"到1937年的抗战正式爆发，日军从吴淞大举进驻上海，期间大小武装冲突不断，十里洋场在一片风声鹤唳之中，与此同时，金城也正在上海基督教浸信会沪江中学与沪江大学中求学。

或许是因为1932年后，沪江大学将商学院迁至位于公共租界的真光大楼二楼，也或许是年少轻狂的金城，根本不让那群日本侵略者阻碍他享受青春时光的机会，个性外向的他不但经常参与教会活动，在当时动荡频仍的上海，也常与一群沪江大学的同学好友四处游玩。根据名作家张心漪[1]的回忆，金城与朋友一起出游时，最喜欢谈论的就是自己的家人，不停地跟好友们诉说"自己父亲会自制小提琴"、"弟妹都很会拉琴"等，可见金城年轻时便多么以自己家人的音乐成就为荣。

除了性格洒脱飞扬，身为兄长的金城亦十分照顾弟妹，完全地展现大哥风范，小妹志文回忆：

大哥睿智敏捷，遇事沉稳应对，对弟妹的学习与生活十分关心。在家里，我年纪最小，大哥会管我功课。1940年左右，大哥已经从沪江大学毕业，幼文再考上沪江，金城便特别带着妹妹幼文去拜访学校系主任、老师等。1948年华城在沪江大学化学系毕业前，要到工厂实习，金城已到台湾工作，但仍亲自通过朋友关系协助华城。1949年兴城从福建到台湾，他亦多方照顾。

## 扛起养家重担　进入海关任职

沪江大学毕业后，身为司徒家族中的长子，即使是个性潇洒不羁的金城，也不可避免要面对家中的生计问题。有绘画天分的他，很明白靠艺术是不可能支撑一大家子的开销，自己已经大学毕业，不能再让父亲一人辛苦地挑起家中所有的重担，而海关关员优于当年其他中国公务人员5~15倍的优渥薪俸，正可以马上纾缓家中窘困的经济，所以在现实的考量下，金城接受了二伯司徒仲权的安排进入海关。[2]

1843年7月22日，清政府被迫与英国议定公布了《五口通商章程：海关税则》，此后中国海关可说是英国人的天下，尤其1854~1950年间，外籍税务监督时代的两任税监督：威妥玛（Thomas Francis Wade, 1818~1895）、李泰国（Horatio Nelson Lay, 1838~1898）；五任税务司的前四任：李泰国、赫德（Robert Hart, 1835~1911）、安格联（Sir Francis Arthur Aglen, 1869~1932）、梅乐和（F. W. Maze, 1871~1959）全是英国人。要面对大量的外籍关员以及国际贸易业务，在此工作环境下，不可或缺的就是优异的外语能力。

二伯仲权殷切期盼这位侄子来海关工作的主因，不仅是司徒

司徒金城身为大哥，于毕业后便协助父亲扛起家中经济重担。后更资助后辈，使司徒音乐家族生生不息。

金城承袭了家学渊源的外语天分，可在海关工作中发挥重大的功用，其中当然也考虑到海关优渥的待遇可以帮助司徒家庭。

但天生性格活泼的金城，进了沉闷的公家体系，便觉得浑身不适应，志文说：

> 大哥个性豁达开朗，交游广阔，比较活跃，所以他十分不愿意去海关工作，觉得那工作太死板！他大学毕业后，因为我的二伯父在海关总署工作，所以要他考税务学校，当时分内勤和外勤，外勤就是高中毕业就可以考，专门缉私，内勤要大学毕业。当时工作也不好找，毕业就失业的情况挺多，所以，就让他进税务学校。后来进了海关以后，在内勤坐办公室他有点坐不住，就是这种活泼性格所致。

抗日战争晚期，二次大战结束，国民政府接收台湾。之前几年金城已经向海关递出辞呈，摆脱呆板的海关工作，出去闯一闯，并从事了一小段时间的国内贸易工作。

1946年，在大学同学张心漪的介绍下，金城来到刚光复的台湾，在台湾省工矿公司台北工程分公司担任总务主任一职。1949年兴城自福建音专转往台湾，也曾有一段时间住在台北。

达森回忆当年那段美好的时光，说：

> 我们家从小跟三叔的感情最好，三叔每周都会来教我们拉琴、吃顿饭，父亲就会跟三叔聊天，偶尔一起去中山堂或当时的国际学舍听音乐。

达贤也提到对三叔兴城的回忆：

司徒兴城初到台湾之时，曾与大哥金城一家一起生活过一段时间，并受金城多方照顾。图为金城（右中坐者）、汪德秀（左中坐者）、达森（前排右）、达贤（前排左）与兴城（站立者）在当时的合照。

叔叔给我的印象就是个子大，食量也大，很喜欢小孩，我和姐姐跟三叔常玩在一起。记得当年我要考初中的时候，在美留学的三叔，还以美金作为奖励，激励我考取好学校，我也不负他的期待，考上第一志愿师大附中。

## 这辈子最大的骄傲

1940年，在一次偶然的机会下，金城在教会大学校友会上认识燕京大学毕业，任上海粤东中学教师的汪德秀女士，达森通过父亲的回忆谈起这段故事：

父亲常说，他这辈子最骄傲的事就是娶了燕京大学毕业的母亲。同是广东人的母亲，在北京长大念书，很少有人知道她是广东人。有回她去上海参加一个宴会，席间全是一些上海姑娘，不知怎么地，有个人竟认出她是广东人，这个小插曲惊动了一旁的父亲，因身为同乡，父亲顿时感到亲切起来，再者祖父千交代万交代娶妻一定要娶广东人，也因这个机会，父亲与母亲的缘分就此展开。

1942年，金城与汪德秀在上海举行婚礼，正式共组家庭，1946年，汪德秀女士随金城来到台湾，先后任职于教育部、再兴中小学及复兴中学，工作之余即是金城先生的贤内助，使其得以在事业上全力冲刺，在休闲生活上尽性投入，而全无后顾之忧。

司徒金城自认为一生中最得意的事，便是娶得燕京大学毕业的汪德秀女士，两人于1942年在上海举行婚礼、共组家庭。

## 临事正直　精力旺盛

1951年，金城被延揽至韩国担任翻译的工作。回国后曾经与几位朋友合伙到天母开了间杂货店，当时适逢冷战时期，台湾有美军协防，在天母地区进驻着许多美军眷属，金城便打算利用自己在外语上的优势，专卖一

司徒金城全家福。由左至右分别为：司徒金城、司徒达森、司徒达贤与汪德秀。（摄于1950年）

> I was deeply moved by "A Father's Prayer" — General Douglas MacArthur — With the same wish to my son, I am copying it to my intelligent and beloved wife who takes this immortal prayer as a guidance to cultivate him while I am away from home.
>
> Build me a son, O Lord, who will be strong enough to know when he is weak, and brave enough to face himself when he is afraid; one who will be proud and unbending in honest defeat, and humble and gentle in victory.
>
> Build me a son whose wishbone will not be where his backbone should be; a son who will know Thee — and that to know himself is the foundation stone of knowledge.
>
> Lead him, I pray, not in the path of ease and comfort, but under the stress and spurs of difficulties and challenge. Here let him learn to stand up in the storm; here let him learn compassion for those who fail.
>
> Build me a son whose heart will be clear, whose goal will be high; a son who will master himself before he seeks to master other men; one who will learn to laugh, yet never forget how to weep; one who will reach into the future, yet never forget the past.
>
> And after all these things are his, add, I pray, enough of a sense of humor, so that he may always be serious, yet never take himself too seriously. Give him humility, so that he may always remember the simplicity of true greatness, the open mind of true wisdom, the meekness of true strength.
>
> Then, I, his father, will dare to whisper, "I have not lived in vain."
>
> Lovingly yours,
> C. Situ

金城在韩国工作时，手抄"麦克阿瑟为子祈祷文"寄回台湾给当时尚年幼的儿子达贤。

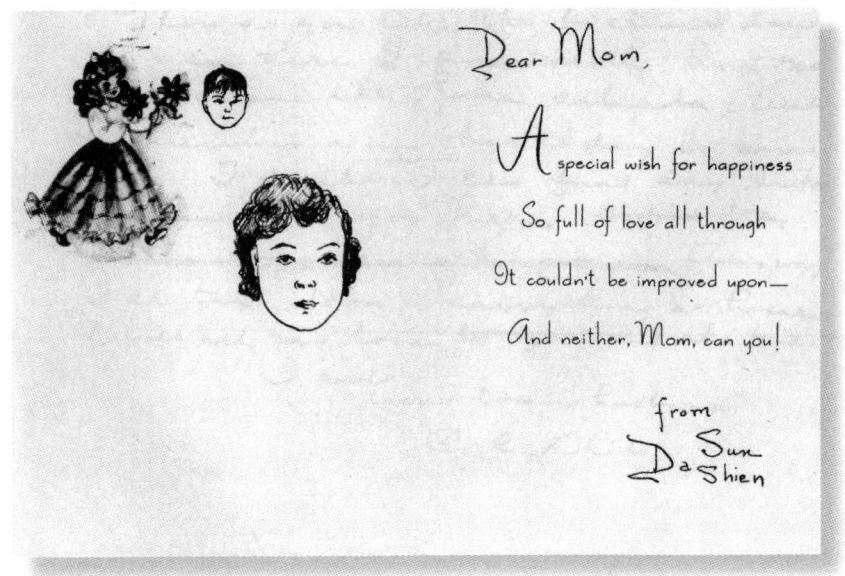

母亲节时，金城以达森、达贤一双年幼子女之名，寄给汪德秀的母亲节卡片。金城并在卡片上描绘了爱妻与爱子达贤的素描。

些日常用品给美军家庭，为此金城还为这间杂货店取了个时髦的英文名字，当时这间杂货店里兼卖面包、鸡蛋、肉品、蔬菜、煤油、煤炭，在当时的天母地区算是比较有规模的。

几年后，金城结束了杂货店的生意，转任欧亚旅运社货运部经理，因为业务关系，他常会接触到许多外国人，但即便如此，民族意识颇强的金城，如果发现有外国人小看中国人，即使他是客户，也绝不会示弱。

有次金城跟一群外国人来到一个港口，外国人看到台湾渔民把大量刚捕获的鲜虾堆在地上，便表达了嫌恶之意，说："台湾可是世界海产的重要出口地，怎么把要吃的虾子堆在这么脏的地上呢？真是太不卫生了，这叫我们以后怎么吃得安心呢？"

没想到思绪敏捷的金城马上反唇相讥："你们知道法国红酒是怎

金城以当时年纪尚幼的女儿达森名义，从韩国寄回台湾给自己的父亲节卡片。

么生产的吗？还不是女人的脚踩出来的啊，臭脚丫能比地上干净到哪去？我看你们也喝得挺开心的嘛。"当场让一群外国人哑口无言。

后来金城转至茂森贸易公司担任经理，能力颇受肯定。1967年，茂森贸易公司的老板与港台友人又合伙创立了豪富贸易公司，金城同时也提供许多助力，至1971年便正式受邀，成了豪富贸易公司的合伙人之一，自后，金城在台湾的外贸拓展上有了更大的舞台持续贡献心力。

1986年，70岁的金城从豪富贸易公司总经理一职退休，忙碌一生的他总算有时间好好休息，但是个性外向、好动的金城，可不打算乖乖待在家，"嘿！当年祖父在我这年纪的时候，还在东北骑马使双枪跟悍匪周旋哩"。行事风格向来有祖父怀德影子的金城，可能在心中也曾经这么想过吧，自1970年起，便以登山为乐。参加山岳协会下之"蜗牛队"，十余年间足迹遍及台湾各大名山，退休后，他总算有机会实现"进军海外"的夙愿，多次前往美、欧、澳及中国大陆各地游山玩水，悠游于其自由自在的退休岁月，75岁时还完成徒步登临黄山的壮举，令人不但称羡其体力，也钦敬其过人的意志。

## 用心栽培子女

金城虽然常常因为工作的关系不在家中，但他对子女的教育却一点也没有疏忽，金城女儿达森回忆道：

> 父亲对我跟弟弟的教育非常重视，记得小学二年级时他就要我熟背九九乘法表，还跟我说起以前没背好，祖父就不给饭吃当处置的往事；小学三年级时，他要我跟弟弟每天写日记，我不想写，但当时才小学一年级的弟弟却每天都写，所以他现在成就不错，从一些小地方就可看出父亲对我们教育所下的工夫。

金城最在意的是孩子"读"与"写"的能力，从小他便要求子女背唐诗、写日记，女儿达森记得有一次父亲回家时，还对她说："你欠我几篇日记喔。"可见他对此事的重视。

司徒家向来具有高度的国际视野，金城自然也不希望子女的教育只局限在国内。当年达森保送上政大，正在犹豫是不是要念当年时髦的外交系或新闻系时，金城就建议她去念西洋语文系，因为"只要英文好，将来要出国念什么都行"，可见金城原本就打算让孩子继续出国深造；为此，金城还请了一位老师来家中帮达森与达贤补习英文写作。

司徒金城全家与兴城合影。前坐者左起汪德秀、金城；后站者左起达贤、兴城、达森。

虽然花了这么多心思在子女身上，但金城对子女的发展却也同样恪守司徒家传统，保持着开通、开放的态度，完全尊重他们的个人意愿，达森说：

当弟弟决定要念企管以后准备教书时，父亲很尊重他的选择，只提醒他教书的日子可能比较清苦。我到美国留学，毕业后继续留在美国工作，他也没有强迫我一定要回国。

达森认为从小金城对他们所定调的教育大纲，对他们往后的成长与发展影响很大，妻子汪德秀在自己的回忆录里，也提到她与金城一生最大的成就便是教育子女成才，她提到达森：

女儿自台北第一女子中学毕业后，在父亲的建议下保送进入政大西语系，大学四年中，英语演讲比赛常得第一名，法语比赛第二名，风头不小，又代表学校参加校外比赛，功课好，八个学期都是全班最高分的。有此成绩，继而申请伊利诺大学奖学金，念英语教学，后又读图书馆研究，在美结婚。

提到儿子达贤，则写到：

儿子从师大附中实验班毕业后，考取第一志愿政大企管系，之后考取公费留学赴美，得美国伊利诺大学企业管理硕士、美国西北大学企业管理博士学位。回到台湾到母校政大任教至今，桃李满天下，学生个个有成就！

## 资助第三代达宏　音乐家族生生不息

身为大哥的金城虽不曾像自己的弟弟与妹妹般走到音乐专业的道路上，但他对音乐的热爱却一点也不亚于弟妹，达森回忆父亲时说：

父亲只听古典音乐，常常带我们去国际学舍听音乐，听完后还会跟三叔讨论演奏者的优劣。记得有一次父亲跟我在中华路巧遇，我们一起搭公车回家的途中，听到路旁的唱片行正播放着贝多芬的一首奏鸣曲，父亲眼睛马上为之一亮，告诉我这首曲子钢琴演奏的部分如何，小提琴演奏的部分又如何，最适合他们家族弟妹合奏。

由此可见，金城不但有很高的音乐素养，他的一生也始终以家族的音乐成就为傲，对他们的思念与关心，并未因两岸的隔阂而减少。

1979年，达森通过《时代》杂志发现达宏，适时地联系上海城家人，几经通信后，敦厚的海城不好意思地在信中对达森表示，希望大哥金城能帮助小儿子达宏赴美深造。

原来达宏的提琴演奏天分突出，虽然被当时随同波士顿交响乐团（Boston Symphony Orchestra）演出的小提琴家西弗斯坦恩（Joseph Silverstein, 1932~）发掘，并推荐至柯蒂斯音乐学院

（Curtis Institute of Music）学习，但大陆"文化大革命"刚过，经济困难，虽然学费可免，可其他费用对以教育为终生事业，从不为自己汲汲营营的海城来说也是一笔庞大的负担。

达森立刻将此消息转回台湾，报告给金城知道，早年因为生活不宽裕，没办法在音乐路上资助兴城，一直让金城引以为憾，现在听说有机会为司徒音乐家族的延续出一份力，金城二话不说地立即答应定期汇款资助达宏赴美，并指派当时在美国工作的女儿达森多方照顾达宏在美国的生活和学习。1980年在达森的奔走帮忙下，达宏顺利地进入柯蒂斯音乐学院就读。

达宏大学四年间，金城不只是大力的资金援助，更是以行动关心。达森提到父亲金城对达宏的关爱：

> 我父亲当时非常支持达宏，除每个月的生活费外，他也好几次到美国探望他。记得有年暑假，达宏参加一个在纽约乡下叫Chautauqua的夏令营，那个地方十分偏僻，虽有火车行经却没火车站，若想坐车要用招手的方式车才会停，父亲不辞千里跑去那儿看他。
>
> 还有达宏学生时代曾赢得与费城管弦乐团的合奏机会，父亲也都到场聆听。

志文也提到，达宏在美学习期间成绩优异，举办公开演奏会，金城特别由台赴美出席，并隆重地为达宏举办演奏会后的招待会（reception），可谓情深意切。

如果没有金城，就不会有今日司徒家第三代达宏光耀全球的杰出成就，金城不仅资助这个家族的发展，身为大哥的他念兹在兹的就是要光耀家族，甚至2001年3月29日金城因心脏衰竭而以85岁高寿过世之后，他的儿女仍努力实践父亲生前的遗愿，要将这个独特的中国音乐家族的奋斗与成就，记录下来以流传后世，所以可以说没有金城，也就不会有《舰与琴——造船工程师和他的音乐家族》一书的面世了。

【注释】

1. 张心漪,本名辛夷,上海沪江大学毕业,美国哥伦比亚大学小说写作班及英国牛津大学进修研究。任教台大外文系近25年,讲授英国小说及翻译等。退休后专事写作,作品散见于各大报章杂志,出版译作如《林肯外传》、《菩提树》等多种。——世界书局,"作家群像——张心漪",http://www.worldbook.com.tw/web/SelfPageSetup?command=display&pageID=11177&page=view。

2. 为什么当年的海关会提供这么高的薪俸呢?这就要从执海关牛耳长达46年的赫德,当年力行"高薪养廉"制度讲起。赫德认为各海关任务繁重,所以"一切费用不可减少,若少,则所用之人,必为奸商所买","为了使税收改革卓有成效,必须用支付高薪的方式使官员们保持廉洁",因此海关人员除了优渥的薪俸外,还有丰厚的福利,包括各种酬劳金、房租津贴、电灯自来水费、木器家具费、仆役供应费、冬令煤斤津贴、调口川资、调口津贴、养老金、休假等福利。——黄丰学,"试论赫德在中国近代海关的廉政建设",绥化学院学报,26卷1期,2006,118。

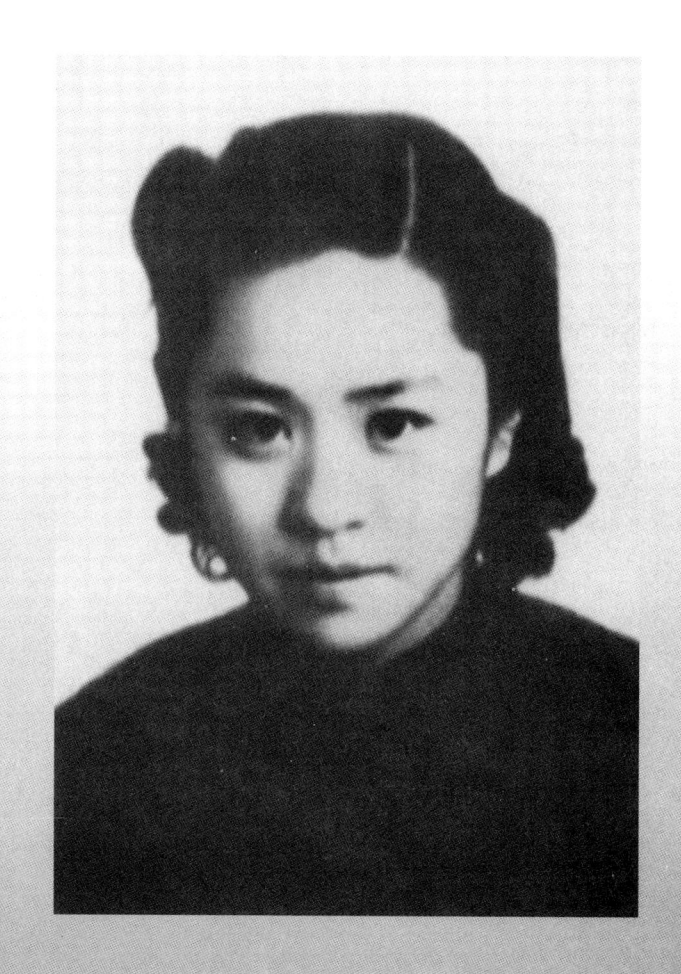

# 司徒少文

1918～1948

少文30年的人生历程是短暂的,但闪烁着真善美的火花。她的所做所为虽然是点点滴滴的,却散发着她那真诚、善良、乐于奉献的美好心灵的芳香。司徒家族的精神风貌在她身上同样有明显的印证,许多人至今仍在默默地怀念她。

# 司徒少文（1918~1948）

1918 年，少文的降生给父母带来很大的欢乐，因为一年多前他们刚得一男丁，如今增添一个漂亮的女孩，怎能不高兴呢！少文出生后就不太哭闹，一直比较文静、听话，是个不需要大人操心的乖孩子。[1]

## 一次炮火的洗礼

1932 年 1 月 28 日，侵华日军点燃了进攻上海的炮火。家住上海北区的梦岩，连夜仓促地携带全家避入租界。逃难的人流蜂拥地向前奔跑，司徒一家大小八口人随时有被冲散的可能，尤其是最小的孩子华城才 5 岁。这时，一向文静内敛的少文像个大男孩似地协同哥哥金城紧紧地护卫着弟妹，多次用身体挡着弟妹免遭冲撞，紧跟着父母，安全渡过外白渡桥后进入了租界。少文表现出亦文亦武的能耐和她上学后喜欢国文和体育有关。在小学时，她多次在全校运动会上得过多种项目的第二、三名；上大学时，更是曾代表过学校参加上海市第四届大专学校运动会女子组比赛，因获《吴铁城盃》而出了风头。她文静的一面不仅表现在上国文等文科课程总能在全班名列前茅，而且从小就能长时间伏案专心致致地练习书法，因而在大学时，她写的娟秀洒脱的蝇头小楷是颇有些小名气的。

## 择校·教学

20 世纪初旅居上海的广东人有自己生活的小天地，居住相当集中，消费都到永安等广东人经营的四大百货公司去，连下葬都有自己的墓地广肇山庄。孩子们则都到广肇公学、广东中小学、粤东中学等广东人办的学校去接受教育。司徒家的孩子们也没有例外。但经过"一·二八"、"八·一三"两次淞沪战争后,情况就起了很大的变化,主要是居住点不再那么集中了,于是孩子们就面临重新择校就读的问题。梦岩本人是欣赏教会办的学校,他认为他们治学比较严谨,英文程度比较高,然而他还是让孩子可以有自己选择的自由。长子金城就进了教会办的沪江大学,少文却考入校龄不长的大夏大学师范专修科。因为她了解到大夏大学是厦门大学的三百多师生因参加学潮而离校到上海创建的,是强调"读书救国"的学校,取光大华夏之意定名为大夏大学。该校因得到各界上下的支持和赞助,发展很快。到少文入学的20世纪30年代中期,已成为当年上海40多所私立大学中以建筑宏伟、环境优美、设施较为完备并聘请到一批名教授执鞭而著称的一所大学。少文住读在这所大学,度过她相对稳定和愉快的求学生活。由于对学校的认可,她还带动二弟海城转入该校的附中就读,体现她对弟妹们的关心。1938年她从大夏大学毕业后却又选择了进入持志大学攻读文学,实曾令人费解。[2]因当时的持志大学在上海"八·一三"事变中被侵华日军纵火烧毁,全校的建筑、物资、设施、图书等几乎损失殆尽,靠全校教职员工奋力支撑、租赁了房屋才艰难地刚刚复课,更何况持志大学是以办好法科闻名而不是文学。经查阅历史资料后,人们可以为她的这一择校作出一个注脚——持志大学当时有"爱国名校"的美称,是因为参加一系列爱国行动而得此荣誉的。如1931年"九·一八"事变后即发通电并捐款支持东北中国将士抗日;1935年集合声援北平"一·二九"抗日爱国运动并参加8000人的学生大游行,迫使当时上海市长吴铁城表态承诺"绝对保护"爱国运动和保护言论、集会自由。持志大学因而在1937年上海市学生救亡协会成立时被选为理事。少文在这个学校就读是自己支付学费的,因为她认为家里已供她上了一个大学毕业了。当时父亲已去了重庆,母亲艰难地维持全家的生计,她绝不能再增加家里的负担了。她开始了工读生活,按报刊上刊登的广告,寻觅工作的机会,主要是发挥自己在师范专科所学的专长,以教学为主,曾在摩西小学、培智小学、治中女子中学、立信会计补习学校等八九个学校教过书。以她要报考持志大学的志愿来看，她应该还会参加该校组织的活动，但家人没听她提及，现已无法回溯了。但还有一件事应提及，是她批改学生作文的工作。那时教师薪俸很低，许多教授在多所院校兼课，还包括到中学去任教。而讲授国文的老师往往因没有时间批阅学生的作文作业而找人代笔，少文就承接了这样的工作。由于她特别认真负责，字又写得规整漂亮，找她代笔的人就多起来了，最忙的时候她曾为三个学校的六个班级批阅作文作业。这确是很费神费时的工作，不是简单地把句子理顺、纠正错别字和标点符号就可以了，还要根据文章的优缺点、是否切题、起承转合的安排是否妥当等方方面面，写下批注。而且要赶在学生上下一堂课之前送交出去。白天要上学和工作的少文为此经常要熬夜，甚至通宵达旦。金城很怜惜妹妹的辛苦，曾对少文说："你的批注不必那么仔细了，概括简单点儿，这些学生也不见得会认真读。"少文却不以为然地说："学生是否好好读我是不知道，但我必须好好负责地做，我若能准确地引导他们，就能帮助他们很快提升写作能力，这可是重要的基础课啊！"少文不仅认真批改作文，而且每次批改完后自己还要作简要的记录，她有一个专门的练习本，上面记有每个学生的名字和校名以及作文题目，再记上少文自己写的批语要点，下次再批改时她就会作个对照，也避免写重复的批语。对待这些她从未谋面的学生，她都能付出如此的心力，她是怎样对待面授的学生就可想而知了，这一点过了四十多年后得到了验证。

1939年，周锦文女士与子女于上海兆丰公园庆祝五十大寿留影（当时司徒梦岩仍在四川）。后排右二为少文。

那是1987年，幼文、华城、志文回广东演出和办讲座时住在宾馆，有一天来了一位不速之客，自称是银行的退休职工，因为看到报上刊登了三位音乐家的名字使她想起经常怀念的司徒少文先生可能与三位有亲属关系就找上门来了。她说："我是在初中的时候上过司徒先生的课，因我们的国文老师请了病假，她是来代课的。一上课她开门见山自我介绍后，就先给大家讲了一个名叫'胡编'的商人，由于经常写错别字而闹出许多笑话，导致亏了本的故事。一边讲一边就把错字及勘正了的字，对照着写到黑板上，同学欢笑着牢牢记住了这些字。她顺势提出希望，要求同学们要重视和认真学好这门课程，不要做第二个'胡编'。后来我们班上一个比较粗心、常出点错的同学得了个'胡二编'的绰号，可见先生的课给我们留下多深的印象。"她特别谈到司徒先生批改的作文对她的帮助和影响。她说："每次作文，我特别爱看先生用红毛笔写的眉批，既指出缺点和不足，还总是给人鼓励，她夸过我有想象力，我可提神了。原先我并不太喜欢国文课，上了她的课以后我就改变了。可惜司徒先生只代了两个多月的课，走的时候同学们都把她送到校门口，真是不舍得啊！我到广东几十年了，还会经常想起她，今天才知道，她三十岁就离世了，我今天带来的一点腊味本来想可以通过你们转送给她的，如今就作为我这个老学生拜在她灵前的祭品吧！你们无论如何一定要收下。"兄妹三人送走客人后不免回想起大姐当年批改作文的事，幼文说："大姐那个时候真是太累了，我劝过她不要接这个苦活儿了，收入又很少。她就对我说：'我是帮老师的忙，也为了那些学生的进步，有的学生变化很快，我就高兴，没有收入我都愿意干。'大姐的善良和执著我们真比不上，她在她那斗室夜战，过了半夜会在自备的小酒精炉上熬一碗冰糖红枣羹，那就是她当时最奢侈的营养品了。"

少文在持志大学毕业取得文学学士后，曾找到一份比较稳定的工作，在立信会计事务所当文牍，工作很繁重，经常加班，后来她还是回归到教学岗位。

## 婚姻风波

1941年少文受一位资本家的聘请，在他家当孩子们的家庭教师。少文的教学认真负责，又细致耐心、和蔼可亲，很快就受到了孩子们的尊敬和喜爱。过不久主人就把他眼里的这位学识渊博、仪容端庄的年轻女教师介绍给自己所器重的侄子丁柏寿相识。[3]柏寿有备而来，自是殷切热情。他们是同庚，虽不同行却也有些共同语言可以交流，少文逐渐对柏寿产生了好感，经过一段时间的频密交往终于相爱了，发展到要谈婚论嫁的时候少文回家告诉爸爸。那时的梦岩从重庆离职回沪赋闲在家，心情本来就很郁闷，听到少文说准备要结婚，对象是个没上过大学的无锡人，不由火冒三丈。他认为女儿是两所大学的毕业生，应该懂得学历的重要，它是个人学识、能力、身价的体现，怎能如此糊涂，要屈尊下嫁给一个中学毕业生呢！这是他绝没想到和不能容忍的。少文恳求父亲面见柏寿，可以当面考察他，都遭到严词拒绝，态度非常坚决。这个一向温馨和睦的家庭，像被压顶的乌云笼罩着，昏暗低沉地僵持了一些时日，少文终于破釜沉舟地向父亲摊牌了，她流着泪跪在父亲面前说："我已深深地爱上他了，离开了他我会活不下去的，我会永远铭记你对我的养育之恩。你就当没生我这个逆女，开恩放我跟他走吧……"后来父亲终于答应和柏寿先见一面。

丁柏寿第一次进入司徒家门是忐忑不安和十分紧张的。没料到梦岩笑脸相迎，客气地请他入座。在询问了一些家庭情况后就由他从事的技术工作切入，一连串地提出了有关物理计算、机械工程等方面的问题，柏寿庆幸自己没有被难倒，他确实很聪明，他想出一道力学计算上较高深的难题向梦岩请教，以显示自己的水平。梦岩很高兴地为他解答，还拉开书桌的抽屉，拿出了计算尺（当时还没有计算机）抽拉了几下后给柏寿一个具体的数字答案。以后的交谈就比较融洽了，居然谈了近三个小时。少文没料到柏寿能如此顺利地通过这第一关。事后柏寿对少文说："你父亲真是一位很有涵养、很有风度的大学问家……所以培养出你这么可爱的女儿。"

1942年少文在金门饭店结婚的典礼上，由父亲挽着她，在海城、兴城、华城三兄弟的小提琴和幼文的钢琴四重合奏的乐声伴随下，沿着地毯，慢慢地走向主婚人，父亲亲自把女儿交给站立在一旁等候的丁柏寿。一场由婚姻而引发的风波就此落下了帷幕。

## 奔赴重庆受阻·陷入低谷困境

经历了"一·二八"事变后的少文胸中一直荡漾着爱国的情怀,这曾激发她在"八·一三"事变时,积极主动地报名参加了由红十字会组织的医疗救护队,护理伤病员。大学毕业后就开始积极筹划要到重庆去投入抗战的洪流。刚从重庆回沪的梦岩劝阻了她,告诉她去重庆不见得能为抗战出力,那边还有发国难财的贪官污吏和奸商,还不如留在上海租界这偏安之地做自己力所能及的实事。可是到了1941年后,上海租界也都成为日占区了,梦岩也不可能再劝她不要离开上海了。因而少文在婚后不久,就说服了丈夫,两个人丢弃了刚筑建起的小巢,直奔重庆。然而到了湖北就因受战事影响,交通线被切断而无法继续西行,不得已滞留在汉口暂住,等候机会。几经折腾,耗费了几个月的时间仍未通行,这时他们随身带的钱财所剩也不多了,少文又发现自己怀了孕,他们万般无奈地折返回上海,不得不挤在婆母家,与柏寿兄嫂及弟妹们一起,在工厂的宿舍安身。少文的苦涩不言而喻,她第一次尝到生活贫困、为衣食担忧的滋味,还要打理繁重的家务劳动,她从不向家人或友人诉苦或求援,而是咬紧牙关,自己默默地扛着。到长子圻超出生后终因劳累、营养不良而不堪重负,积劳成疾,染上了肺结核。从结婚到生子,这一年多的时间,她感受到什么叫度日如年,初尝人生百味的她觉得自己像跌到了沟底似地熬着艰难的岁月。幸亏日本不久就投降了,这使她心境舒畅了好多。这时柏寿的商业经营也有转机,在市中心开了一个五金店,租到了房子,搬出工厂宿舍,重新建立自己的小家。健康情况有所好转后,她已考虑复出重执教鞭,却又怀上了第二个孩子。当小儿子圻威出生后,出于防范结核病传染的考虑,她自己一人住到虹桥的一个疗养院去。当时虹桥地处交通很不方便的上海西郊,从市区过去,来回要花费大半天的时间,一心经营生意的丈夫都很少去看她。她时常思念自己的爱子,忍受着寂寞的煎熬,心情怎能舒畅。这时小妹志文曾带给她一丝温暖和慰藉。

**姐妹情深**

　　少文作为家中的长女，上中学后就懂得帮助母亲料理一些家务杂事。当比她小 15 岁的志文出生后，她很自觉地经常关心和照料这个妹妹。聪明伶俐的志文确实很讨全家人的喜爱，不满一岁少文就开始教她认字、涂鸦、唱儿歌，五岁时少文领着她去报考一年级。志文至今还清晰地记得这次应考的全过程。当时可能是应考的人不多，随到随考，通过就可当场录取。志文在回答了关于个人姓名、年龄、家庭有几个成员等问题后，老师问："你若上街去玩找不到回家的路怎么办？"志文说："我会叫黄包车把我拉回家的。"老师问："你怎样叫车，能把家的住址说清楚吗？"志文当即回答："当然会说，我还会写出来呢！"老师马上给她笔纸，当她写下"麦特赫斯脱路新闸路口"时，老师对她刮目相看了，这么长的多笔画字能做到连笔画顺序都不带错地写下来，于是问她学写字有多久了，她想了一下后回答说："现在每天要写 50 个字，大姐还给我打分，我总拿 100。"接着老师拿出一张小方格纸叫她写下阿拉伯数字从 1 到 100，志文写到十几就开始写出格了，而且越写越大歪斜着连成一片地写到 100 时几乎已占满了全张纸，老师笑了笑对陪在旁边的少文说："很好，× 月 ×号正式开学就来上课吧。"志文没明白考试已经结束，还问老师，"不考加减法啦？"老师摸摸她的小脑袋，笑着对她说："不用考了，等你上了学后再好好学算术。"出门后少文对小妹说："你知道你答错一个提问吗？"志文想了想后回答："是不是问什么学写字的事"？少文说："你两岁开始学写字，今年 5 岁了，5 减 2 是 3，你应该回答学了三年。"志文说："我没太听懂，心想不就是问学写字吗，所以我那样答了，老师要是问我几岁学写字，我不就听得懂了吗。"志文还感到委屈地嘟囔着。回到家，少文自责地对母亲说："我没想到考算术那么简单，这些天就顾着教她两位数的加减法了，谁知只让她写 1 到 100 的阿拉伯数字，结果她在每个数后都没有间隔，连成一片地写下去，还没能规规矩矩地按着方格写，这都怪我没教过她。"可见少文对小妹的调教是很用心的。志文还提到大姐常带她去公园玩耍，给她买好吃的。有一次又领她外出，坐了一段车后下来看来好多人，还要排队，不懂事的志文觉得没什么好玩的，周围又都是大人，没有小伙伴，站了一会儿就喊累了，大姐就把她背在背上了，趴着睡着了的志文被大姐卸下来时，懵懵懂懂地被大姐揪了揪耳朵，叫她醒一醒，并对她说："一会儿你要去向一位躺着的老爷爷鞠躬，他是很好的人，大家都很爱他，你记住他的名字叫'鲁迅'，你长大了要好好读他写的书。"当时志文才三岁，少文就带着她参加了这样有意义的活动。志文回忆道："大姐当然明白我还不懂事，没跟我说大道理，而是用我能听懂的话，让我记住了这个伟人——鲁迅。"

在自家小花园里手捧刚刚摘下的葡萄。左为司徒少文，右为兴城，少文让捧着最大一碗葡萄的志文站立在前面一起留影，可见对小妹的疼爱。

有一次志文在大姐房里玩耍时弄翻了墨水瓶，把一本书全弄脏了，感到十分内疚的志文跑到妈妈那儿，主动认错并请求妈妈给钱为大姐重买一本新书，妈妈不仅没有责备她还对她说："你跟着大姐学得越来越像她那样懂事了，难怪你大姐就是疼你。"

少文结婚时志文9岁。参加完婚礼回到家的志文，当晚见不到大姐的身影就觉得很失落。想到以后不能每天见到姐姐了，不由得难过地掉下了眼泪。可见她对大姐是多么的依恋。

1947年，司徒兄妹举办了第一次家庭音乐会为父亲庆祝60大寿，在要印节目单的时候少文提出了建议，她说："小妹的名字起得不太好，她又不是行二，不该用'次'字的，我看改为'志文'比较好。"从台湾回沪的大哥知道后满意地说："一字之改，大有学问，内涵大不相同，整个升华了！你们的大姐不愧是学文学的,是才女啊!"但这个名字在校没能改过来,到志文离校就业才正式启用。

少文住疗养院时,志文已在国立音专江湾校舍住读,每周回家总要抽空跑到虹桥去看望大姐,还常带去其他弟妹为她购置的营养品等,少文见到小妹总会关切地询问每位家人的近况,十分高兴。过了不久,有一次少文却语重心长地对志文说:"你以后不要老来看我了,太浪费时间,你现在已入了音专,不像你四姐四哥(指幼文、华城)那样能又上大学又上音专,路子比较宽,你已是只能有一条路可走了,要做到出类拔萃才有出路,要学你二哥、三哥那样刻苦练琴(指海城、兴城,其时他们已进入市府交响乐团)……你虽然还爱学习,但不够专一,老爱看杂书,你也贪玩,该收收心了,再不集中精力学好专业,将来成个'万金油'就不好了。"志文不由得想起母亲说过的一件事,"'一·二八'我们家被烧光后,才14岁的阿美(少文小名)就懂得安慰我说,'妈妈不要难过,我们家会重新建得更好的。'她是最会体恤别人的"。面对处境那么孤独的大姐,每次见面又能使她那么高兴,然而她却以关怀小妹的学习和前程为重,自己甘守寂寞。听了少文的话,志文虽不敢每周去探视了,但心里还老掂着她,仍是去看望她最多的一位亲人。以后志文在学习、工作中有所懈怠时,常以大姐当年的教诲鞭策自己。

## 尾　声

少文为了减轻家庭经济开支,不久后回家休养,未能得到有效的治疗,身体日益虚弱。1947年时,她已无力出席聆听第一次司徒家庭音乐会了,仅仅在柏寿的搀扶下,很艰难地赶到照相馆参加了纪念梦岩六十大寿的"全家福"合影。这是少文最后一次和全家人会面,也是她最后一张留影。

少文在弥留之际,自我解脱地对柏寿说:"你记得我们的结婚证书是64个字吗?你我今年都是32岁,加起来是64,两个儿子一个6岁一个4岁,又是一个64,该是我们的缘分了结的时候

1940年，司徒全家于上海某照相馆拍摄之父母银婚纪念留影。（后排由左至右，华城、金城、海城、兴城；前排由左至右，少文、周锦文、志文、梦岩、幼文）当时少文已取得两个大学的毕业文凭。

了，该完满地划下一个句号了！[4]" 1948年12月16日少文在家中平静地离开人世。

少文长子圻超长大后，在母亲的遗物中看到一篇母亲手写的短文草稿，题目是《我的父亲》，这是少文为父亲60大寿而准备寄《申报》社会服务科投稿的祝寿辞，内容情深意切，十分感人，是用钢笔起草的，仍然写得娟秀洒脱，笔韵犹存。以她那重病之躯，不知凭着多大毅力的支撑才写成的。但报纸上从未刊登，也许是报社没有采用或是她出于某种考虑没有寄出，因从未有人听她提起过。志文收到大姐这最后遗墨的复印件时，无限欷歔。

少文30年的人生历程是短暂的，但闪烁着真善美的火花。她的所做所为虽是点点滴滴的，却散发着她那真诚、善良、乐于奉献的美好心灵的芳香。司徒家族的精神风貌在她身上同样有明显的印证，许多人至今仍默默地在怀念她。

少文的长子丁圻超现已年近70，和他的老伴赵玉芳一起在上海浦东，住在自己亲手画图设计的小楼里，过着田园式的恬静生活。退休前他是上海炼油厂的技师。两个女儿丽雯、亚雯都在外企工作。

幼子丁圻威于1964年上海市号召知青支疆的热潮中，奔赴新疆被安排在建设兵团农七师工作，最后转入伊犁教育学院艺体系任音乐教研室主任。是手风琴教育家和演奏家，被选为新疆音乐家协会手风琴学会的理事。1995年患肾瘤入院手术，不幸大出血抢救无效而逝世。终年49岁，无子女。

---

【注释】

1. 司徒少文的出生年月经核查是1918年1月22日，那个年代一般仍习惯用农历记录生辰，少文是丁巳年十二月初十出生，属蛇，其兄金城是丙辰年出生，属龙，因而家庭内部习惯地认为金城与少文是差一岁的兄妹，而按公历计算，金城出生于1916年，少文出生于1918年，这就产生了他们相差两岁的说法。
2. 持志大学，1924年创建于上海，按南宋理学大家朱熹提出的"六大读书法"的最后一法"居敬持志"定的校名。持志大学的校歌有这样的词句："读书非为己，学问无所私"及"持我此志，努力社会（国家、民族）无穷期"。持志大学因为没设理工科而易名持志学院，但两个校名仍常被混用。持志大学曾为中国法学界做过不少贡献。持志大学的教务长兼教授杨兆龙是曾当选为海牙法学院在世界范围内评出的五十位杰出法学家之一。新中国成立后第一位国际大法官倪征噢，就是在持志大学毕业后赴美获得法学博士后回持志大学任教的，其他如施霖、周楠、路式导等名教授也都培养出许多法学界的精英。
3. 丁柏寿：上海私立大同大学附中毕业，是通过实践和勤奋自学成长起来的技术人才，曾在上海冷气机厂当工程师，后在安徽省江淮汽车制造厂任副总工程师。期间被选为合肥市人民代表。
4. 少文说到的年龄都是按中国传统习惯，以虚岁计算的，即一出生就是一岁，第二年就成两岁，以此类推。

# III 上海音乐学院
## ——中国音乐家的摇篮

**景物全非想当年……**

1937年,日军在吴淞大举登陆,国立上海音专不得不搬离江湾校区撤入租界,次年,上海音专最具声望的作曲教授黄自因伤寒病逝,年方34岁。1940年年底,校长萧友梅也离开人世,群龙无首的国立上海音专师生自此逐渐星散,有人远赴后方重庆,有人投奔延安,也有人固守上海,直到1945年对日抗战胜利,国立上海音专四散的校友们,才重聚在上海江湾老校区,合力重建校园。

当年江湾校区这栋三层楼校舍,是萧友梅四处奔走、筹措下才盖成的。在校友们的记忆中,这栋由知名建筑师罗邦杰设计的西式建筑,外墙采用清水红砖,顶铺青色瓦片,形象亮丽鲜明,但在学校撤走的这些年里,这栋校舍却成为江湾军用机场旁的日军宿舍。

20世纪30年代萧友梅主持国立上海音专时,学校的师资汇集了海外归国的知名学人,以及远东第一流乐团——上海工部局交响乐团的外籍乐师,为了在大师底下学习,每年总有许多有志音乐的青年学子争相挤入这所"中国唯一的音乐高等学校",但在二战期间留在校园中的不过只有百人出头,其中有学生73人,教师33人,与当年盛况相比,完全是两个世界。

回上海江湾校区复校后,上海音专在师生的齐心整理下,满目疮痍的校舍渐渐恢复了旧观,在一楼大厅地上用大理石镶嵌的校徽,又重现在大家的眼前,虽然仍必须与军方共用旧有校地,但大家的心中仍充满希望。

## 新中国的对外窗口

1949年持续多年的中国内战终于结束，10月1日，毛泽东站在天安门城楼上以一句"中国人民站起来了！"宣告了中华人民共和国的成立。1950年，中国政府决定优先兴办两所全国性音乐学院，将上海音专改名为中央音乐学院华东分院，将校址由江湾迁到漕河泾，并委派音乐家贺绿汀担任校长。

在这段期间，虽名为分院，但因国立上海音专原本即为中国唯一的音乐高等学校，加上贺绿汀秉持萧友梅的治校理念，广为招贤，聘请当时在上海第一流的中外音乐家任教，校园一时间人才济济，颇有当年国立上海音专"集天下英才为教师"的态势。

新中国创建初期，各艺术院校都按照毛泽东在"延安文艺座谈会"上发表的讲话，积极思考如何将艺术与群众结合，上海音乐学院也不例外，除了组织演出队到附近的工厂、农村演出外，还参加土地改革、抗美援朝等社会运动，但即使外务如此繁重，上海音乐学院仍未忽略了学生的教育，甚至因为社会活动太多影响了专业学习的进度，而把学生学习延长一年后毕业，可见其教学的认真与严谨了。

1956年中央音乐学院华东分院正式改名为上海音乐学院，当年的中国正处于半封闭状态，上海音乐学院有计划地聘请一批苏联、东欧的音乐专家来学校进行一至二年的讲学，还选派一批学生远赴苏联、东欧留学深造；而且为了加强对友好国家的文化交流，连续八次派出人数众多，由中青年表演家组成的演出团，参加"世界青年与学生和平友谊联欢节"等活动及有关音乐比赛，可说是当年中国少有的与外界接触的窗口。[1]

## 十年空白后再现风华

1966年，"文化大革命"展开，全国中学生毕业以后，依规定必须先到农村和工厂劳动工作，向基层农工学习。在这十年中，全国中等、高等教育几乎完全停摆，其中当然也包括了上海音乐学院，幸亏不正常的年代终会过去……

1976年"文化大革命"结束，隔年高等教育恢复，高考重开，上海音乐学院也在1978年重新对外招生，没想到竟有超过5000名热情学生前来报名，司徒音乐家族中的达伟与达宏，也在这群对在上海音乐学院中学习充满憧憬的队伍之中。为免有遗珠之憾，副院长丁善德还特别将录取名额大幅扩增，由200人增加到300人。

新生的上海音乐学院依旧秉持与国际同步的传统，不但与美国、俄国、荷兰、澳大利亚、日本等国的音乐学院建立密切的校际交流，召开国际音乐院校校长论坛会，派师生访问、讲学、交流、演出，还邀请多位国际级大师，如聘请罗斯特托洛波维奇、小泽征尔、傅聪、马友友等人为名誉教授或客座教授，开设各种大师班，有许多上海音乐学院的学生，便是在这广设的大师班中崭露头角，进而扬名国际的。

2007年，上海音乐学院已历经了80个寒暑，在近30年中，她始终在国际音乐专科学校中排名前十，校友们不但在各大国际音乐比赛上屡创佳绩，甚至有些人到海外讲学，继续播撒音乐的种子，从这方面来看，上海音乐学院或许可以说正一步步实现当年老校长蔡元培[2] "回向以贡献于欧美"的殷切期望吧。

---

【注释】
1. 在这波与国外接触的艺术交流中，司徒家的司徒志文扮演了活跃的角色。
2. 蔡元培（1968~1940），有中国"美学之父"之称，尤其对中国音乐的发展贡献卓著，在北京大学担任校长时，就一直希望办一所音乐院，1920年萧友梅博士自旧金山返国，识才的蔡元培立即聘请他担任北大哲学系讲师及音乐研究会导师，开始两人为建立中国高等音乐教育共同奋斗的历程；1927年，国立音乐院终于在上海成立，由蔡元培担任首任校长。

# 司徒达伟

1956 ~

性格温顺、恬静的她，血液中充满了司徒家族好强、有韧性、不怕挫折的基因，跟当年父亲司徒海城报考上海音专不被认同一样，外在环境越不看好，越是要凭个人的努力证明自己，既然政治上有弱点，那就在工作表现上更加努力！达伟在岗位上常迅速完成任务，屡次获评为先进工作者，她期望能以个人表现来弥补弱点。达伟四年半的农场劳动生活，就算艰苦、劳累，仍不懈地坚持练琴，以求尽量保持竞技状态，不让琴艺荒废退步。

# 司徒达伟（1956~）

司徒达伟是海城三名子女中的大姐，由于海城十分注意子女的音乐教育，所以达伟一开始先跟着母亲李肇真学习钢琴，两年后，达伟升上小学二年级，海城才正式开始教她拉小提琴。

有着两年钢琴基础的达伟，初学小提琴就十分上手，天分展露无遗，所以当达伟小学三年级刚戴上红领巾，当上少年先锋队队员，拥有了参加上海市少年宫小伙伴乐队的资格，便立即入选成为其中的一员。

宋庆龄主办的上海市少年宫，是上海一个对外开放的国际窗口，固定会从全市各区的中小学中挑选出有特长的少先队员来进行培养，主要负责表演节目、接待国际外宾。在少年宫中，培养项目分文艺和科技两大类，文艺又分音乐和艺术两方面，达伟所参加的小伙伴乐队属于音乐类，其他还有合唱队、舞蹈队等，艺术方面则有绘画、书法、雕塑、刺绣等。

当时刚进入少年宫的达伟，是乐队中年纪最小的一个，每当这位稚嫩可爱的小小提琴手，在外宾的面前熟练地拉奏着一首首的乐曲时，总会吸引许多人纷纷同她一起拍照留念，甚至有外宾还单独把她的演奏用录音机录下来。当时的达伟非常喜欢和乐队里的哥哥姐姐们一起拉琴，小小年纪就得到合奏和上台演出的培养和锻炼，每星期到少年宫去活动的时光，对达伟

"文化大革命"时期的司徒达伟，摄于1971年。

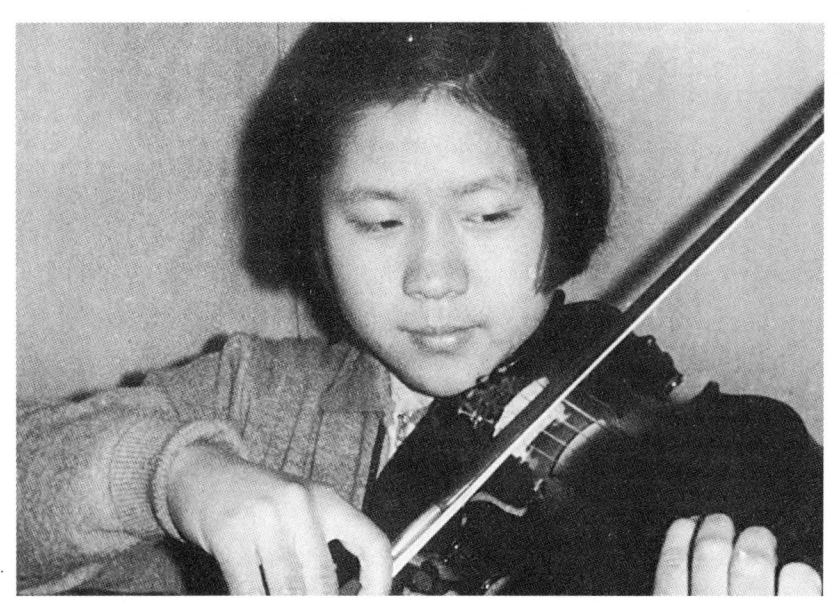

摄于1973年，此时达伟刚从中学毕业，准备下乡。

来说，总是那么的快乐。

可惜不久后，"文化大革命"展开，上海市少年宫成为批判的"重点"，被迫关闭停止一切活动。在"文化大革命"初期，达伟进了中学，因为会拉琴，又被区里选去参加区的各种文艺小分队，进行革命宣传活动，演出频繁，当时她的小提琴已拉到一定水准，在区里表现极为出色，很受区里文化工作干部们的重视。

当部队的文工团和各地方的文艺团体，开始到各大城市招收学员时，区文化部门的领导、学校老师，凡认识达伟的，都大力推荐她去报考，她也曾经多次应试，尽管每次大家都对她的表现十分满意，但在最后审查时，却总是以有海外关系（指在台湾的金城与兴城）被刷了下来。

1973年她中学毕业，当时的政治路线和知识青年上山下乡的政策，规定中学生毕业后，一定要去向"贫下中农"学习，尤其达伟是家中的长女，更必须下乡，尽管她功课优秀，拉得一手好琴，也只得带着一把小提琴，分配到市郊农场去参加农业劳动。在农场期间，她很快成为农场文艺小分队的佼佼者，虽然她一直希望可以调到文艺单位或部队文工团，发挥她的专长，但仍因有司徒达伟于 1988 年在 Temple 大学开小提琴独奏会。

1989 年 5 月 18 日达伟在 Temple 大学毕业典礼上，获颁硕士学位。

"海外关系"而不被录取，一次次的挫折和打击不下 18 次，其中包括报考各地音乐院校，也超过三次。

对一个十多岁的女孩来说，从未见过的大伯、三叔，成为她生涯上的原罪，失望、沮丧、困惑不解的情绪，可以想见，这个"海外关系"的政治包袱，把达伟压得喘不过气来，但性格温顺、恬静的她，血液中充满了司徒家族好强、有韧性、不怕挫折的基因，跟当年父亲报考上海音专不被认同一样，外在环境越不看好，越是要凭个人的努力证明自己，既然政治上有"弱点"，那就在工作表现上更加努力，达伟在岗位上常超额完成任务，屡次获评为"先进工作者"，她期望能以个人表现来弥补弱点。达伟四年半的农场劳动生活，就算艰苦、劳累，仍不懈地坚持练琴，以求尽量保持竞技状态，不让琴艺荒废退步。

1978 年，"文化大革命"结束后，中、高等教育终于又为年轻学子们敞开大门，上海音乐学院作为全国艺术重点高校，首次恢复全国招生，各届在"文化大革命"中被中断学业的学生都来报考，强手如林，竞争特别激烈，而达伟已差不多达到报考器乐的限定年龄，这一年的招生，是她最后的机会，也可以说是音乐之神在最后关头向达伟伸出了橄榄枝。

皇天不负苦心人，逆境中

1994年，海城在美国费城指导外孙博树拉小提琴，博树时年四岁。

　　从不自暴自弃的达伟，把握住了这次机会，顺利考上上海音乐学院，为司徒家再添一名出身上海音专的校友。这都多亏了"文化大革命"及时结束，政治路线改变，否则达伟很可能与之前一样，再次被阻挡在音乐专业道路外，她的才华也将永远被埋没。

　　进了音乐学院，达伟保持一贯的学习认真踏实的作风，连年被评为"三好学生"，并以平均94分的优秀成绩毕业，被分配在上海交响乐团任第一小提琴演奏员，继承了父亲的衣钵，后来又到美国，在Temple大学音乐系得到奖学金，继续深造，获硕士学位。跟海城一样，达伟也成为一位优秀的小提琴老师。

　　1990年，定居美国费城的达伟生育一子，继续延伸了司徒家族的音乐血脉。达伟的儿子张博树是外公海城的关门弟子，1993年退休到美的海城，隔年责无旁贷地担任起四岁外孙小提琴老师的责任，直到1997年海城病逝为止，这三年中，为博树的小提琴演奏打下了扎实的基础。

海城过世后，达伟接下了教育儿子小提琴的担子。博树就在这样充满爱与音符的环境中成长，从小学至中学七年来，他一直是学校管弦乐队的首席，2006年升上高中后，他又利用课余的时间考入了著名的费城青年交响乐队，任第一小提琴演奏员。如今博树已进入纽约大学就读，没有选择走音乐专业的道路，也许是他想像曾外祖父那样，既成为某一专业的专家，又是出色的小提琴手吧！

博树在中学时的学生乐团里担任了七年的小提琴首席，又在费城青年交响乐团内拉第一小提琴。（摄于2008年）

# CONGRATULATIONS TO

## DA – HONG SEETOO
(Recording Producer, Engineer, Violinist)

### Winner of 48th Grammy Awards

Best Engineered Album, Classical
Best Chamber Music Performance
(Mendelssohn: The Complete String Quartets)
[Emerson String Quartet]
{Deutsche Grammophon}

# 司徒达宏

1960 ~

达宏在通过一连串舞台的历练之后，对音乐有了一些不同的想法。他认为当一位演奏家，只是以个人的力量带给众人欢乐，然而舞台是短暂的，听众也仅是少数的几个人；倘若能通过自身的智慧与科技文明，来美化、制作出更多高水准的演奏录音，却有可能将美妙的音乐传递得更久更广。聆听的人更多，音乐家、演奏家的思想更得以长久延续。

# 司徒达宏（1960~）

2006年2月8日，有着"音乐奥斯卡奖"之誉的第48届葛莱美音乐大奖[1]隆重落幕。隔天，世界各大报纸上刊出获奖名单，其中有位特殊的华人获奖者司徒达宏（Da-Hong Seetoo），由他身兼录音师、制作人，德国DG（Deutsche Grammephon）唱片公司发行，美国艾默森弦乐四重奏（Emerson String Quartet）演奏的《门德尔松弦乐四重奏全集》（Mendelssohn: The Complete String Quartets），一口气拿下两项大奖——"最佳古典音乐唱片录音技术奖"（Best Engineered Album, Classical）[2]，以及"最佳室内乐演奏奖"（Best Chamber Music Performance）[3]。

达宏的英文姓氏有点独特，既不是根据汉语拼音，也不是一般汉译音，难怪一般人并没有发现他是位华人。

达宏解释说："我是纪念我的祖父，按粤语发音把我的名字拼成了Da Hong Seetoo，我和我祖父都属鼠，而且诞生日也是同一天，不过我从未见过祖父，我出生时他已离世多年。我来美国留学时，父亲对我说：'没想到你的经历也和祖父相似，他十几岁就漂洋过海到美国求学，你如今却能搭飞机前往，愿日后你能取得比他更高的成就。'父亲嘱咐我按祖父在美留学时所用的姓氏拼法，以资纪念。"如今达宏在美国定居多年，谈起少年时逸事仍津津乐道。

## 天生音乐才华

1960年，司徒达宏出生于上海的司徒音乐世家，在家中排行老幺，大姐达伟也是位优秀的小提琴家，大哥达强则为杰出的执业外科医生。

达宏是个独特的孩子，很小便显露出他的音乐才华。

达宏还不会说话的时候，听到音乐的时间，就比听到大人说话的时间还要多。父亲海城喜欢听音乐，一有空就会放唱片，两三岁的达宏，只要一听到音乐，不论在做些什么，或玩些什么，都会立刻放下，咚咚咚地赶过来听，从来不误。唱机放在柜子上面，他人小，够不到，就会搬张椅子来，爬在上面看。海城叮咛他："只能听，手不能碰"达宏便乖乖地将手放在背后，站在椅子上目不转睛地看着唱片，专心地听完。问他："你看些什么呢？"达宏回答："我看唱片怎么会有声音的……"

司徒达宏两岁半时的相片，当时他就已经会拉出简单的旋律。（摄于1963年）

从小就在音乐声中长大的达宏，小时候还不大会说话的时候，就喜欢上父亲常放的那首莫扎特的嬉游曲（Divertimento），往往听了一遍后，就会要求父亲："还听，还听！"有天，他突然自己哼起一段旋律，家人一开始都觉得很奇怪，他哼的是什么旋律？似是而非，又熟不熟的，后来当大家听懂时，都笑了起来，觉得很有趣，这小家伙，怎么把嬉游曲这首室内乐的内声部都记下来了呢？

两岁多的达宏就会缠着父亲海城要学小提琴，刚会拉简单的旋律，就扯着母亲李肇真的衣服，要求母亲为自己伴奏，说是这样才过瘾，没过几天就学大人拉琴那样颤指，说是这样才好听。

### 一个讨厌上音乐课的顽童

孩提时期的达宏顽皮好动，却能耐住性子盯着并聆听父亲教学生整节音乐课，学生走后，旋即回到自己房里拉起小提琴，有模有样地拉上好几句。有丰富教学经验的海城担心他不能踏实地练习基本功，因而对他拉琴管教得特别严格，只要有时间就看着他练习，防止他又"出格"。

达宏的悟性高，进步快，但身为父母的海城夫妇却从不轻易夸奖他。有一次达宏听到父亲的学生在纠正音准时很困难，他就在旁发高论："这个人怎么没耳朵的！"父亲马上严厉训斥他："你以为耳朵好就能一定拉好琴吗？你一定要老老实实刻苦练习才能进步！"

达宏听音极为敏感，具有绝对音准，随便在钢琴上按下一大把音，他都能一音不误地说出音名。海城夫妇俩了解达宏在音乐方面很有潜力，需要细心雕琢，因而很注意他的学习，从乐理、音乐常识、音乐史……有计划地灌输给他。达宏的记忆力也很好，这些学识对于他来说都没有困难。

为了能让达宏更上一层楼，母亲李肇真特别聘请她在上海音乐学院的同事陆钦信教授教他和声，小小年纪的达宏，居然能定下心来好好地练习，让父母十分欣慰，觉得这个平日调皮捣蛋的小儿子，其实也是很好学的。

李肇真女士至今还常会提起一个小故事：

> 达宏在上小学的时候，最不喜欢上音乐课，他从不认真听课，爱做小动作逗同学玩，总是惹老师生气。学期结束，老师只给他打了勉强算及格的60分。我觉得奇怪，生气地责问他，这孩子却振振有词地回答说："她教的我全懂，没劲！最难受的是她弹风琴，左手乱按键，和声都不对，别提有多刺耳了，你不信就去听听。"

她为此有些无奈，只能责备达宏不该捣乱，妨碍别人听课，他才稍加收敛。

1966年"文化大革命"开始，是司徒家族最灰暗的十年，却是达宏学习音乐的黄金时期，海城将注意力从演奏转至教育，并倾毕生所学全心全意栽培达宏。

年幼的达宏练习小提琴（摄于1972年）。

除了小提琴外，达宏还会吹长笛，这是鲜为人知的。

## 十七岁的研究生

1978年，十年"文化大革命"结束不久，全国已停止了十多年的高等艺术院校的招生，终于又恢复了。积压了许多年的人才，今日又将有崭露才能的机会。海城全家人听到了这个大好消息，都十分振奋，因为在农场劳动了四年半的达伟，这下子终于有机会考上来了。大家都翘首以待考试的日子到来，并且鼓励达伟抓紧机会，全力以赴地准备赴考，做最后一次拼搏，因为达伟已经快超过报考的年龄限制。

那年达宏是高中二年级，高中学业还有一年才结束，但按照新颁布的招生政策，在"早出人才，快出人才"的原则下，他可以跳一级，以同等学历报考。这时，许多好心、热心的朋友都纷纷劝海城夫妇让达宏提前去报考上海音乐学院，大家都说："为什么不抓住这大好机会呢？谁也说不准明年政策是否会变，谁也不能保证明年一定还有机会，如果错过了，以后会后悔莫及的。"可是海城夫妇想到，若让达宏去报考音乐学院管弦系的话，明摆着是去当姐姐的竞争对手，为了力保达伟能顺利考上，所以决定不让达宏去报考。

这时，有位李肇真过去的钢琴学生，后来改学指挥，毕业后在样板团担任指挥的候润宇[4]，为海城家出了主意，他说："达宏小弟的耳朵非常好，音乐才能又高，何不让他试试考指挥系呢？我愿意把他推荐给我的老师——指挥家黄晓同[5]先生，听听他的意见如何。"于是候润宇把达宏带到老师黄晓同家里，并让达宏拉小提琴给他听。要先试试达宏的听力，黄晓同把两手在钢琴上随意地按下十个琴键，没想到从来未经练耳训练的达宏，不慌不忙地把十个音名逐个唱出来了，黄晓同一看，居然一个都没有错，让他十分惊奇。

黄晓同说："我十分欢迎你来报考指挥系，只是你琴拉得很好，为什么不报考管弦系呢？"时年17岁的达宏，老老实实地回答："因为我姐姐达伟今年要从农场考上来，母亲说：'你不该做姐姐的竞争对手。'"

黄晓同听了十分感动，他说："你完全有条件进入指挥系，只是你太年轻了，应该先学几年小提琴，等你长大一点，也成熟了，那时候学指挥就适宜了。"爱才的黄晓同很喜欢达宏，仍旧把达宏推荐给管弦系。

几天后，管弦系的支部书记刘品来到钢琴系找李肇真说："李先生，我听黄晓同先生说，你的孩子司徒达宏琴拉得很好，他非常欣赏，向我们推荐！我们管弦系的老师们也很想听听，你能让他拉给我们听听吗？"

于是刘品安排了时间，不久后，就由海城夫妇带着达宏到丁善德[6]院长家里，让达宏演奏给管弦系的几位老师听。当时，刘品就提议："到学院来开个独奏会，怎么样？让大家听听一个中学生课余拉琴的水平，反过来也可以促一促管弦系的师生。"司徒海城问："可以拉些什么曲目呢？""什么都可以，反正是内部观摩，不对外开放。"返家后，海城就为达宏拟定了一套曲目，有古典的、浪漫派的，也有近代的，还有几首中国乐曲及一首协奏曲全曲。

两个月后，达宏在上海音乐学院开了个人独奏会。本来想在小礼堂，后来因为小礼堂不够大，就改在大礼堂举行。独奏会一

达宏在上海音乐学院大礼堂开小提琴独奏会。

开始只是内部观摩，只凭请柬入场，后来消息不胫而走，一下子来了无数听众，连没请柬的人也都挤进来了，拦也拦不住，把大礼堂挤得满满的，连走廊也站满了人，水泄不通。这是"文化大革命"以来，第一次举办的小提琴独奏会，也是首次公开演出西洋曲目，而且破天荒地由一个17岁的课余练习的学生演奏。

演奏会后，两位院长丁善德和谭抒真[7]就对海城夫妇说："建议司徒达宏来报考研究所吧。"当时海城夫妇俩都不相信这会是真的。虽然李肇真每天上下班，都见到布告栏张贴着"招考研究生"的告示，但从来没认真关心过，因为她觉得这消息与现阶段的达伟与达宏无关，这可是大学毕业后的事啊！

海城夫妇问："达宏又没有读过大学，如何能考研究所？"院长们回答："高校已十多年没招生了，如今能来考的，也只能是"文化大革命"前的中学毕业生，为了'快出人才，早出人才，多出人才'，政府规定可以用同等学历报考。我们认为司徒达宏的水准，已经超出大学专科毕业的水平，所以他虽然没经过大学阶段，但完全可以用同等学历报考研究所。"这真是个喜出望外的好消息，这个"文化大革命"后的特殊产物，倒是给了达宏一个千载难逢的好机会。

对海城家来说，事情来得太突然，因为一开始家里并没有期望达宏一下子跳过大学阶段，只想达宏隔年中学毕业后，好好地考进一个理想的大学。长兄达强考进医学院后，海城夫妇曾与达宏讨论日后考大学的问题。达宏说："要么考音乐学院，不然我也很想学音响学（与建筑有关，譬如剧院音响问题等）。"那时达宏告诉父母说他已查过资料，全国只有南京的一所大学有相关专业，而现在突然出现机会，倒是很理想，他考的是研究所，姐姐考的是大学，不是同类名额的竞争，互不影响，海城夫妇便决定放手让达宏去考研究所，考不上也没关系，反正达宏年纪还小，以后有的是机会。

那年上海音乐学院的招生考场真是空前的热闹，因为是全国重点高校，积压了多少年的考生，一下子从全国各地云集而至，人数众多，竞争激烈，本科如此，研究所更是如此，来报考的人还真不少。考试是在大礼堂公开进行，有初试、复试，每场考试大礼堂都坐满了人，像听音乐会一样。考试的曲目有规定，数量相当于一场音乐会，专业考试连续进行了几天，接着还有一连串的文化课、音乐基础课的考试。

达宏虽然是像赶鸭子上架，只能把从小学过的东西从头温习一次，就去参加严格的正式考试。但最后达宏竟在考试中独占鳌头，以第一名的成绩进入上海音乐学院，破格成为有史以来年纪最小的上海音乐学院管弦系研究生，当时被舆论界誉为"当今中国的小提琴状元"。入学后主科老师是谭抒真、袁培文教授等人，开启了达宏崭露头角的小提琴事业。

1978年，达宏以上海音乐学院研究生的身份，参与上海之春音乐节，演奏《流浪者之歌》。

达宏是个幸运儿，从小就受到良好音乐教育的他，前进的征途一帆风顺。他的小提琴演奏已引起业内人士的瞩目，并进入中国各大音乐厅与广播电台演出。首次登台演奏协奏曲,就是与上海交响乐团合作。

## 意外的喜讯

达宏进了上海音乐学院后不久,高教部就颁布了一个留学生的政策,由全国高校推荐人才,再通过统一考试,选派留学生到世界各国去进修,上海音乐学院也有名额,领导决定在各系研究生中选拔,当时作曲系、指挥系、小提琴、钢琴各有一个名额,小提琴就是司徒达宏。专业课都免考了,主要考各项文化课和英文。当时因为时间匆促,没来得及准备,达宏和钢琴系的同学英文没过关,没选上,而作曲系和指挥系的两名研究生通过了,后来被派到德国去学习。

这是"文化大革命"后第一次选派留学生,以后每年都有机会。于是大家鼓励达宏赶快攻读英文,准备第二年再考,海城为达宏请了一位外语学院的老师,教了他一年。一年后,1979年学校再让他去考一次,这次他顺利通过了。

就在此时,由小泽征尔带领的美国波士顿交响乐团(Boston Symphony Orchestra)前往中国演出,他们去了北京,也来到上海,除了演出,文化局还安排他们与上海交响乐团进行交流活动,又到上海音乐学院参观。学校为了接待他们,就通过指定的方式让一些学生演奏给参观的客人听。

这天上午,波士顿交响乐团大队人马来到上海音乐学院,以小提琴首席西弗斯坦恩为首的小提琴声部的音乐家们,来到教学大楼的一间教室门口,听到一阵优美的巴赫提琴演奏曲,就立刻被琴声所吸引,继而主动要求参观,顿时教室涌进一批人潮,包括学校老师、学生和美国CBS电视台的摄影记者。当西弗斯坦恩看到演奏者是18岁的达宏,便十分惊讶这位年纪轻轻的少年已经有这样专业的演出实力。

这一段过程被随同的《时代》杂志记者记载下来,根据报道,达宏不断反复演奏巴赫的某一慢板乐段,始终保持着灵巧均衡的乐感,而西弗斯坦恩则在一旁仔细聆听。隔天,来自中国各

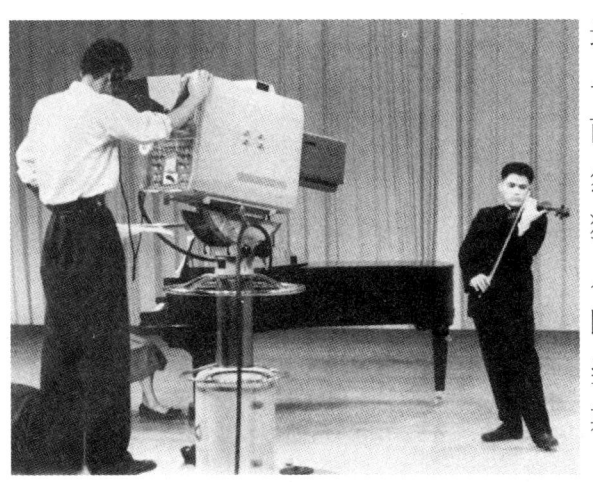

1979年，达宏参加上海电视台的节目录影。

地500名学生参加与西弗斯坦恩面对面交流的大师班，然而西弗斯坦恩唯独青睐司徒达宏一人，回美国后，随即推荐达宏以全额奖学金赴费城柯蒂斯音乐学院学习。

1980年3月11日的清晨，电报局送来了一封来自美国的国际电报，是由费城柯蒂斯音乐学院院长迪兰斯（John de Lance）发给司徒达宏的，电文道："由于西弗斯坦恩先生的推荐，柯蒂斯音乐学院决定录取阁下成为我院小提琴专业学生，全额奖学金，学费全免，安排在葛拉米安（Ivan Galamian, 1903~1981）教授班上，请速来联系。"这真是由天而降的大喜讯，真是做梦也想不到的事，海城全家振奋万分！但静下来一想，又感到怆然和无奈，学费是免了，但生活费呢？在当时，海城家的经济实在没有能力支持达宏出国，只得当它是一幅可望而不可即的美景。而且，达宏也已经通过国家公费留学的考试，将来再到海外研习吧！

这时在台湾的司徒兴城，也得知柯蒂斯音乐学院录取达宏的消息，十分为他高兴，又听说达宏正准备放弃柯蒂斯音乐学院的机会，一心等待国家的分配，就迫不及待地多次托朋友从香港转信，从香港打电话来，还托了一位去上海的朋友，亲自与海城会面，转告并力劝海城，不要放弃柯蒂斯音乐学院，因为那是全世界最有名，水准最高的音乐学府，名额得之不易，如果现在放弃，等于失去良机，太可惜了。

海城只得据实以告，没有经济力量，不可能送他出国。这时司徒金城挺身而出说："送他出来吧，让我来资助他！"

大哥司徒金城对达宏豪爽的大力资助，使海城家感激又感动，不仅说明了金城对阔别了几十年的弟弟的关心，对下一代子侄的爱护，也说明了他对司徒家族有这样一位在音乐上具有培养前途的后辈，感到无比高兴和欣慰。

在金城的鼓励和资助下，达宏放弃了音乐学院小提琴留学生的名额，前往美国费城柯蒂斯音乐学院学习。海城把孩子送上飞机时，谆谆地嘱咐他："你是很幸运的孩子，出去后必须好好学习，要为中国人争光，要为司徒家争光，不要忘记大伯伯对你的栽培。"

## 司徒金城的关爱

达宏在柯蒂斯音乐学院学习得非常顺利和愉快，他在美国期间，除了有旅居美国的堂姐达森的悉心照顾，还常常得到从台湾来的大伯金城和三叔兴城的关怀和教诲，使远在中国的海城夫妇十分放心。

有一次金城从美国打国际电话告诉海城夫妇，说他出差到了美国会看望达宏，谁知达宏正在一个偏僻的地方参加音乐夏令营，但金城仍不辞劳苦，想方设法找到了夏令营的所在地。

当天，有学生演奏会，但达宏是被安排在第二天演出。因为有家长到访，老师特地允许达宏换到当天，因此金城能听到达宏的演奏。事后，金城在电话中兴奋地告知海城说："在达宏前面是一位美国小姐，拉得很好，我在想，下一个轮到他了，不知有没有那位小姐拉得好？谁知他拉得更好，我听了非常高兴。"金城还说："我先告诉你们这些，等我回了台湾，再写信详细地告诉你们。"后来，金城从台湾又写信来，连节目单都寄给了海城夫妇。

达宏进入柯蒂斯音乐学院后成为布洛斯基（Jascha Brodsky, 1907~1997）、赛朗（David Cerone）与世界著名小提琴家葛拉米安的关门弟子。

葛拉米安曾经调教出许多杰出的小提琴家，包括帕尔曼（Itzhak Perlman, 1945~）、祖克曼（Pinchas Zukerman, 1948~）、林昭亮与郑京和等人，拥有"暴君伊凡"的称号，教学极为严格，司徒达宏却能通过他的考验，以获得金牌的身份毕业，由此获得与费城管弦乐团合作演出的机会，演奏西贝流士的小提琴协奏曲（Violin Concerto in D Minor, Op. 47）。

金城得知达宏开音乐会时，又特地从台湾赶到美国出席，演奏会后，还以家长的身份为达宏开了盛大的招待会（reception），李肇真回忆到这段往事，深情地说：

> 大伯伯对达宏可说是爱之深切，呵护有加。代替了我们做父母的，为我们做了我们所做不到的事情。

不久，达宏再以全额奖学金进入朱丽亚音乐学院（The Julliard School）师从朵乐茜·迪蕾（Dorothy Delay, 1917~2002），攻读博士学位。赫赫有名的迪蕾同样是帕尔曼、林昭亮以及索罗门·明兹（Shlomo Mintz, 1957~）、那德杰·沙利耶诺·宋伯格（Nadja Salerno-Sonnenberg, 1961~）等人的恩师，培育英才无数。达宏在她的调教下，更加出类拔萃，参加各类比赛成绩优异，陆续赢得了夏朵音乐节（Chautauqua）协奏曲比赛第一名、费城管弦乐团（The Philadelphia Orchestra）举办的青年艺术家大赛（Young Artist Competition）大奖。

之后即演出邀约不断，除与费城管弦乐团独奏演出外，也以独奏身份和费城青年管弦乐团（Philadelphia Youth Orchestra）合作巡演世界各地，1985 年 7 月随团来中国演出，足迹遍及大陆津、京、沪、杭与香港等地。后来，他也与香港爱乐管弦乐团合作演出，获得热烈好评。达宏以独奏家与室内小提琴乐手的身

达宏赴美留学后，首次回国，以朱丽亚音乐学院研究生的身份在上海音乐厅举办小提琴独奏会。（摄于 1985 年）

达宏在费城与管弦乐团合作协奏曲

份闻名，其唱片由 Artist Led 发行全世界。

2002 年台北市音乐季（2002 Taipei Music Festival），台北市立交响乐团（TSO）指挥家陈秋盛[8]即曾邀请达宏到台演出，在名为"天堂之歌"的节目中，达宏于台北市中山堂中正厅演奏了包括马勒的第四号交响曲（Mahler: Symphony No.4 in GMajor）以及他极为擅长的西贝流士的《D 小调小提琴协奏曲》（Sibelius: Violin Concerto in D Minor, Op. 47）。

## 自学成才，攀登新的高峰

身为闻名的小提琴演奏家外，达宏还有另一个专业身份，就是国际知名的录音制作人、录音工程师、录音电子顾问，及录音设计师。

达宏是个从小就有主见的人，兴趣和信心是支撑他迈步向前的重要因素，凡是喜欢做的事，都会自觉地埋进去刻苦钻研，不做出点名堂绝不罢休。他拉琴一向是自觉的，家中从未有人逼过他，此外摆弄电器也是达宏自幼养成的喜好。家里一台旧收音机被他来回装卸过多少次，在这方面父母倒没有多管，但发展到后来，似乎只要是电器就都想拆，直到担心他把录音机、电视机都

1985年达宏以独奏的身份，被邀与费城青年交响乐团合作，至中国巡回演出（京、津、沪、杭、港）。本图为在上海的一场演出，达宏演奏拿手的布鲁赫小提琴协奏曲。

弄坏了，才开始限制。于是他就跑到卖电子废旧品的处理品门市部，去购买那些他感兴趣的废品，回家尽情地摆弄。

到上初中一年级时，达宏到校办工厂实习，他就成功地组装电视机，被视作办学成果公开展览。他的能力得到肯定，从此学校或家里的电器出了毛病都让达宏修理，他俨若老师傅那样地认真检查，获得手到病除的修理专家美名！

到了美国后，达宏并没有感到学习有太大的压力，他依旧喜爱抽空去玩录音机、摄影机等。特别是进入朱丽亚音乐学院研究所后，他觉得时间更有弹性，就毛遂自荐到纽约一家最大的电器公司，说服了老板成立修理部，由他担任不支薪的经理，老板竟也答应了。

在美国，一般电器出了毛病，就会被人丢弃而不会送修，因为买一个新的往往比修理还便宜。送修的只是那些价格高昂的高档货或新产品，在达宏看来，拆卸这些产品就是最好的学习机会。

为此，修理部还增添了一名工人，专门负责把机器扛回工作室给达宏，而其中只要有自己未曾接触过的新锐产品，纵使一下

2002年台北市音乐季，达宏受邀到台湾演出，与台北市立交响乐团（TSO）合作。图为2002年台北音乐季"天堂之歌"节目单影本。

子就找出毛病所在，他也一定把它全部拆卸一遍，仔细琢磨与一般产品不同之处，了解其特性及优点，修理部成了他勤工俭学的空间，经过好几年不断拆修各类高级电器产品，达宏便掌握了这一领域的高新技术，成为行家，并奠定了走入录音工程的技术基础。

如今达宏所使用的录音器材都是经过他重新设计和改装过的，使他不仅可顺畅控制和调整音质、音色、音量、速度和力度层次，而且使用起来比一些高档产品更加顺手。

**优秀录音师，源于对音乐的执著**

达宏在通过一连串舞台的历练之后，对音乐有了一些不同的想法。他认为当一位演奏家，只是以个人的力量带给众人欢乐，然而舞台是短暂的，听众也仅是少数的几个人；倘若能透过自身的智慧与科技文明，来美化、制作出更多高水准的演奏录音，便有可能将美妙的音乐传递得更久更广。聆听的人更多，音乐家、演奏家的思想更得以长久延续。达宏自述时谈到：

> 我在录音一行搞出名堂，大家才特别地注意到我，其实我很喜欢拉琴，每年还演出一两场，但我能够把更好的音乐保留下来，向更多的人传播，这也是极大的乐趣，尤其帮助演奏者美化他们的音乐时，是非常有成就感的。

达宏还认为，当今各类表演艺术家不少，真正优秀的录音师却不多，人们往往把这个行业的重要性和要求低估了。他下决心要把这项工作做好、做精。他指出，即使掌握了好的录音技术和设备，也只是拥有做好录音的物质基础，但要求极致就需要有很高的艺术修养，至少要能达到一个优秀指挥家的水平，而且要做到与演奏（唱）者密切合作。

人们之所以喜欢到音乐厅去聆听，是因为可以和表演者直接交流，现场的真实感和亲切感最能激起听众的共鸣而引人入胜，这时听众不会太在意表演者偶尔出现的瑕疵，但如果是听唱片录音，注意力就会完全集中在听觉上，一旦听到任何瑕疵就会感到不太舒服。事实上，就算是大师级的表演艺术家，也难以保证每场演出都能在艺术上、技术上发挥得万无一失。

录制 CD 唱片，给予艺术家挽回偶尔有失误的遗憾；通过补录、剪接、修饰，推出能体现个人最高水准的代表作传世。由这一点也可以看出，录音师的水准对音响成品的品质影响是很大的。

以深厚的演奏经验作为基础，达宏得以将他的理性与感性，在录音室里形成最完美的结合。

2006 年当达宏获得葛莱美奖的殊荣，记者访问他时，才知道达宏对古典乐曲录音工作的要求，有自己独到的见解。达宏说，他既非唱片制作人，亦非乐团的领导者或指挥，为了能在有限的时间内，完成他的目标，他对要录的作品都争取提早取得总谱深入研究，而且对演奏者也尽量做必要的了解。

由于葛莱美音乐大奖是以公开发行的影音出版品为依据进行

投票，所以录音师是和演奏（唱）家并列一起参加评奖，除此之外，还特为录音师专列奖项。录音工作的重要和价值，在葛莱美音乐大奖中可谓得到充分的肯定和褒奖。

达宏荣获四届、六项的葛莱美奖，他的录音专业技术可说完全受到了国际肯定；当初他以出类拔萃的小提琴演奏成绩，受到乐坛瞩目，从中国远赴美国学习，至今仍演奏不辍；后来转而从事专业录音师的工作，其音乐家与工程师的双重身份，正与祖父司徒梦岩相同。

达宏获得第48届葛莱美奖的贺卡

达宏就曾和友人说：

> 司徒这个音乐世家有九个"上海音专"的校友，司徒音乐世家，可是真正的名副其实呢！
>
> 若把我丈母娘林玲算上，那司徒音乐家族则是十位了，不过我的夫人陈玮明没有继承她妈妈的衣钵，而是接父亲的班当了外科医生。我们在纽约有一个幸福的家，我的工作室占据了一层楼，在这里工作、生活我感到很温馨。我们的女儿嘉星和儿子嘉亮还小，刚上小学，我一定会培养他们学习音乐，长大了走什么路由他们自己选择，但起码他们都会是业余音乐家，就像他们的曾祖父一样，就算是业余也要有高水准，这是司徒音乐世家的传统吧！

在2001年时，台北市立交响乐团与费城管弦乐团单簧管前首席吉利欧帝（Anthony Gigliotti, 1923~2001）合作，于台北市中山堂的中正厅灌录了两张专辑，并由达宏担纲录音工程师，其中一张收录了美国当代作曲家洛赫贝尔格（George Rochberg, 1918~2005）为吉利欧帝量身定做的《单簧管协奏曲》（Concerto for Clarinet and Orchestra）；另外一张专辑则是由吉利欧帝与他的儿子马克·吉利欧帝（Mark Gigliotti）联袂演出。

当年79岁高龄的吉利欧帝则在录音完后不久住院，没多久便与世长辞，这张与台北市立交响乐团所灌录的专辑等于是大师的最后遗作。专辑出版之后，陈秋盛收到作曲家洛赫贝尔格的亲笔致谢函，他表示听完录音之后相当感动，他也特别表示法国号的表现尤其出色，目前这也是现在世上该曲唯一的录音版本。

与达宏合作的指挥家陈秋盛对达宏十分推崇，他说：

> 达宏天生的音感极其完美，和他一起工作，不仅让我见识到国际专业录音师的超高水准，而且透过他的专业，提升了台北市立交响乐团所有伙伴们的实力，更让我们可以骄傲地说台北市立交响乐团具有国际交响乐团的水准展现。

达宏曾获得四届共六项葛莱美奖。摄影：Christian Steiner（国际著名摄影师）

## 司徒达宏葛莱美获奖纪录

1. 第43届（2000）葛莱美"最佳室内乐演奏奖"（Best Chamber Music Performance），得奖作品《Shostakovich: The String Quartets》。
2. 第43届（2000）葛莱美"最佳古典音乐专辑"（Best Classical Album），得奖作品《Shostakovich: The String Quartets》。
3. 第48届（2005）葛莱美"最佳室内乐演奏奖"（Best Chamber Music Performance），得奖作品《Mendelssohn: The Complete String Quartets》。
4. 第48届（2005）葛莱美"最佳古典音乐唱片录音技术奖"（Best Engineered Album, Classical），得奖作品《Mendelssohn: The Complete String Quartets》。
5. 第49届（2006）葛莱美"最佳室内乐演奏奖"（Best Chamber Music Performance），得奖作品《Intimate Voices》。
6. 第51届（2009）葛莱美"最佳室内乐演奏奖"（Best Chamber Music Performance）

---

【注释】

1. 葛莱美奖（Grammy Awards），是美国录音与音乐界最重要的奖项之一，由录音学院（Recording Academy）负责颁发。学院由录制音乐业的职业人士组成，目的在于奖励过去的一年中业内出色的成就。葛莱美奖是美国四个主要音乐奖之一，相当于电影界的奥斯卡奖；其他三个为告示榜音乐奖、全美音乐奖和摇滚名人堂收录典礼。葛莱美奖每年2月颁发，在告示榜（Billboard）和全美音乐奖（American Music Awards）后举行。
2. 本奖的序号为94。
3. 本奖的序号为102。
4. 候润宇为华东师范大学艺术学院院长、终身教授、博士生导师、上海爱乐乐团音乐副总监。近年来，曾先后在德国西南广播乐团、纽伦堡交响乐团、亨加利卡交响乐团、比利时列日交响乐团、中国中央乐团、中国广播交响乐团、中国电影乐团、上海歌剧院及香港管弦乐团等国内外著名交响乐团担任客席指挥。并赴德国、法国、意大利、瑞士、西班牙、奥地利、南斯拉夫、比利时、日本及美国等国家演出。此外，候润宇教授还是"瓦格纳"协会名誉会员，并已被剑桥国际传记中心编入世界名人录。

5. 黄晓同被人们尊称为"中国元老级指挥大师"。退休前，他一直在上海音乐学院任教，把一生奉献给了讲坛，培养了八十多名专业指挥，如上海交响乐团音乐总监陈燮阳、上海歌剧院院长张国勇和常任指挥林友声、华师大艺术学院院长候润宇、中国爱乐乐团音乐总监余隆、北京交响乐团音乐总监谭利华、台湾实验国乐团（后为国家国乐团）首席指挥、音乐总监瞿春泉、台南艺术大学副教授陈中申、苏黎世室内乐团音乐总监汤沐海等"第一梯队"指挥家无不出自他的门下。

6. 丁善德（1911~1995），作曲家、钢琴家、音乐教育家。长期在上海音乐学院执教，历任作曲系主任、副院长。先后担任中国音协上海分会副主席、上海音乐出版社社长、中国音协副主席等职。

7. 谭抒真（1907.6.10~2002.11.28），小提琴家，乐器专家，为中国当代德高望重的音乐教育家，小提琴教育的一代宗师，从事音乐事业76年，在他的努力下，使中国小提琴教学和演奏水准，在几十年的时间里达到了世界一流的水准，故在音乐界和文化界享有崇高的声望。

8. 陈秋盛，前任台北市立交响乐团团长，为国内及国际上活跃的台湾指挥，许多的管弦巨作，都在他的指挥下在台湾创首演纪录。陈秋盛不仅在管弦乐指挥方面受到乐界的肯定，同时也是一位杰出的歌剧指挥，除了繁忙的指挥及行政工作外，每年也不定期到世界各国应邀担任客席指挥及录制唱片。

# Ⅳ 音乐之外的光芒

《管子》曰:"士农工商四民者,国之石,民也。"

四民是古代中国对平民职业的基本分工,论者多相信此四民的排序当时并无隐含地位高低之义,然自古以来,华人社会中以"士民"为尚,重视通过教育养成知识格局和情操的传统价值是恒久不变者。

从最早聪颖好学、勤劳踏实的司徒怀德在"办庄"里当学徒开始,其经商成功以后,就放开心胸地接受各种新观念,并精通多国语言从事国际贸易,而他为子女所做的,则是帮长子司徒伯权、三子司徒佩权捐官,让他们当上陕西和山西小县城的知县,再以其远见与智识,提供二子司徒仲权、四子司徒傅权、六子司徒仕权前往国外接受新式教育,并继而影响日后家族一连串的发展与成就。

## 重视教育的司徒家风

司徒怀德四子司徒梦岩,在时代变动下,对于无法全力把自己的儿女送往出国留学,而感终身遗憾,但梦岩的子女并没有因此而停歇,并朝各专业领域发展,重视教育及勤奋向学的态度更持续影响了自梦岩以下的子孙。

梦岩长子司徒金城个性活泼外向,如其祖父怀德往商贸发展,但对自己的子女司徒达森及司徒达贤教育一点也不马虎,这部分从其夫人汪德秀在自己的回忆录里,提到她与金城一生最大的成就是"教育子女成才"即可得知;梦岩次子司徒海城因爱好音乐,带动弟妹学习,但对自家儿女及孙执辈,海城亦是戮尽心力,海城的长女司徒达伟与次子司徒达宏,都是成功的音乐家,长子司徒达强,则走上专业外科医师的道路;梦岩三子司徒兴城，虽无子女，但以其个人的毅力，半工半读辛苦生活，只为能出国精进学习，并将国外最新的弦乐教育带回台湾，通过教学培育许多优秀音乐师资，同时通过演奏会，推广人人都可以亲近音乐的理想；梦岩四子司徒华城年少求学时，家境困难，全靠自己挣钱，同时完成沪江大学化学系及国立上海音乐专科学校选修音乐的学业，及至其成家后，子女司徒达芳及司徒达良，受"文化大革命"波及，无法接受完整的教育，但"文化大革命"一结束，华城即出资鼓励达芳、达良念完大学。

梦岩的四女儿司徒幼文因家境紧迫，不敢专注往音乐的道路发展，选择沪江大学政治系就读，但她仍靠自己对音乐的爱好，结合外语的长才，为中国翻译诸多专业乐理，在中国近代音乐教育史上记下了不可磨灭的一笔；而梦岩最年幼的女儿司徒志文，则靠自己努力及杰出的演奏技巧，前往世界各地参与大型演奏会，27岁时则更以教师资格前往苏联莫斯科音乐学院学习，为世界闻名大提琴大师罗斯托洛波维奇一生中唯一的入室中国女学生，在此深厚音乐素养基础上，志文回到中国，即积极参与各种学会、乐团及文艺团体，为培养杰出之中国音乐家而努力。

## 百年蹒跚　日出东方

在司徒家族重视教育的家风下，子孙的发展，不只在音乐，也在各行业的领域，获得极大的成就。自司徒梦岩以下之第三代中，除海城的子女达伟、达宏成为专业音乐家外，其余尚有五位：金城子女达森、达贤；海城次子达强；华城子女达芳、达良都在各领域有其成就。而第四代除尚年幼在继续求学外，其他成人者无一例外都是接受过硕士研究生以上教育的各行业的专业人才。

司徒志文就常以大哥司徒金城的儿子达贤为例，她提到达贤很像其祖父司徒梦岩，在接受西方教育后，回到自己生长的土地贡献所学，不仅带回西方最新的策略管理科学，他更全心投入台湾企业管理教育三十余年。志文认为达贤正符合司徒梦岩心目中对子女的期待——成为"能贯通中西文化，又有专业才能，且道德品行端正的人。"

音乐之于梦岩完全为其个人的兴趣，他认为音乐可以熏陶个性与人格，但人生的发展，可以丰富多元，梦岩对音乐的兴趣无心插柳，却影响子女走上了音乐家的道路，但是他最大的希望是子女能够扎实学问成为各行业的杰出者。

历史潮流不断推进，中西文化不断汇整，两岸三地司徒家族各成员虽历经多次战乱与变局，仍秉持求知好学的毅力，一一突破环境限制，创造各种精彩的生命故事。

而今跨入全球化加速进行的21世纪，曾经坚守一隅的中国人，在学习西方文化与科学后，不断开发与进步，东方力量如大江流水，浩浩荡荡，奔流于大洋。造船总工程师司徒梦岩及他的音乐家族是那大江流水的一部分，而其所延展的世代，则已是那东西相通的海洋，属于两岸三地的中国，也属于全世界。

# 司徒达强（1958~2005）

司徒达强在海城三位子女中排行老二，虽然跟姐姐达伟一样，从小由海城教授小提琴，但因为在小学时，"文化大革命"就已经开始，所以达强不像姐姐一样能加入上海市少年宫小伙伴乐队，有排练和演奏小提琴的机会，但他参加区小分队的文艺宣传演出，是队上有名的童声歌手，每次演出，他总是上台演唱样板戏的片段，《智取威虎山》中那段《打虎上山》是他的拿手好戏，因此他的样板戏演唱成了小分队每场必演的节目，直到中学变声。

进了中学，他对小提琴教学发生兴趣，钻研起教学方法来，开始教学生拉琴。他最初的学生是他的同班同学，后来同学的朋友、邻居们也来找他，一时之间达强竟然成了街坊中的小提琴私塾老师，他碰到什么难题就请教父亲，有时还把学生带到家里，让父亲指点，甚至有一次海城过去的一个学生带了女儿来求教于老师，海城见达强在教学上颇有心得，就建议让达强来教她，结果成效如何呢？李肇真回忆道：

> 教了不久，孩子的家长就反映说："我们的邻居都问我女儿是否换了把琴？怎么声音变得响多了，好听多了？这就是方法正确啊！"

可见达强在小提琴教学上，的确有自己独到的心得，直到后来进了大学，他才放下教鞭，把学生移交给海城，请父亲接手教导，达强说："这叫让学生继续深造啊。"

1977年，达强中学即将毕业，因为姐姐达伟已分配在农场务农，是"农档"，按照当时"文化大革命"的路线政策，家中老二的达强就是"工档"了，毕业后将分配到工厂当工人。

正好当时上海歌剧院乐队需要招收新队员，他们希望能在应届毕业的工档学生中，挑选到一些有才能的学生，尤其希望找到弦乐部分的小提琴演奏员。

于是达强在毕业前就去歌剧院报考，先通过专业考试，再借调到歌剧院乐队参加排练和演奏，经过试用期，院方对他很满意，准备在毕业分配时，由文化局招取他，先用勤杂工的名额分配到文化局所属的上海歌剧院，再安排到乐队当演奏员。

"假如我是家中的老大，属于农档，那我绝对不可能被招收进文化局。"达强心中知道姐姐为他做了垫脚石，他才能够留在上海，而且有希望进入歌剧院乐队，达强一方面心怀感激，一方面也雀跃地等候进入乐队的通知，谁知当年的方案中工档却还有软硬之分，以农档来说，必须到外地农村插队落户才能算得上硬档，分配在市郊农场的达伟，只能算是软档，所以达强虽是工档，也只能是软档而已，还没有条件去国营单位当乐队演奏员，于是走音乐专业的道路也成了泡影，他只得快快地到一个民办的集体所有制的半导体零件厂去当工人了，那年达强19岁。

眼看自己不但要跟演奏分道扬镳，甚至可能一生当要蹉跎在工厂之中，达强内心的落寞可想而知，没想到上班没几个月，忽然传来消息，停办已久的高考将要在年底正式恢复！对于这天大的好消息，达强兴奋得不得了，他说："我也要考音乐学院！"可是这

1979年，在这一年中，海城家的三个孩子全都考进大学：一位医学院，两位音乐学院。本图为海城全家于襄阳公园内合影。

些艺术院校都要在隔年暑假才开始招生，这时大家都力劝他说：

> 你把握这次机会先考普通大学最好，考不取还有下回，你年纪还小，而音乐院的机会应留给姐姐，她在农场，根本没有全面温课的条件，唯一的出路是靠她的小提琴专长，她年纪比你大，机会不多，我们要力保她能在暑假时从农场考上来，名额有限，弟弟何必也做姐姐的竞争对手呢？

达强思前想后，姐姐多年在农场的辛苦，在音乐路上的屡挫屡战，他都看在眼里，作为弟弟能为姐姐做的大概也只有这件事了吧，所以达强毅然接受大家的建议，埋头准备起大学考试来了，终于在1977年年底，顺利地考上他的第一志愿——上海第一医学院医疗系，当收到录取通知的那天，达强虽然高兴，但也吐出了一句："这下我改行了。"口气中透漏出他转换跑道心中难免的挣扎，但乐观的达强很快地就释怀了，还对小弟达宏说：

> 小弟，我的儿子将来学琴可要找你这个叔叔，你的儿子生了病也不用慌，有大伯伯给看。

在大学求学时期，达强功课很繁重，因为这年度招生延迟的关系，他们要在四年半内学完26门课，加上达强因为"文化大革命"没能接受完整的高中教育，所以不免在学习上比别人更加辛苦，他说："我在中学时是矮子中的长子，现在入了大学，变成是长子中的矮子了。"他在班级中是年纪最小（76届），同届医疗系四个班级共两三百人，76届只占了三四名，其余都是年长的同学，例如睡达强下铺的室友就整整大他12岁之多。

此外，同学中有经验的医务人员，如卫生员、赤脚医生、工人医生等特别多，甚至还有同学已经有三年外科医生（工人医生）的经验，加上还有医务界的子弟们，本身就家学渊源，达强在起跑点上的确落人一截，单从英文一科就可看出差距，别人是免修英文，还能加选第二外语，达强却要在课外，努力自修英文

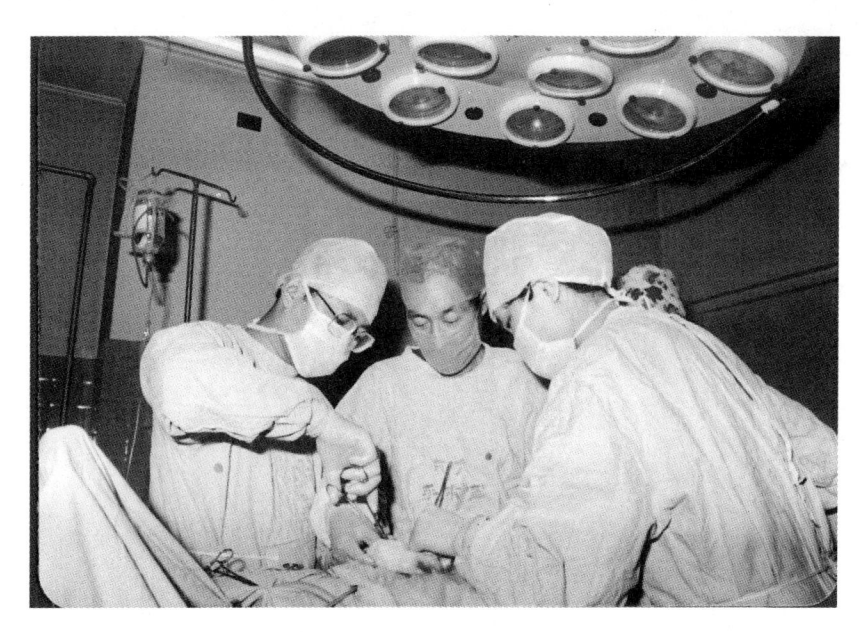

司徒达强医生（图中最左）在手术室中，展现出迥异于音乐的另一种专业样貌。

追上程度，李肇真回忆达强大学时期，一周中连仅有的周日回家时间，都在孜孜不倦地念书，达强很有忧患意识地说：

> 大学就是大学，根本不是中学的样子，没有人不用功念书，上课时一个梯形大课堂，教师在上面讲课，课堂秩序特好，哪像中学那么乱？一到晚上，阅览室、图书馆都坐满了人，但安静得连呼吸气大些都听得见，在这样的环境里，你不用功也得用功。

不过就算课业压力再大，达强也没有放弃他的音乐爱好，在课余时间积极地参加学校管弦乐队，身兼数职，既是乐队首席，又是独奏演员，还当乐队指挥，他后来的妻子陈意友，就是当时在合唱队女高音声部的一位药物系同学。

大学毕业后，达强分配在上海市第六人民医院当医生，余暇时间他仍坚持练琴，经常参加市卫生局举办的文艺汇演和音乐比赛。在比赛中，司徒医生的小提琴独奏荣获器乐演奏一等奖，汇演中他又担任医药系统的合唱队指挥。

1989年达强移民澳大利亚，在悉尼南威尔斯大学深造，获硕士学位，在医学院的研究所进行肿瘤的研究工作。一如往常，即

使工作再重，达强也没有停止和放弃对音乐的追求，他继续拉琴，积极地参加悉尼的各种音乐活动及演出，他在交响乐队拉过小提琴，也在歌剧院乐队演奏，他还担任悉尼华人音乐家协会的理事，是悉尼乐坛的活跃分子。

1992年，司徒海城、达强与嘉悦祖孙三人合影。

除了小提琴演奏，他也重拾小提琴教学，他在悉尼教了不少学生，其中也包括他的子女嘉悦、嘉恺，他常说："司徒家的孩子都应该学会拉琴，我父亲能教会他的三个孩子，我也应该能教会我的两个。"

而事实证明，达强的教学一如他年轻时一样成功，嘉悦在中学毕业前就获得澳洲的AMUs联邦证书（AMUs为音乐程度的认证，相当于在英国音乐学院或其他音乐学府完成一年制的学士课程），并且和达强的另一名学生都考入了全澳广播电台乐团。

司徒达强之女儿嘉悦中学毕业便已获得AMUs认证。本图为李肇真与嘉悦于悉尼市政府大礼堂所举办的颁发典礼上合影。

达强是一名虔诚的基督徒，在悉尼十多年中，他一直担任唱诗班的指挥，带领大家用歌声来颂扬天主，他排练时敬业又认真，对每首诗歌都严格要求，李肇真说达强还常常鼓励大家说："你们是侍奉上帝，是为上帝而唱，神会让你唱，神会让你开口，你们要有信心。"他的热诚鼓舞了唱诗班的兄弟姐妹，他还多次参加教会组织的布道团，即使后来因癌症行走在人生末路上，他仍坚强地依靠着他的信仰，克服了疾病加给他的巨大痛苦，继续为教会音乐和唱诗班的训练作出奉献。

2004年在悉尼，李肇真、达强、嘉悦祖孙三代同台演出。

2005年6月19日，达强在悉尼华人教会六个堂的联合崇拜上作见证，他头发已因化疗而脱落，但他目光炯炯有神，发自内心的肺腑之言感染在场的所有听众，他说：

> 得了我这病，一般说也只有半年"寿命"，而不是"生命"——我们每个人在世界上所有的只是"寿命"，是有限的，而从上帝而来的宝贵生命，却是永恒的。

不到一个月后，达强就因癌症离开人世，享年仅47岁，他的弟弟达宏在追思礼拜上哀恸地说："哥哥从小一直是我学习的好榜样。"2006年在葛莱美奖的颁奖典礼上，达宏更说："把这个奖献给我在天上的亲爱的哥哥达强！"是的，即使英年早逝，但达强仍活在每一位司徒家人与他的亲朋好友心中。达强的女儿嘉悦在取得新南威尔士大学（University of New South Wales）的科学和艺术双学士学位后，已考入该校硕士研究生班攻读人才管理及心理学专业。她的弟弟嘉恺亦已考入当地的科技名校就读（Sydney Technical High School）。他们还拉小提琴，嘉悦课余时间还在圣佐治音乐学校任教。

司徒家族中杰出的外科医师——司徒达强

# 司徒达芳（1952~）

"姑姑，您原来这么有名啊？"弟弟达良的女儿嘉愉，第一天上学回家后，就兴奋地跑到司徒达芳跟前说。

"怎么回事啊？"达芳一头雾水地问。

"我到学校报到的时候，学校老师看到我的名字'司徒'嘉愉，就问我说认不认识司徒达芳？我说那是我姑姑，老师就跟我说您是咱们和平街二小有名的学生，还叮咛我要跟您看齐，做个品学兼优的好学生呢！"

从小无论是在课业、才艺竞赛、体育竞赛，还是担任班级干部，样样都不服输的达芳，打从幼儿园开始，就是同侪中的领导者，在朗诵比赛累创佳绩的她，志向是报考广播学院，当一名专业的传播媒体人。

这些优异的表现，作为父亲的华城也都看在眼里，但他并不强迫子女非得从事音乐专业不可，司徒家的教育理念向来是"顺其自然"，所谓的"子承父业"，重点在于传承上一代的精神，而不一定要传承专业，达芳说：

> 我跟我弟的突出特点，就是小学时期的学习成绩都特别好，这在当年中央乐团子弟中是不多的，所以我父亲觉得我俩学习都很有潜力，不一定要朝音乐专业的方面发展，他也认为一个人的人生，就是应该去做他最擅长、最喜欢的事情，在他擅长、喜欢的事情上去做出成就，所以他曾对我们说过："我就算强迫你们学了音乐，能在乐队坐一个位置，也很平凡，不会靠前，不如让你们在各自的强项上做出成绩。"

达芳由于学习成绩优秀，小学毕业就考上北京市重点中学"北京女二中"。

初中一年级，达芳正好碰上"文化大革命"，在当时"一片红"的革命浪漫主义氛围下，达芳也想加入当时年轻人"上山下乡"的行列，学习工、农、兵苦干、实干的作风，为建设共产主义美好的明天尽一份心力，当年在中苏关系紧张的气氛下，黑龙江生产兵团尚未成立，达芳不管自己仅仅只有15岁的年纪（北京农场招工标准为16岁），便极力争取加入黑龙江省边境屯垦的行列。

到了农场后，向来优秀不服输的达芳，也深受上级赏识，未满16岁的小女孩竟然可以被选入顶尖的机务排，后担任过畜牧副排长，可见达芳能力极受领导干部赏识。在繁重的生产工作之余，达芳也努力充实自己，研读政治、经济、企管方面的书籍，因为思想逻辑清晰、组织能力强，甚至还加入了政治宣传队。

但即便是拥有这样出类拔萃的表现与成绩，当达芳想再上层楼时，她也跟达伟一样，因为必须交代海外关系（在台湾的金城、兴城）而屡受挫折，无论是在争取上大学、加入共青团或申请成为共产党党员，达芳的努力总在最后关头因无法通过家庭关系的审查而功亏一篑，但不服输的达芳从未被击倒，总是越挫越勇，别人越认为不可能，她越是要挑战，充分体现出司徒家顽强拼搏的坚强意志。

七年后，23岁的达芳回到了北京，一开始在几个不同的工厂中服务，也跟之前在兵团中一样，达芳突出的表现让她一级级地向上晋升，甚至进到工厂的政工组担任宣传干事，但随着改革开放，社会上的竞争益发激烈，初中没毕业就加入兵团的达芳倍感压力，刚好当时国家推动成人教育，

出生刚满十个月的司徒达芳（摄于1953年）

祖父司徒梦岩怀抱着达芳。对达芳而言，因与祖父相处时间很短，所以记忆不多。不过由家人口中得知，祖父非常喜欢抱着幼时的她。

身为钢琴家的母亲钱沈英在上海家中教导达芳学钢琴。

举办了大专自学高考，华城便积极鼓励达芳、达良报考。

华城一直希望培养自己这对在学习上颇具潜力的子女上大学，看着他们能在各自的专长领域有所成就，是他一生最大的心愿，但因为时代的关系未能如愿，一直是他心中的遗憾，也觉得对不起孩子，达芳说：

> 我跟我弟下乡，等于我父亲希望我姐弟俩学业有成就的梦，就硬生生被"文化大革命"中断，但他不希望我们放弃，那时候在兵团通信不方便，我跟家中联络只能靠书信往返，因为才初中一年级，学得少，知识上有断层，所以每次父亲回信，都必定要附上一张我在前一封信中的错别字，并把不通顺的句子画出来，可见他对我们的教育有多用心。

现在既然又有了受教育的机会，华城当然不希望子女再错过，表示愿意全力资助他们读书，但对当时已经结婚、为人母的达芳来说，虽然自己也很想要进修，但是跟家里拿钱总是过意不去，对此，华城告诉达芳说：

> 由于生不逢时，我一直觉得没有尽到责任与义务，虽然你现在已经成家，但是因为特殊历史际遇的关系，你就不要这样去理解，不管你是不是成家，是不是当妈妈了，只要是学习方面你肯努力，我的钱这时候不花，什么时候花呢？

中央乐团宿舍前的小空地，是司徒达芳（右）与弟弟达良游戏的好地方。（摄于1957年秋）

为了让达芳没有后顾之忧，华城不但赞助达芳上宣武红旗夜大的学费，还出钱帮达芳请了保姆照顾孩子。但即便如此，以当时达芳夫妻俩一个月不过80元的薪资，生活仍非常困窘，她常常晚饭就是买两毛钱的动物饼干，上课饿的时候吃一点，下课回家后再喝点汤而已。当时达芳的住所跟夜大相隔几乎横跨整个北京市区，交通很不方便，曾经有一次冬天在骑车途中，达芳实在冻得受不了，蹲在天安门前广场忍不住掉下泪来，但即使如此艰苦，达芳仍然咬牙坚持了四年，终于拿到了文凭，连平日不常称赞子女的华城，也私下对达良说："姐姐的这种韧性，锲而不舍的精神，你应该要好好学习。"

1958年，司徒达芳、达良姐弟，随父母亲及祖母一同在假期时出游。

为了方便照顾儿子上学，达芳调职到离家近的宣武区政府。虽然达芳学的专业是档案管理，但她对经济有着浓厚的兴趣，所以即使对学术职称有影响，最后达芳还是选择了为经济协作办公室服务，当起了协助宣武区区内企业与全国各省市横向联合的"经济媒婆"。一如既往，达芳在新职也展现了超群的工作能力，一步步提级，1990年，达芳出色的表现为她争取到难得的机会。

当年的宣武区，是北京四个城区中发展较慢的区域，领导为了都市更新，发展经济，推动了一系列宏大的发展规划，而达芳平时就常勤于对区内发展提供建议，因而受到宣武区各级领导的赏识，成为区内为数不多的房地产女性经理。

担任房地产总经理的达芳，主要工作就是以经济的手段，协助老百姓改善"住"的条件。当时宣武区到处是有倾塌危机的平房，要住户自费改造是不可能的，要政府出

司徒达芳十岁时留影（摄于1962年）

司徒达芳与儿子程唲
（摄于1983年）

钱也是捉襟见肘，用什么办法来解决危房改造的问题呢？通过与中央合作的方式，达芳靠引资完成了负责区域的危房拆迁改建，不但没跟政府伸手要过钱，还为区政府创造了可观的税收，并为数百户老百姓解决了住房问题，这样丰硕的成果，达芳到底是怎么办到的？

（1）精细的控管

在拆迁过程中，除了拆迁部门提供的资料，每一户的预算，达芳都亲自精算、调查，正因为亲自投入细节，所以达芳能做到良好的控管，下面干部一有不合理方案，马上就能察觉。

（2）灵活的资金调度

数万平方米改造工程，为何能不用公家花钱？首先达芳规划的新建楼房，有一半提供给老百姓回迁，一半作为商品房创造收入，通过艰辛的运筹取得有关部门的大订单，利用这笔资金周转，建设老百姓回迁的房子。

（3）成功的个人特质

诚恳的人格特质，是达芳成功的关键之一。当时比达芳拆迁进度与条件更好的地区大有人在，而某部在选择购房的内部决策会议上，大家都举手支持达芳，他们说："司徒经理的项目绝对不会有陷阱。"

达芳工作扎实细致，绝不为了降低成本而粗制滥造，一般开发公司建造老百姓的房子只有砖结构，达芳监制下的楼房，则是钢筋混凝土结构。除了硬件让人民满意外，还要归功达芳的坚强意志与情、理、法之间的完美拿捏。因为拆迁工作直接涉及每个住户的利益，当中的冲突自不在话下，动刀动枪、威胁放置炸药的人都出现过，当时达芳工作都需要派出所派人保护，但她却总能抚平各方歧见，取得经济、社会双方面的成就，达芳灵活的手腕自然发挥了极大的作用。

在工作岗位上坚守十几年退休后，达芳又被其他公司老板赏识，聘请为顾问，为公司的管理、执行提出建议。

回首过往，达芳说："初中前，我们司徒家父母姐弟四口一同生活的时光，是我这辈子最眷恋的日子。"

虽然达芳没有如她那以小提琴教学、演奏驰名中外的父亲一样，在音乐专业上有所发展，但她在生活、工作中所展现的艰苦奋斗、永不放弃，则更是扎实地体现出司徒家人的根本精神。

达芳的儿子程永正（原名程嗥）高中毕业后即去日本留学，最后在名古屋工业大学学习经营情报学、经营管理学，以优异成绩毕业获博士学位，现就职于美国爱信教育集团，诚信、专注地开拓、从事海外留学事业。拉小提琴仍是他最大的爱好，对音乐的热爱还体现在他娶了一位音乐家马瑞为妻，她是中央音乐学院的硕士毕业生，现在中国戏曲学院任教，经常以打击乐独奏家身份参加许多公演。

2006年，钱沈英与司徒达芳合影，桌上照片为华城及2005年年底才过世未久的达良。

# 司徒达良（1953~2005）

> 达良，我亲密的同窗！1968年1月，我们相识在和平街中学。在那激情燃烧的岁月，我们不懂人生，不谙世事，随波逐流地投身"复课闹革命"，一起经历了一段莫名其妙的轰轰烈烈。不过我们也有共同的乐趣，也有一些荒唐却难忘的经历，譬如篮球场上的奔跑，乒乓球台边的角逐，什刹海中的嬉戏，青年湖上的荡舟……——何家弘[1]《哀悼达良》

1953年10月29日，司徒达良出生于北京，古灵精怪、活泼好动的他，从小就喜欢跟中央乐团的后勤组一起敲敲打打，展现出不凡的动手能力，也激发了他对乐器制作的兴趣，达芳说：

> 在当年，一般中央乐团乐手的子弟，都不喜欢跟乐团中的后勤打交道，但达良虽然有一位贵为乐团首席的父亲，却从小就喜欢跟劳动人民结交，这也为他往后的工作打下了基础。

当年华城夫妇因为在中央乐团中，尽管自己生活并不宽裕，但只要有人生活遇到困难，他们总是不吝于在金钱上帮助他人，所以素有"中央乐团小银行"之称，在与人为善这点上，达良可以说传承了父母的特点。

他凭着灵巧的双手，多年来充当中央乐团楼中的"义务水电工"，谁家自来水、电表……有问题，一通电话，达良不管多晚都马上帮人修理，很多人以为有位中央乐团首席的父亲，小孩一定是位公子哥儿，但是事实上达良却恰恰相反，是一位质朴善良的人。

达良并不像姐姐一样念过音乐附小，因为从小华城就知道这孩子未来的发展方向绝对不在音乐上，而达良也的确在学习成绩上表现突出，尤其在数学一科上，更是出类拔萃，可惜的是达良在和平街中学毕业后,也紧接着跟姐姐一样"下乡"到黑龙江生产建设兵团,中断了学业。

> 达良,我诚挚的荒友!1969年10月,我们一起离开北京,带着满腔的热情和朦胧的追求,来到了广阔的黑土地。我们一起割大豆,一起掰玉米,一起刨粪土,一起驾驶拖拉机。我们的汗水共同洒在了小兴安岭的脚下,我们的足迹共同留在大兴安岭的雪地。我们曾经同声在宿舍里放歌,我们曾经相伴在田间哭泣,我们曾经认真切磋拖拉机的原理和技术,我们曾经痴愚地探讨那遥远的共产主义……——《哀悼达良》

司徒达良9岁(摄于1962年)

凭着数理与动手能力的特长,达良很快地成为黑龙江生产兵团一师七团十八连中的拖拉机第一把手。在这期间,达良深刻地思考了自己未来的人生方向,在他心中素来仰慕那位同样在数理、机械上有着过人天赋的祖父,虽然他跟梦岩从未见过面,他从小就听身边的人诉说着祖父的事迹:中西音乐合并的推手、第一位华人造船总工程师、中国第一位小提琴制作家……"对了,我虽然没有走上音乐专业的道路,但我何不跟祖父一样,钻研小提琴制作技术,将来一样能为司徒家增辉。"下定决心的达良,开始疯狂地吸收有关小提琴制作的知识,华城也十分鼓励他的决定,华城在1974年帮达良调到黑龙江建设兵团四师的密山

1961年,司徒华城(右)与儿子达良(左)合影。

乐器厂，开始学习乐器制作。

> 达良，我终生的知己！在激情熄灭之后，我们相继返回了北京。我们各自谋生，成家育女，渐渐走上不同的生活道路。尽管我们相聚的机会少了，谈话的时间短了，但我们的心灵是相通的。那青春年华时建立的友谊，那蹉跎岁月中积淀的情分，注定了我们是真情真义的朋友，是一生一世的知己。——《哀悼达良》

1979年，达良返回北京，次年到北京乐器厂工作，华城也希望达良能跟达芳一样继续进修，为了不违抗父亲的期望，达良始终刻苦学习并认为一个人只要有能力，就能走遍天下，有没有学历并不重要，不是为了求真知而只是为了混文凭而学习的人，是他最看不惯的。

他还是决心在小提琴制作上钻研，华城也顺达良的意愿，安排他在北京乐器厂的东华门门市部中工作，这家门市是北京乐器厂中最有名的小提琴制作地，当中有位老师傅更是制作小提琴弓的专家，达良兴奋地拜在这位老师傅门下学习，学了一段时间，达良发现师父教的传统烤弓技法，似乎有不太科学的地方，便向师父提出建议，没想到这位老师傅有着很传统的师徒观念，不容徒弟对他的方法有所质疑，然而达良也同样是位个性很强的人，不能用科学的方法说服他，只想以权威要他屈服是不可能的事。

正是由于在制作提琴弓的方法上与师父有不同的见解，当时又无法统一认识，达良终于离开这间门市部，但他做弓的目标不改。为了能自己制作小提琴弓，达良首先面对的难题就是原料取得。要做好的琴弓就一定要用苏木，国内制弓用的苏木，都需要通过美国、加拿大转手向巴西进口，价格非常昂贵。为了解决原料的问题，达良自费到中国各地考察，终于在云南的原始森林中发现了苏木，可惜当地的苏木不但量少，而且都被当做中药材来砍伐，虽然达良试图委托当地药材行帮他进料，但是制弓用的苏木有一定的部位，当地药材行不懂，达良又不可能长期在当地监

2003年，在家工作的司徒达良。

督，只好作罢。

　　为了支持达良，达芳也曾寻求台湾友人的帮助，可惜也总有许许多多的阻碍，后来多亏在美国的堂妹达伟帮忙，才零星地进了一些材料，有了材料，接下来就需要制造的机具。

　　一次偶然的机会，达良在杂志上看到有间工厂生产一种小型的加工设备，他看到介绍，心想或许可以作为小提琴弓制作之用，于是联络工厂要来了设计图纸，并在上面写上六十多条修改意见，希望工厂针对他的意见改装一下，工厂便按照图纸上的要求，将整台机器略做调整，从这里我们也可以看出达良在机械、数理上的真才实学，达芳说：

　　　　当年弟弟为了胜任生产兵团中机务排的工作，曾经自修了
　　全部初高中的数理化，所以他在这方面完全是有真才实学的。

　　利用这台以八千多元购得的机器，达良终于可以开始制作琴弓。1988年，志文应邀到美国参加"第一届世界大提琴大会"，

达良便请五姑顺便将他一支得意的作品带去展示，没想到竟然在当地以 3000 美元的高价卖出，达良为此十分高兴，还将其中的 2000 美元捐给了大提琴学会，这件事也确实证明了达良所制琴弓的品质。

虽然在国外获得好评，但达良在工作上仍抑郁不得志，自从离开东华门门市后，接连调换过几个单位，达芳说：

> 达良因为太聪明、太有能力，加上不谙人际间交往的方法，所以总让人有威胁感，其实他完全是个与人为善，不争名夺利的人，后半生的境遇不好，跟这两点有很大的关系。

1989 年，达良离开北京乐器总厂到北京市东城区无线电元件厂；1997 年，他又被调到北辰制冷设备工程公司工作。

话说达良购得了设备之后，便将家中的阳台扩建一番，准备在阳台运作这部加工设备，但是因为达良当时住在四楼，机器运作时难免有噪音，所以引来街坊邻居的不满，后来达良根本不敢运作这台机器，加上当时他尚未下岗，自然也是无法全心投入。

下岗后，为了重新运作这台设备，达良、达芳跟母亲钱沈英女士便开始积极地寻找让达良可以一展所长的地方，但在市区买一个店面太过昂贵，买一户公寓，事后证明空间也太过狭窄，没有专门的工作室可供作业（钱沈英曾买了一层房子，自住之外，也让达良在此制作琴弓），经过在市区的寻寻觅觅，都找不到一个合适的地方，一定要离开市区，后来便在农村找到一

2004 年，司徒达良与妻子王平（后右）及女儿嘉愉（后左）合影。

个院子，共有 21 排房，每排房中又有五个单位，外加一个庭院，于是达芳便号召同事，一同买了一排房，作为大家假日休闲的别墅，平日就给达良使用，达良对此相当高兴，认为这里将是他后半生发展的基地，所以热心地帮大家在当地监督装修，为了能在冬天继续留在当地监工，达良还研究了一种新型的睡炕，试验了两天觉得没问题，便开始使用，但或许是因为大意，没几天后，达良因为一氧化碳中毒，在追求向往的睡梦中去世。

琴弓制作家——司徒达良（1953~2005）

达良，2005 年 10 月 7 日的晚上，我们十余好友为纪念"下乡"36 周年而团聚。你当时心情很好，你向我们讲述了你未来的事业和生活。我被你感染了，也投入到你的理想之中，我们还相约在平谷的山下共度自然祥和的晚年……然而，那竟然成为我们今生最后一次聚会！达良，你一生中经历了许多坎坷，遭遇了许多挫折，但是你仍然带着宽容和诚挚去追求你的人生目标。我理解你，你是带着理想，带着微笑，离开了我们。——《哀悼达良》

达良的女儿嘉愉 2000 年从北大分校经济学与城市科学系毕业后赴日本城西大学深造，2004 年取得 MBA 学位后回国，现在以地理信息系统业务为主要经营方向的东方道迩公司，负责统筹两个基地对日本业务的项目管理。

---

【注释】

1. 何家弘，中国当代著名的法学家、推理小说作家，也是中国作家协会唯一的法学会员，任人民大学博士生导师，也是司徒达良最要好的朋友，在他近年著作《人生情渊——双血型人》的序言中，特别叙述了那段与达良一同度过的岁月，可见对他的重要意义。本文所引用他的文字，都是出自他为纪念达良去世所写的怀念文。

# 司徒达森（1946~）

1945年，结束了第二次世界大战与日本统治台湾50年的历史，次年，1946年8月24日司徒金城的长女司徒达森出生于台北市的台北医院。

## 幼年即展现语言学习的天分

虽然是个女孩，但司徒金城从未受传统中国重男轻女观念的影响而忽视对达森的教育，达森自述中就写到：

> 我很幸运在第二次世界大战之后出生，中国历史上女人由父母安排婚姻大事以及在女子无才便是德的传统下，不让妇女受教育的经历，我都不必面对。
>
> 生长在台湾的我也没经验过战争逃难、"文化大革命"。在父母的台湾朋友保护下，我也在"二·二八"事件中幸存了。

据母亲汪德秀回忆，达森及弟弟达贤小时候十分聪敏，不足岁，教他们唱儿歌，很快就学了起来，而且达森学习语言特别快，所以左邻右舍喜欢教她叫长辈的名字，她是一学就会，母亲一直记得一件有趣的事：

> 达森小时候爱讲话，那时住在工程公司的宿舍……一个欧巴桑（日语中的"中年妇人"）有句口头禅"巴格呀路"（日语中骂人的脏话），达森也学了起来，一天看到那欧巴桑就叫她"巴格呀路欧巴桑"，大家听了都笑了出来。

很快地，达森到了六岁，进了女师附小的一年级，聪明的她经常带着班上的同学唱歌，母亲想到就觉得"好神气！"

## 多彩多姿的学习生活

由于金城夫妇十分关注子女的教育，因此达森幼年的学习可以说是多彩多姿、一路顺畅。

金城在两个小孩很小的时候，就极注重他们的教育，而且从不吝于花费购买各种课外读物，或请老师补习加强课业。平时闲暇，则有三叔司徒兴城教她与弟弟学习小提琴，或是金城带着他们去欣赏画展、音乐会等。达森在自述中提到：

司徒兴城与幼年时的达森合影。兴城到美国留学前，曾指导达森拉小提琴六年之久。

> 父亲十分重视我们的中、英文读写能力及对艺术音乐的欣赏，在家中到处都放着各式中、英文的儿童读物及书报杂志。我八岁时，父亲教达贤与我背唐诗，还要求我们写日记。在我大学快毕业前，父亲因觉得我们的英文仍需加强，还特地花钱送我们去跟一位美国写作老师补习。
>
> 父亲常带我去看画展，常与我分享他的评论。他也带我去听音乐会，有的是三叔司徒兴城的音乐会，有的是其他著名演奏家的表演。
>
> 父亲也请三叔教我们小提琴，我学了六年，直到三叔去美国留学为止。

达森认为由于小时候父母的用心栽培，让她可以过着丰富的人生。她提到：

> 我到现在能欣赏体会中外伟人的作品及作曲，至今，我还有时跋涉长途去参观名画家的展览会，在听歌剧与交响乐时，听到小提琴或钢琴独奏时，我也能跟着哼哼主题曲。

达森（前排左）、弟弟达贤（前排右）姐弟俩与三叔司徒兴城合影。

在这样丰富的学习生活中，达森从女师附小毕业后，考上了当时台北最好的女子中学——台北第一女子中学，并直升高中读了六年，后来保送国立政治大学，主修西洋语文，副修教育。虽然达森中学时曾有过做科学家的梦想，但父亲鼓励她往外语方面发展，特别是英文，所以到后来，达森在大学里，曾在全校英文与法文演讲和辩论比赛中获得很高的奖项。

1968年，达森22岁，由于在大学时期成绩优异，八个学期都是全班第一名，毕业后即申请到美国伊利诺伊大学奖学金，前往美国念英语教学，之后侨居在美国，先后完成三个硕士学位：伊利诺伊大学的英语教学、北伊大的图书馆学以及密西根大学的企业管理硕士。

达森从小多彩多姿的学习历程，让她一路充满自信，过着丰富的人生。

## 在美国留学、工作与生活

达森虽从未以教英语维生，但通过在美的学习与生活，她体会到跨文化沟通的重要及多元文化社会中的微妙敏感处；学习图书馆学使她了解在民主社会中知识自由的重要性，而且能深深体会研究某一件事要由不同角度思考，并将资讯进行有用的分类、检索与传播；读企管则了解资本主义的运作及达贤所擅长的企业政策。

独立自主、活泼开朗的达森，在美国读书、工作，并结婚成家。她的工作同她的人生一般，充实而多彩多姿：她和母亲一样，曾做过图书馆员、中文老师、英文老师及行政助理；像父亲一样，也做过经

幼年时达森（左）与达贤姐弟所展现出来的聪敏，是母亲汪德秀最大的喜悦。

理、导游及翻译员。其中,她最有趣温馨的工作经验则是翻译与广播主持人,她提到:

> 我在诊所及法院做翻译,我曾帮助各阶层的新移民处理私人问题。作为一个为广东人翻译的人,我为自己能说粤语为荣,因粤语虽是司徒家传统用的方言,在台湾很少用,但我遵从父亲的鼓励及劝告,努力学习此一海外许多华人说的话……
> 
> 母亲从上海到台北前,曾以她标准的京片子和清脆的声音,使她考取了为白雪公主卡通片译配白雪公主的中文发音的工作,遗憾的是随后即迁居台北,使人们永远没有机会听到她在这出名的卡通片里的配音。
> 
> 1968年,在我离开台北去美国伊利诺伊州之前,曾被一电台录取为英文播报员,临行时,我感叹电台事业还没开始就结束了。
> 
> 2001年,我很幸运地参与美国AM1480传统乡土音乐电台的工作,在"乡音乡情华语广播节目"中主持《话家常》的广播节目,而且一直主持到2005年该电台全部改为以西班牙语播出为止。在一百八十多个周末中,我访问了许多优秀的中美人士,有的说中文,有的说英文,谈他们的成就及人生经历,在我主持的节目里,我总是播放三叔兴城的唱片来纪念他。

## 为美国华人发声

身处于美国多元化民主社会,达森并未因个人是东方女性的角色而退却,她如同个性活跃的父亲司徒金城和五姑司徒志文般,积极参与各种社团事物,包括担任美国华人图书馆员协会执行秘书及会长、亚太美国图书馆员协会会长,并曾与朋友合创密西根州安娜堡市的"安城华

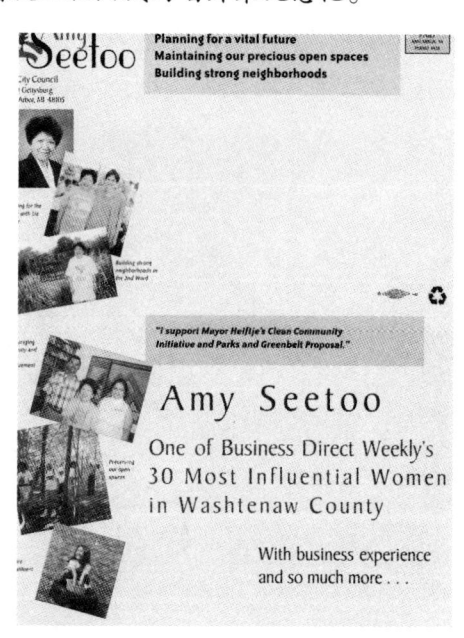

2003年,为鼓励亚裔美国人多参与民主,司徒达森参加了安娜堡市的市议员竞选。图为竞选时之传单。

裔中心"及密西根大学护理学院的"健康亚裔美国人项目"。她担任许多非营利组织的理事,而且经常是理事会中唯一的亚裔理事。

为了鼓励亚裔美国人多参与民主,达森也于2003年参与安娜堡市的市议员竞选,她提到自己参与的想法:

> 司徒家与大部分的中国人一样,并不热心政治。参与市议员竞选,是我唯一与司徒家人不同的地方,我认为在美国这样的国家,亚裔美国人应多参与民主活动,参与竞选并不在求当选,而是希望鼓励更多的人和我一样走出来为社会服务。

2007年,达森被选为密西根中华妇女会会长;2008年,被选为全美大学妇女协会安娜堡分会副会长及准会长。至2009年正式出任会长,成为该分会自1902年建会以来第一位亚裔会长,同年并选任全美大学妇女协会全国44位领袖团草根联系人之一(AAUW兵团基层领导联络)。2010年她出任密西根人文协会会长,继续为提倡中西文化交流的各项活动努力。

生在台湾,住在美国,对于东西方文化的优缺点,达森有着深刻的体验,因此,她经常为东西方的文化交流竭尽自己的心力,她在《香港回归之我见》一文中曾写到:

> 作为一个华人,我认为香港回归中国意义十分重大。它最大的意义在我看来是结束了一个空前绝后中西合璧的实验……
> 东西方相会时,常常会产生未曾预料的效果。
> 我们现在生活在美国,充分吸收西方的长处,来弥补东方的短处;同时也要非中国人分享我们的文化,使我们新的"祖国"成为道地的文化熔炉。

### 延续家族的爱给司徒子孙

也因为近四十年这样长期的投入,身跨东西文化的达森,经常能深刻体认东西文化的不同。

像她曾在自述中提到,看到中外人士的父母对待与教养子女，她便感受体会到自己的父母是何等地疼爱她，她说到：

> 我的父母不但爱护子女，他们还在我不知不觉中，用心聆听我、启发我、开导我、保护我、教训我。

为纪念父亲，她透过华人图书馆员协会设立"司徒金城会议旅行奖学金"（C. C. Seetoo Conference Travel Scholarship）；与夫婿白慕华在东密西根大学设立纪念"丹尼斯·白格利奖学金"鼓励专攻平版印刷艺术的学生；另外，每年也支持密西根人文协会举办"台湾乐展"来纪念父亲及司徒音乐家族。

她自己感性地提到：

> 1972年的夏天，弟弟达贤与我都在美国伊大求学。他修了一门演讲课，他的教授要学生讲"永生"，达贤当时告诉我他认为一个人要达到永生就是继续祖先的想法、做法，并且要他的子女也这样做。我相信他所讲的永生是一个家庭的永生，而不是个人的永生。他现在是三个已成年子女的父亲，我常常在想，不知他现在是否还这样想。
> 对我来说，我把这个想法看得很认真。
> 我虽没有子女，但我到底是我父母的女儿，我要把他们所期望的，所相信的传给后代……

1979年达森在美国图书馆工作，因发现《时代》杂志上报道司徒达宏，继而将分隔30年的台湾与大陆司徒手足们连接起来。

时至今日，达森更是身体力行，除了来往各地，热情地联系着司徒亲族们的感情外，这本司徒音乐家族的记录，更因有达森长年耐心收集司徒音乐家族的资料为基础，才得以顺利完成这一连串的生命故事。

达森认为金城夫妇对子女教育的用心，是她一辈子受用不尽的资产。达森（中）与父亲金城（右前）、母亲汪德秀（左前）合影。

# 司徒达贤（1948~）

1946年司徒金城因为工作的关系，从大陆迁居台湾，1948年他的长子司徒达贤出生于台北市。

达贤的母亲汪德秀女士在自传中提到：

> 达贤一出生，家人十分高兴，当时寄信回上海请祖父命名，去算命的结果是他命里什么都不缺，因此取名"贤"，而前两年出生的姐姐司徒达森因为"缺木"，取名为"森"。

金城自大陆去台湾，并无恒产，全靠自己一手打拼，20世纪50年代台北市房荒严重，金城一家四口必须经常寻觅住处，达贤对于儿时常跟随父母，为了租屋在台北街头找房子的经历印象深刻。

## 母亲鼓励朝兴趣发展

达贤的父母对子女的教育一向极为开明，特别是母亲汪德秀，很鼓励孩子朝自己的兴趣自由发展。达贤自小就在父亲鼓励下，阅读许多中国古典文学小说，如《水浒传》、《三国演义》、《西游记》与《红楼梦》等，不仅增加了对人文和社会的认识，也从中学习很多做人处世的道理。而达贤所就读的女师附小和师大附中，也都是坚持全人教育、不强调升学主义的学校，两校的校风与传统，深深影响了达贤日后的性格。

中学时期，达贤热爱打篮球，终日流连球场。他至今仍十分感谢母亲当时十分宽松、信任而且尊重子女的教育方式，让他知道虽然父母对自己有着深切期许，却从来未给予任何压力。达贤则努力来证明"常打球的孩子也能考上大学"。高中毕业那年达贤还得到师大附中模范青年的荣誉，并作为学校代表参加并获得台北市优良中学生的表扬。

父亲金城原本期望儿子能和祖父梦岩一样，走上工程的道路，可惜达贤因有轻度色盲，无法报考理工科系。高中时，他从当时任职于教育部的母亲那边得知台湾未来十分需要企业管理人才，正巧又看到姐姐达森带回来的政大企管系学报，上面刊登了一篇任维均教授（政治大学企管系第一任系主任）介绍企业管理的文章，了解在企业管理系不仅可以学习如何销售产品，还能学到如何管理工厂、管钱、管人，是一门可以整合及活用行为科学、数学、经济学、社会学、政治学等知识的学科。这些对达贤产生了极大的吸引力，所以大学联考时就以政治大学企业管理系为第一志愿，并于1966年以全政大招生榜首的分数考上该系。

达贤自小就在父亲鼓励下，阅读许多中国古典文学小说。

大学时代，达贤对修课十分有兴趣，企管系里开的课几乎全都修过。由于政大当时与美国密西根大学合作，率先开启台湾的企管教育，所以有许多国外刚学成归国的优秀师资，带回西方最新的管理学理念，为学子们奠定良好的学理基础，这些对达贤日后出国攻读博士学位时，可以主修需要广博知识基础、注重观念思考而不讲求计量的"企业政策"有很大的帮助。

## 获得企业政策博士的第一位华人

达贤大学毕业后顺利通过自费留学考试，并申请到美国伊利诺伊大学的入学许可，但考虑到自费留学对家中经济是一大负担，第二年退伍后，又参加了教育部公费留学考试。在高手如云、竞争极度激烈的试场中，他再度胜出。一如70年前祖父梦岩出国读书的目标一样，达贤留学美国五年，一心想学成返国贡献所学。

达贤回忆当时留学的生活：

> 在那个时代，我若自费到美国念书会非常辛苦，必须精打细算甚至打工过日子，人肯定会变得比较精明。我这人天生不精明，还好我考上公费，加上用钱很节省，不需要很精明，也因此未能变得比较精明。那时我就认为公费的钱是国家给我的，我未来几十年一定会有所回报，所以我也不打工赚钱，专心念书，什么课都修……

在美国求学时，达贤热衷学习，即使暑假期间，他仍修满各种课程，其中"企业政策"（Business Policy）这门课令他最感兴趣。凭着硕士班的优异成绩，他毕业前即申请到美国企管学术重镇西北大学（Northwestern University）管理学院博士班继续进修，主修"政策与环境"，副修"组织"。

1976年，达贤28岁时即获得美国西北大学企业政策博士学位，同时也是全球第一位获得企业政策博士的华人。达贤谈到自己选择主修企业政策的理由：

> 那时候全世界企业政策的博士班只有两个，除了哈佛就是西北大学。企业政策的核心是策略管理，但也要对行销、财会、人事、组织，以及经营环境等有相当了解，才能在教学上旁征博引、全面观照。这对兼有企管学士及MBA学位的我，是十分适合的。

达贤28岁时即获得美国西北大学企业政策博士学位，也是全球第一位获得企业政策博士的华人。（摄于1982年）

当时绝大多数的留学生都希望毕业后留在美国发展，但是身为公费生，达贤从未有此念头，一毕业就应当时政大企研所所长，也是他大学时代启蒙恩师许士军博士[1]的聘请，回到母校政大的企管研究所任教。由于专长和所教科目非常相合，他很快就得心应手，并享受教学的乐趣。

## 个案教学的先驱

当时台湾的企管教育仍在启蒙阶段,但是达贤一回到政大便使用美国企管教育中最先进的"个案教学法"教学,结合理论与实务,在课堂上积极导引学生进行讨论与辩证,训练学生推理、批判思考与问题解决的技巧。三十多年来,他致力于企业管理教育,不仅培养大量优秀学子完成企管教育之专业训练,也指导过七十几篇博士论文,这些都有助于奠定"政大企管"在华人管理教育中的领先地位。

达贤曾获台湾管理科学学会"管理奖章"(1998)、台湾管理科学学会"管理学报年度论文奖"(1999、2001)、台湾科技管理学会"科技管理学会院士"(2001)、政大商学院学生票选优良教师(2001、2004、2006)、商学院教学特优教师(2007),以及政治大学全校第一届学生票选教学特优教师(2003)等。其著作亦曾六次获颁经济部的金书奖。

## 勤于写作并独创策略矩阵　管理矩阵分析方法

在企管学术研究上,达贤以学术理论与实务上的思考方式为基础,设计了"策略矩阵分析法"、"产业矩阵分析法"、"管理矩阵分析法"等有实务价值的观念工具,以期通过这些架构与方法,来协助企业界在从事策略分析、产业分析,以及在进行管理决策时,更有系统且全面地进行思考、分析与验证。对学术界而言,鉴于近年来绝大多数学术研究都强调"一门深入",难免逐渐走向见树不见林,因此他也希望借着这些整体而全面的思想架构建构一个"林",让学术上的每一棵"树",都能在这些整体的观念地图中,找

司徒达贤教学之余,更勤于写作。自1998年《为管理定位》一书发表后,几乎每年都有新著作出版。

到它的定位。

除了学术专书之外，达贤为了向社会及企业界推广管理思想与方法，自20世纪90年代初期即开始定期在各大报刊发表专栏文章，并结集出版。至今他仍认为写作是强迫自己将各种道理思考得更深入、更透彻的方法，也是随时记录学习心得的最佳途径。

## 投入企业家班的教学近30年

提到达贤对台湾管理教育的贡献，大家一定会想到由他从开始任教，已历时27年的政大企业家班。

政大企业家班是台湾第一个专为企业家设计的管理进修课程，多年口碑累积已被台湾企业主和高阶专业经理人视为产业界的博士班，每年都吸引上数百名的企业领导人竞相挤入这仅录取35人、不授学位的三年学分班。曾任企业家班校友会会长的精技电脑董事长叶国筌表示：

> 企业家班是政大非常宝贵的资产，这个班带领着台湾企业跃进和国际化；政大企业家班对台湾企业领导人管理知能的成长，其贡献肯定是其他教育机构无可超越的！

台湾有数百位企业家或上市公司的负责人都曾在企业家班中

提到达贤对台湾管理教育的贡献，就必须从由他开始任教，已历时27年的政大企业家班谈起。（图为2005年在24届政大企业家班上课一隅）

学习成长，而且收获丰硕。政大企业家班对台湾经济及企业发展的贡献，虽无确切数字可以衡量，但其影响无疑是巨大的。

2008年7月~2010年10月，司徒达贤应经济部之邀，担任新成立的财团法人商业发展研究院董事长，对台湾的商业发展与商管教育做出另一层面的投入与贡献。2010年获聘为政治大学校聘专任讲座教授。

2008年，司徒达贤应台湾经济部之邀，出任新成立的财团法人商业发展研究院董事长。

## 充满感恩心的人生观

达贤在政治大学企业管理研究所担任副教授、教授已经三十几年，其间曾任政治大学公企中心副主任、政治大学企业管理系系主任、企业管理研究所所长以及政治大学副校长等职位。达贤对于过去几十年能顺利地学习与工作，又能经常与优秀的年轻人和杰出的企业家们长期在一起切磋琢磨，感到真是人生难得的福气，也因此每天都怀着感恩的心在生活。

达贤的恩师许士军，在文章中提到他眼中的司徒达贤：

> 司徒达贤在学校里豪迈不羁、潇洒自如，是为台湾造就各种企业精英的大侠；但在家中，司徒达贤则由大侠转为那绕指柔的家庭男人，和贤淑可亲、任教于台大外文系的太太应小陵女士一起，让家中满溢着爱与幸福。

达贤及其夫人亦尽心培育司徒家第四代。儿子嘉恒台大经济系毕业，中央大学产业经济

2008年司徒达贤全家福摄于台北，左起：嘉怡、嘉恒、夫人应小陵、达贤、嘉慧。

研究所硕士，美国伊利诺伊大学法学博士（J.D.: Juris Doctor），拥有美国加州律师执照，在台北工作；大女儿嘉怡台大外文系毕业，美国西北大学戏剧硕士，2008年在加州大学（柏克莱）攻读表演艺术博士学位；小女儿嘉慧台大戏剧系毕业，后又毕业于美国华盛顿大学（西雅图）戏剧研究所硕士班。

## 司徒达贤教授重要论著

1. 《策略管理》，台北：远流，1995。
2. 《为管理定位》，台北：天下杂志丛书，1998。
3. 《非营利组织的经营管理》，台北：天下文化，1999。
4. 《管理挑战新世纪》，台北：天下杂志丛书，2000。
5. 《策略管理个案集2001》（编），台北：智胜文化，2000。
6. 《策略管理新论》，台北：智胜文化，2001初版；2005修订。
7. 《策略管理案例解析》，台北：智胜文化，2003。
8. 《打造未来领导人——管理教育与大学发展》，台北：天下杂志丛书，2004。
9. 《管理学的新世界》，台北：天下文化，2005。
10. 《整合的实践：管理能力与自我成长》，台北：天下杂志丛书，2006。
11. 《整合的智慧：整合平台与游戏规则》，台北：天下杂志丛书，2006。

2006年以后专栏及短文请参见：
http://prof-seetoo.blogspot.com

---

【注释】

1. 许士军是台湾管理学界著名学者，曾任政治大学企业管理学系系主任、企业管理研究所所长、台湾大学管理学院首任院长、新加坡国立大学管理学院行销学系主任，元智大学远东管理讲座教授。并创办长庚管理学院，台湾管理科学学会理事长。同时也是美国行销学会、美国国际企业学会、美国行销科学学会的会员。1989年获颁管理学界最高荣誉之管理奖章。

许士军的研究领域广及行销、策略、组织、国际企业等，并因为他曾就读台湾大学经济系、政治大学政治研究所，并取得美国密西根大学MBA及管理博士学位，所以对于经济、政治、产业等议题非常熟悉。台湾知名管理学者及企业高阶主管，甚多出自他的门下。（引自许士军，许士军谈管理：洞悉84则管理新语，台北：天下文化，2004。）

# 年表

| 年代 | 大事记 |
|---|---|
| 1840年<br>清道光<br>二十年 | 中英鸦片战争爆发。 |
| 1842年<br>清道光<br>二十二年 | 签订中英《南京条约》，开放广州、厦门、福州、宁波、上海五口通商，割让香港。 |
| 1851年<br>清咸丰元年 | 洪秀全于广西桂平县金田村举事，成立太平天国。<br>■ 司徒怀德：号香泉，谥号文沾，生于广东省开平县（现为开平市）。 |
| 1854年<br>清咸丰四年<br>~1867年<br>清同治六年 | 广东全省陷入红巾军起义、土客械斗战乱之中。<br>■ 司徒怀德：由于自幼家贫，未满10岁就到开平县城的办庄当学徒。 |
| 1860年<br>清咸丰十年 | 清廷在第二次英法联军战败，签订中英、中法《北京条约》，割让香港界限街以南的九龙半岛给英国。 |
| 1866年<br>清同治五年 | ■ 司徒怀德：十五六岁就出师自立门户，后至香港发展。 |
| 1870年<br>清同治九年 | ■ 司徒怀德：于香港成立了"司徒源记办庄"。 |
| 1880年<br>清光绪六年 | ■ 司徒怀德：在广州、上海等地设立"司徒源记"的分号。 |
| 1888年<br>清光绪<br>十四年 | ■ 司徒梦岩：在上海出生。 |
| 1903年<br>清光绪<br>二十九年 | ■ 司徒梦岩：自上海新式学堂"南洋公学"毕业。 |
| 1904年<br>清光绪<br>三十年 | ■ 司徒梦岩：到美国波士顿留学，在安度瓦（Andover）的菲力斯学院（Philips Academy）大学预科就读。<br>■ 司徒怀德：上海"司徒源记"碰上到百年不遇的倾盆大雨，大片仓库被淹没，遭遇巨额损失，因此倒闭。 |
| 1905年<br>清光绪<br>三十一年 | ■ 司徒梦岩：在美国波士顿收到家中遇变来信及300美元归国旅费，但梦岩仍决定留在美国。 |
| 1907年<br>清光绪<br>三十三年 | ■ 司徒梦岩：进入美国麻省理工学院（MIT）机械工程系就读。 |

| 年代 | 大事记 |
|---|---|
| 1909年<br>清宣统元年 | ■ 司徒梦岩：在波士顿参加了数学比赛，得到第一名，因而被当时中国驻美公使伍廷芳赏识，得到公费生的名额，在麻省理工学院学习转修造船工程（Naval Architect）。<br>■ 司徒梦岩：在美国波士顿拜美籍波兰小提琴制造家华特沙朗·戈斯（Walter Salon Goss）为师，学习制造小提琴。 |
| 1910年<br>清宣统二年 | ■ 司徒怀德：在东北长白山麓开办参场。 |
| 1913年 | ■ 司徒梦岩：毕业于美国麻省理工学院，进入当地造船厂工作。 |
| 1914年 | 第一次世界大战爆发。 |
| 1915年 | ■ 司徒梦岩：学成归国，在辽宁营口，与周锦文女士完成婚姻大事；婚后被官方指派到上海江南造船厂任职，定居上海虹口。 |
| 1916年 | ■ 司徒金城：在上海出生。 |
| 1917年 | ■ 司徒梦岩：领导上海江南造船厂船坞扩大工程，同时着手进行美方运输舰的设计及建造工作，并如期完成任务。 |
| 1918年 | 第一次世界大战结束。<br>■ 司徒梦岩：协助完成上海江南造船厂四艘万吨运输船建造，《东方杂志》称："此为中国工业史，乃开一新纪元。"<br>■ 司徒少文：在上海出生。 |
| 1919年 | ■ 司徒梦岩：参加以广东籍人氏为主的上海中华音乐会，和精武体育会的音乐部，兼任欧弦部部长。 |
| 1921年 | ■ 司徒海城：在上海出生。 |
| 1923年 | ■ 司徒幼文：在上海出生。 |
| 1924年 | ■ 司徒梦岩：演奏广东音乐，并录下唱片，为中国最早的广东音乐录制记录。 |
| 1925年 | ■ 司徒兴城：在上海出生。 |
| 1926年 | ■ 司徒梦岩：成为上海江南造船厂中国第一个华人造船总工程师；在《申报》无线电话室广播以中西乐器合奏，演出广东音乐。 |
| 1927年 | 蔡元培和萧友梅创建上海国立音乐学院（次年降格为上海国立音乐专科学校，简称国立音专）。<br>■ 司徒华城：在上海出生。 |
| 1928年 | "皇姑屯事件"张作霖被炸身亡。 |
| 1931年 | "九·一八"事变爆发，日本侵占中国的东三省，整个东北地区沦陷。<br>■ 司徒怀德：解散了参场，逃离东北、潜回上海安身。<br>■ 司徒梦岩：转任待遇较为丰厚的盐务稽核所验船处处长。 |

| 年代 | 大事记 |
| --- | --- |
| 1932年 | "一·二八"淞沪战争爆发。<br>■ 司徒家族：司徒一家空手分头逃入租界避难，二三十口人挤在东方饭店的大堂打地铺，虹口老家连同怀德从东北带回的珍贵人参，以及梦岩亲手所制数把得意名琴，皆付之一炬。 |
| 1933年 | ■ 司徒怀德：卒于上海，享年82岁。<br>■ 司徒志文：在上海出生。 |
| 1937年 | "七·七"卢沟桥事变，抗日战争全面爆发。<br>■ 司徒梦岩：工作移向重庆。 |
| 1938年 | ■ 司徒少文：毕业于上海大夏大学师范专修科。<br>■ 司徒海城：先后在上海广肇公学、粤东中学、大夏附中就读，并在这年考进上海音专，专攻小提琴演奏。<br>■ 司徒志文：5岁时入广东中小学一年级并由其姐司徒幼文启蒙学习钢琴，后学小提琴与大提琴。 |
| 1939年 | 德国入侵波兰，欧战爆发。<br>■ 司徒金城：毕业于沪江大学政治系。 |
| 1940年 | ■ 司徒少文：毕业于持志大学文学系。<br>■ 司徒幼文：考取上海沪江大学政治系。<br>■ 司徒兴城：考入上海音专。 |
| 1941年 | ■ 司徒幼文：考入上海音专专攻钢琴，同时继续沪江大学学业。 |
| 1942年 | ■ 司徒金城：与上海粤东中学教师汪德秀女士结婚。<br>■ 司徒少文：与丁柏寿先生共结连理。<br>■ 司徒兴城：入上海音专后成绩大进，演奏Viotti协奏曲获得"动听"的评价。 |
| 1944年 | ■ 司徒华城：上海沪江大学附中毕业后考上沪江大学化学系，并一边在音专选修小提琴。<br>■ 司徒幼文：上海沪江大学毕业，在集英中学高中部担任英文与数学教师。 |
| 1945年 | 八年抗战胜利，第二次世界大战结束。<br>■ 司徒海城、兴城、海城：师从上海犹太裔提琴与钢琴演奏家阿尔弗雷德·卫登堡（Alfred Wittenberg）。<br>■ 司徒志文：12岁考上国立上海音专特别选修生，仍随上海工部局交响乐团首席大提琴俄籍舍辅磋夫（Prof. I. Shevtzoff）学大提琴。 |

| 年代 | 大事记 |
|---|---|
| 1946年 | ■ 司徒金城：经同学张心漪的介绍转往台湾，到台湾省工矿公司台北工程分公司担任总务主任。<br>■ 司徒海城：毕业于上海音专，进入上海市府交响乐团（上海工部局乐团是其前身），担任小提琴手。<br>■ 司徒兴城：时年21岁毕业于上海音专，未毕业前即出任由傅兰格教授（W. Freenkel）指挥的中国交响乐团首席中提琴。<br>■ 司徒幼文：先后在善后救济总署、中央银行、人民银行华东区行经济研究处及总行国外业务处侨汇科任科员。<br>■ 司徒华城：于上海举行第一次个人小提琴独奏会，卫登堡教授亲自为华城弹钢琴伴奏。<br>■ 司徒达森：在台北出生。 |
| 1947年 | ■ 司徒家族：9月12日，上海市政府交响乐团主办首次"司徒家庭音乐会"。<br>■ 司徒志文：参加"司徒家庭音乐会"，为司徒志文步入乐坛之始。 |
| 1948年 | ■ 司徒少文：因肺结核病逝于上海。<br>■ 司徒兴城：受聘福建音专教学，任副教授。<br>■ 司徒达贤：在台北出生。 |
| 1949年 | **中国共产党取代中国国民党取得中国的政权。**<br>■ 司徒兴城：在福建音专教琴。同年至台北，初期投靠大哥金城。<br>■ 司徒华城：伤病痊愈，复学沪江大学。 |
| 1950年 | **朝鲜战争爆发。**<br>**10月8日，黄贻钧以中国第一位职业指挥家，登上上海交响乐舞台，象征并代表上海交响乐团已经逐渐走入中国化。**<br>■ 司徒家族：由人民政府交响乐团主办，第二次司徒家庭音乐会于上海举办。<br>■ 司徒华城：自上海沪江大学毕业，获邀加入上海市人民政府交响乐团任副首席。<br>■ 司徒志文：17岁的志文成为上海市人民政府交响乐团大提琴手，在著名指挥富华（Foa）下演奏，成为该团有史以来最年轻的成员。 |
| 1951年 | ■ 司徒兴城：应聘为台湾省交响乐团首席小提琴。<br>■ 司徒华城：与钱沈英女士结婚。<br>■ 司徒志文：膺选为中国青年文工团管弦乐队首席大提琴，随团访苏联、东欧、奥地利等国一年。 |
| 1952年 | ■ 司徒达芳：在上海出生。 |
| 1953年 | ■ 司徒海城：与未来妻子李肇真同在保加利亚作品音乐会中携手演出《哈吉耶夫协奏曲》。<br>■ 司徒华城：调到北京任中央歌舞团（后改为中央乐团）小提琴首席及独奏员，后被任命为艺术委员会副主任。<br>■ 司徒达良：在北京出生。 |

| 年代 | 大事记 |
|---|---|
| 1954年 | ■ 司徒梦岩：卒于上海，享年 66 岁。<br>■ 司徒志文：成为德沃夏克（Antonin Dvorak）降 B 小调大提琴协奏曲中国地区首演的演奏家。 |
| 1955年 | ■ 司徒志文：前往华沙参加第五届世界青年与学生和平联欢节，任大提琴首席，是中国交响乐团第一次走出国门，在国际舞台上亮相。<br>■ 司徒海城：与李肇真女士于上海结婚。 |
| 1956年 | ■ 司徒幼文：到北京艺术师范学院音乐系任钢琴教师，曾为声乐家应尚能教授伴奏。<br>■ 司徒华城：手术摘除一片肺叶，总算根治肺结核旧疾。<br>■ 司徒志文：应聘为中央乐团第一任首席大提琴，兼任独唱、独奏小组第一任组长。<br>■ 司徒达伟：在上海出生。 |
| 1957年 | ■ 司徒幼文：出任北京艺术师范学院附中（中国音乐学院附中）钢琴科主任达 16 年。<br>■ 司徒志文：应邀前往越南音乐学院任客席教授一年，为文化部以教授身份派赴国外教授大提琴第一人。 |
| 1958年 | ■ 司徒兴城：邓昌国与司徒兴城合作创办中华弦乐社，邓昌国担任团长兼指挥，司徒兴城担任首席小提琴；司徒兴城在台北中山堂演奏贝多芬 D 大调协奏曲。<br>■ 司徒达强：在上海出生。 |
| 1959年 | ■ 司徒兴城：获得美国国务院派到台湾音乐指导约翰笙博士（Thor Johnson, 1913~1975）赏识，由其推荐，进入美国西北大学（Northwestern University）音乐系进修小提琴。<br>■ 司徒华城：以广东音乐、各地民间音乐及民歌素材创作小提琴独奏曲和齐奏曲。<br>■ 司徒志文：德国德来斯登交响乐团访问中国，与中央乐团合作演出贝多芬第九号交响曲《合唱》。 |
| 1960年 | ■ 司徒志文：被选赴苏联学习，通过严格考试，入罗斯托洛波维奇（Mstislav Rostropovich, 1927~2007）门下。<br>■ 司徒达宏：在上海出生。<br>■ 司徒海城：至上海音乐学院管弦乐训练班任教。 |
| 1962年 | ■ 司徒志文：因肩肘受伤返国疗养。<br>■ 司徒达宏：不会说话就听了许多音乐，两岁多缠着父亲司徒海城要拉琴，还要求伴奏。 |
| 1963年 | ■ 司徒兴城：转到旧金山州立大学音乐系，主修小提琴，选修大提琴和低音大提琴。<br>■ 司徒华城：居住北京免费指导贫困学生杨边甦、杨晓明。 |

| 年代 | 大事记 |
|---|---|
| 1964年 | ■ 司徒兴城：取得美国堪城爱乐交响乐团（Kansas Philharmonic Symphony Orchestra）担任第一小提琴手及中提琴团员资格，但兴城选择回台湾服务。<br>■ 司徒华城：担任在北京人民大会堂公演的大型音乐舞蹈史诗《东方红》乐队总首席。<br>■ 司徒达森：进入政治大学西语系就读。 |
| 1965年 | ■ 司徒志文：在广东教学期间遇良医，治疗后手疾迅速好转。<br>■ 司徒海城：上海音乐学院管弦乐训练班结束，回归上海交响乐团。 |
| 1966年 | **五月，"文化大革命"开始。**<br>■ 司徒兴城：赴美学成七年归国，在台北同时演奏四种弦乐器曲目，轰动一时，任省交首席小提琴兼副指挥。<br>■ 司徒达贤：进入政治大学企业管理系就读。 |
| 1967年 | ■ 司徒兴城：与招翠姬女士于台北结婚。 |
| 1968年 | ■ 司徒达芳：下乡到黑龙江的小兴安岭。<br>■ 司徒达森：毕业于台湾政治大学西语系。 |
| 1969年 | ■ 司徒达良：下乡到黑龙江的小兴安岭。 |
| 1970年 | ■ 司徒达贤：毕业于台湾政治大学企业管理系。<br>■ 司徒达森：获美国伊利诺伊大学英语教学硕士。 |
| 1971年 | ■ 司徒金城：受台、港友人邀请，成为豪富贸易公司合伙人，并担任总经理。<br>■ 司徒达贤：考取教育部公费留美。 |
| 1973年 | ■ 司徒幼文：调北京中央音乐学院英文翻译，任副研究员。<br>■ 司徒达伟：中学毕业，被分派到上海市郊奉贤五四农场。 |
| 1974年 | ■ 司徒华城：与志文一同随中央乐团赴日本做巡回演出；秋天，正式调入中央音乐学院任管弦系副主任。<br>■ 司徒达良：被调到黑龙江建设兵团四师的密山乐器厂，开始学习制作乐器。 |
| 1975年 | ■ 司徒华城：美国费城交响乐团、英国伦敦交响乐团先后访华，华城被文化部特聘参加接待及担任翻译工作。<br>■ 司徒达芳：从北大荒返回北京。 |
| 1976年 | **四人帮垮台，"文化大革命"结束。**<br>■ 司徒达贤：获美国西北大学（Northwestern University）企管博士。 |
| 1977年 | ■ 司徒达强：考上上海第一医学院医疗系。 |
| 1978年 | ■ 司徒志文：参与6月北京小泽征尔访华指挥中央乐团的演出。<br>■ 司徒达宏：以高二学龄破格考进上海音乐学院管弦系研究生班，师从谭抒真、袁培文。<br>■ 司徒达伟：考上上海音乐学院管弦系本科。 |

| 年代 | 大事记 |
|---|---|
| 1979年 | ■ 司徒华城：3月小泽征尔率领美国波士顿交响乐团访华，华城再次被文化部聘请参加接待并担任翻译。<br>■ 司徒志文：参与卡拉扬大师访华指挥的柏林爱乐交响乐团在北京与中央乐团联合演出。<br>■ 司徒达宏：考上国家公费留学。<br>■ 司徒达良：从北大荒返回北京。<br>■ 司徒达森：在美国通过《时代》杂志发现司徒达宏，联络上司徒海城家人，自此两岸的司徒家族开始有了密切的联系。 |
| 1980年 | ■ 司徒兴城：前往美国北卡罗来纳州（North Carolina）为约翰笙博士扫墓。<br>■ 司徒华城：以学者身份访德国3个月，观摩、讲学、演奏于各音乐学府，获热烈回响及赞誉。<br>■ 司徒志文：出版《实用大提琴教程》、《古典大提琴奏鸣曲》等书。<br>■ 司徒达宏：被波士顿交响乐团首席西弗斯坦恩赏识，受推荐获全额奖学金赴费城柯蒂斯音乐学院学习，成为葛拉米安的关门弟子。<br>■ 司徒达良：进入北京乐器厂工作。 |
| 1981年 | ■ 司徒兴城：于台湾通过《中央日报》提出"希望人人接近音乐"的理想。<br>■ 司徒海城：从上海交响乐团退休。<br>■ 司徒达宏：以全额奖学金进入纽约朱丽亚音乐学院，成为教育家朵乐茜·迪蕾（Dorothy Delay）的得意门生。 |
| 1982年 | ■ 司徒兴城：病逝于台北，享年57岁。<br>■ 司徒达伟：毕业于上海音乐学院，并任上海交响乐团第一小提琴演奏员。 |
| 1983年 | ■ 司徒华城：为纪念兴城，创作小提琴曲《怀念》及大提琴曲《寄深情》，由华城和志文分别演奏，并由中央广播电台播出。<br>■ 司徒达芳：9月进入宣武红旗夜大学习。 |
| 1984年 | ■ 司徒志文：中国音乐家协会、中央乐团等单位联合于北京举办《司徒志文教学活动35周年纪念音乐会》。 |
| 1985年 | ■ 司徒华城、志文：在7月由文化部、广电部、中国音乐家协会联合在云南昆明市举办的"全国第四届音乐作品评奖大会"上，兄妹二人第一次同时出任评审委员。<br>■ 司徒达宏：7月，以独奏身份随费城青年管弦乐团（Philadelphia Youth Orchestra）来华演出，足迹遍及大陆（津、京、沪、杭）与香港等地。 |
| 1986年 | ■ 司徒志文：在北京成立了中国音乐家大提琴学会，是主要创办人之一，并被选为首任会长。<br>■ 司徒金城：退休，并至香港与华城、幼文、志文会面。<br>■ 司徒达贤：在台湾任政治大学企管研究所所长。 |

| 年代 | 大事记 |
|---|---|
| 1987年 | **台湾开放大陆探亲。**<br>■ 司徒家族：华城、幼文、志文应广东省开平县县委、县人民政府邀请，以中国音乐家广东归侨的身份，回到开平县举行返乡音乐会。<br>■ 司徒金城：台湾开放大陆探亲，金城返回北京、上海探望弟妹。<br>■ 司徒华城：11月在北京举行的全国第二届提琴制作比赛大会上，华城再度与志文同时出任评委；22日在北京音乐厅举行的颁奖音乐会上，获得中提琴音质金奖的陈光乐特邀华城使用他获奖的中提琴参加公演，这也是华城的最后一次演出；27日华城因心血管疾病猝发而辞世，享年60岁。<br>■ 司徒志文：提出"让音乐进入家庭"的概念，并以实际行动及多场讲座，掀起大陆新一波古典音乐复兴运动；随中央乐团出访美国40天。<br>■ 司徒达芳：9月自宣武红旗夜大毕业。 |
| 1988年 | ■ 司徒志文：应邀参加中央歌剧院交响乐团任特邀大提琴首席，前往芬兰演出中国交响乐作品；以中国大提琴学会会长身份率团到美国华盛顿参加第一届世界大提琴大会（The World Cello Congress），获美国俄亥俄州大提琴学会荣誉会员殊荣。<br>■ 司徒达良：制作的琴弓在美国受到好评，并高价卖出。 |
| 1989年 | ■ 司徒幼文：发表《一位鲜为人知的"洋为中用"的现代音乐先驱——为纪念小提琴家司徒梦岩百年诞辰而作》一文，总结司徒梦岩的音乐成就与思想。<br>■ 司徒志文：与指挥家郑小瑛、小提琴家朱丽共创"爱乐女室内乐团"，任理事长兼首席大提琴。<br>■ 司徒达强：移民澳大利亚。<br>■ 司徒达良：离开北京乐器厂，改至北京东城区无线电元件厂工作。 |
| 1990年 | ■ 司徒志文：应邀出任莫斯科柴可夫斯基国际大提琴比赛评委；英国国际传记中心（剑桥）将志文选为研究员，并与美国传记出版公司收录了她的传记。<br>■ 司徒达芳：被提拔为北京宣武区唯一的女性房地产经理。 |
| 1992年 | ■ 司徒志文：受聘担任北京社会音乐学院副院长兼教大提琴，并获颁"教授"职称。 |
| 1993年 | ■ 司徒志文：爱乐女室内乐团从最初的十几位，扩展为数十个人的正式乐团，并被文化部派赴欧洲，在德、法、荷等国的演出取得很大的成功，出色地完成国家文化交流任务。 |
| 1995年 | ■ 司徒志文：在爱乐女室内乐团基础上扩建的爱乐女交响乐团，在9月9日世妇会上，于北京奥林匹克体育中心，在世界各国妇女代表与嘉宾前成功演出《进行曲——女性的风采》，及贝多芬《第九交响曲》末章《欢乐颂》。 |
| 1996年 | ■ 司徒志文：爱乐女室内乐团成为中国首家在工商注册，民办的专业表演团体。 |

| 年代 | 大事记 |
|---|---|
| 1997年 | ■ 司徒海城：病逝于费城，享年76岁。志文与钱沈英赴费城参加追思会。<br>■ 司徒华城：逝世十周年，由遗孀钱沈英编辑出版《司徒华城小提琴曲集》，收录16首生前创作的曲目。<br>■ 司徒志文：爱乐女与"中华慈善总会"建立了"音乐普及工程基金"，与北京朝阳区文化馆携手共建旨在普及高雅音乐的《音乐角》活动。<br>■ 司徒达良：转北辰制冷设备工程公司工作。 |
| 1998年 | ■ 司徒志文：4月爱乐女改制为股份制公司，并充实经济实力和扩大业务经营范围。<br>■ 司徒达贤：获台湾管理科学学会"管理奖章"。 |
| 2001年 | ■ 司徒金城：病逝于台湾，享年85岁。<br>■ 司徒达宏：于美国获颁2000年度第43届葛莱美音乐大奖"最佳古典音乐专辑（Best Classical Album）"与"最佳室内乐演奏奖（Best Chamber Music Performance）"两项金奖。<br>■ 司徒达贤：担任政治大学副校长，获选为台湾科技管理学会"科技管理学会院士"。 |
| 2002年 | ■ 司徒志文：被推举为中国音乐家协会大提琴学会名誉会长，同年出任第四届柴可夫斯基国际青少年音乐大赛的评委，任大提琴专业组副组长。<br>■ 司徒达宏：台北市音乐季（2002 Taipei Music Festival），台北市立交响乐团（TSO）指挥家陈秋盛（Felix Chiu-Sen Chen）邀请达宏在台湾中山堂演出。<br>■ 司徒达良：被公司遣散，但也因此开始全心投入琴弓制作之路。 |
| 2004年 | ■ 司徒幼文：病逝北京，享年81岁。 |
| 2005年 | ■ 司徒达强：癌末的他在悉尼华人教会六个堂的联合礼拜上作见证，其演讲感动众人。而之后未及一个月便告离世，享年47岁。<br>■ 司徒达良：在北京因一氧化碳中毒去世，享年52岁。 |
| 2006年 | ■ 司徒达宏：于美国获颁2005年度第48届葛莱美音乐大奖"最佳古典音乐唱片录音技术奖（Best Engineered Album, Classical）"及"最佳室内乐演奏奖（Best Chamber Music Performance）"两项金奖。 |
| 2007年 | ■ 司徒达宏：于美国获颁2006年度第49届葛莱美音乐大奖"最佳室内乐演奏奖（Best Chamber Music Performance）"。 |
| 2008年 | ■ 司徒家族：《舰与琴——造船工程师和他的音乐家族》一书于台湾出版。 |
| 2009年 | ■ 司徒达宏：在美国又获一金奖，即第51届葛莱美音乐大奖"最佳室内乐演奏奖（Best Chamber Music Performance）"。<br>■ 司徒达森：任全美大学协会（AAUW）安娜堡分会会长，同年并被该协会选任全国四十四位领袖团草根联系人之一（AAUW兵团基层领导联络）。 |
| 2010年 | ■ 司徒达森：出任美国密西根人文协会会长，致力于提倡中西文化交流活动。<br>■ 司徒达贤：获聘为政治大学校专任讲座教授。 |

# 怀 念
(G 弦上的旋律)
——为悼念三哥司徒兴城而作

司徒华城作曲
1983 年

《怀念》曲谱

附录

《怀念》曲谱

# 后记

　　本书原由台湾知新文化团队编撰，2008年在台北出版。这本书记录了一个家族四代人的故事。核心人物司徒梦岩，1904年赴美国留学，在麻省理工学院学得制作船舰的工程技术，还分别从名师学习小提琴演奏并学到最好的制作小提琴手艺，于1915年回国创业。对音乐的热爱，使无心插柳的他孕育了一个音乐家庭。在充满和睦温馨氛围的家庭里，没有虎妈虎爸，也从不溺爱子女，而是在严慈相融的关爱下，日积月累地灌输爱国、爱家、勤奋、励志的理念，让孩子们自己选择发展的道路。这个家庭延续了四代人，无一不是在各自不同领域里成长为有所贡献的良才。这是很不容易的。为完成先辈"要将这个独特的中国音乐家庭的奋斗与成就记录下来，以流传后世"的遗愿，司徒族人决定修订、增补内容后，在大陆出版这本书的简体字版本。感谢知新文化事业有限公司的大力支持，使本书可合法地在大陆出版。最后，还要衷心感谢鼎力相助，促成本书面世的刘中陆、王绯两位女士。

司徒志文<br>
2011年7月

## 图书在版编目（CIP）数据

舰与琴：造船工程师和他的音乐家族/司徒达贤策划；知新文化（台湾）编撰.—北京：社会科学文献出版社，2011.11
ISBN 978-7-5097-2621-1

Ⅰ.①舰… Ⅱ.①司…②知… Ⅲ.①司徒梦岩-生平事迹 Ⅳ.①K825.76

中国版本图书馆CIP数据核字（2011）第165112号

## 舰与琴
——造船工程师和他的音乐家族

策　　划 / 司徒达贤
编　　撰 / 知新文化（台湾）

出 版 人 / 谢寿光
出 版 者 / 社会科学文献出版社
地　　址 / 北京市西城区北三环中路甲29号院3号楼华龙大厦
邮政编码 / 100029

责任部门 / 社会科学图书事业部（010）59367156　　责任编辑 / 刘中陆
电子信箱 / shekebu@ssap.cn　　　　　　　　　　　责任校对 / 孔　勇　胡新芳
项目统筹 / 王　绯　　　　　　　　　　　　　　　 责任印制 / 岳　阳
总 经 销 / 社会科学文献出版社发行部（010）59367081　59367089
读者服务 / 读者服务中心（010）59367028

印　　装 / 北京季蜂印刷有限公司
开　　本 / 787mm×1092mm　1/16　　　　　　　　印　　张 / 19.25
版　　次 / 2011年11月第1版　　　　　　　　　　 插图印张 / 1
印　　次 / 2011年11月第1次印刷　　　　　　　　 字　　数 / 280千字
书　　号 / ISBN 978-7-5097-2621-1
定　　价 / 78.00元

本书如有破损、缺页、装订错误，请与本社读者服务中心联系更换
版权所有　翻印必究